U0886042

“十四五”物流专业职业教育改革系列规划教材

采购实务

李忠国　主编

中国财富出版社有限公司

图书在版编目（CIP）数据

采购实务/李忠国主编．—北京：中国财富出版社有限公司，2022.9

（“十四五”物流专业职业教育改革系列规划教材）

ISBN 978－7－5047－7781－2

Ⅰ.①采…　Ⅱ.①李…　Ⅲ.①采购管理—职业教育—教材　Ⅳ.①F274

中国版本图书馆 CIP 数据核字（2022）第 183777 号

策划编辑 谷秀莉　黄正丽　**责任编辑** 白　昕　水源宋　**版权编辑** 李　洋

责任印制 尚立业　**责任校对** 杨小静　**责任发行** 敬　东

出版发行 中国财富出版社有限公司

社　　址 北京市丰台区南四环西路 188 号 5 区 20 楼　**邮政编码** 100070

电　　话 010－52227588 转 2098（发行部）　010－52227588 转 321（总编室）

010－52227566（24 小时读者服务）　010－52227588 转 305（质检部）

网　　址 http://www.cfpress.com.cn　**排　　版** 义春秋

经　　销 新华书店　**印　　刷** 北京九州迅驰传媒文化有限公司

书　　号 ISBN 978－7－5047－7781－2/F·3508

开　　本 787mm×1092mm　1/16　**版　　次** 2023 年 1 月第 1 版

印　　张 16　**印　　次** 2023 年 1 月第 1 次印刷

字　　数 341 千字　**定　　价** 38.00 元

版权所有·侵权必究·印装差错·负责调换

内容简介

本书以企业采购工作的过程为导向，系统阐述了企业采购业务的理论和实践。全书共六章内容，分别是采购与采购部门、采购计划与预算、供应商开发与选择、采购谈判与合同签订、采购订单跟踪、招标采购。每章内容详细介绍了采购的相关知识、操作方法，并给出了每一步采购工作中需要的表格等，本章小结之后还有完全针对教材的大量练习题。题型包括单项选择题、多项选择题、判断题和实践训练题等。

本书可以作为高等职业院校采购管理、物流管理、供应链管理专业的教材，也可以作为企业中从事采购业务的专业人员的参考用书。

前　言

采购是供应链活动的组成部分，是企业的成本中心，对降低企业的经营成本、保证产品质量、缩短交货期、提高企业的敏捷性和竞争力具有重要作用。随着经济全球化程度的加深，企业采购范围扩大，采购工作的挑战性也越来越大。正因为如此，“采购实务”也就成为很多高职院校物流管理、采购管理、供应链管理专业的核心课程。

本书内容基于企业采购工作过程，即采购计划、供应商选择、采购谈判、签订采购合同、跟催单、货物验收、支付货款等基本流程，全书分为采购与采购部门、采购计划与预算、供应商开发与选择、采购谈判与合同签订、采购订单跟踪、招标采购六章。其中，采购与采购部门这一章除了阐述采购基础知识，还重点介绍了采购部门设置与采购人员的素质与能力要求，尤其突出了采购人员的道德规范；采购计划与预算这一章主要阐述采购人员如何根据企业内部需求编制采购计划和采购预算，明确要采购什么、采购多少、需要多少资金，为采购做好准备；供应商开发与选择这一章主要阐述供应商寻找、供应商调查、供应商审核、供应商认证与供应商选择；采购谈判与合同签订这一章阐述了谈判的相关知识、谈判准备、开局、磋商、结束谈判、采购合同相关知识、合同准备与合同签订，同时增加了谈判场所的布置与签约仪式的准备与程序的内容；采购订单跟踪这一章阐述了采购合同执行过程中的订单编制与发出、订单跟踪、催单、采购物品验收、货款支付、采购费用报销、采购作业成本核算；招标采购这一章阐述了招标采购的相关知识，介绍了招标、投标、开标、评标、定标的基本操作，还简要介绍了招标采购中常见的围标和挂靠现象的危害及其防范。

本书的编写以“基础知识够用，重视实操”为原则。每章先阐述相关知识，再根据采购工作流程阐述每个步骤的具体操作要点，同时给出相应的表格等，本章小结之后有针对性很强的单项选择题、多项选择题、判断题和实践训练题等。因此，本教材既可以作为高职高专物流管理、采购管理、供应链管理专业的教学用书，也可以作为企业采购业务人员的工作手册。

本书由北京农业职业学院的副教授、高级物流师李忠国主编，并得到了北京农业职业学院的特色高水平院校建设项目的资助。在本书的编写过程中，参考和借鉴了大量的相关文献，在此向这些文献的作者表示衷心的感谢。书中提供的工作表格和范文需要读者在实际工作中，根据企业的实际情况进行修改和调整。由于编者水平有限，书中也存在疏漏和不足之处，恳请广大读者批评指正。

编　者

2022 年 3 月

目录

第一章 采购与采购部门

学习目标

1. 明确采购的含义与分类，掌握采购业务流程及采购作业的原则。

2. 了解采购部门的岗位设置，明确采购部门的职责以及采购部门内不同岗位人员的主要职责及其素质与能力要求。

采购是人类经济活动的基本环节，无论是生产领域还是商业领域，都离不开采购。生产企业需要通过采购获得生产设备、原材料等生产资料，才能进行正常的生产活动。商业企业也需要采购商品才能有货可卖。社会上的其他非营利组织需要从外部输入物资或信息才能维持正常运转，也离不开采购活动。从供应链角度看，采购是供应链活动的组成部分，是供应链的起点；没有采购，供应链的运输、生产、仓储、配送等后续活动将无法开展。从企业内部来讲，采购对降低成本、保证产品质量、缩短交货期、提高企业的敏捷性和竞争力具有重要作用。同时，随着科学技术的进步、社会生产力和经济全球化的发展，社会商品极大丰富，商品性能复杂程度和差异性增大等，采购范围逐步扩大，采购方式面临变革，采购风险增大。新时代采购面临新的挑战。新时代的采购人要抛弃“采购只是买买东西，谁都能做；采购人是甲方，权力很大；采购就是和供应商谈判”等误区，重新认识采购的重要性，学习系统的采购知识，掌握科学的采购方法，为提升采购效率做出重要贡献。

第一节 采购基础知识

要成为一个合格的采购员，做好采购工作，首先要知道什么是采购，采购的基本业务流程是怎样的，以及在采购过程中要遵循的基本原则有哪些。

一、采购的含义

采购是指企业在一定的条件下从供应市场获取产品或服务作为自己的资源，为满足自身需要或保证生产、销售等经营活动正常开展的一项经营活动。采购一般包括根据自己对产品与服务的需求制订采购计划、选择供应商和产品，经过谈判或其他方式同供应商达成一致交易条件，然后签订合同，发出订单、接收产品或服务并支付货款等环节。采购比购买的概念更专业，含义更广泛。购买是用货币换取商品的交易过程，而采购包括购买、运输、验收、储存及废料处理等活动；从交易方式上看，采购除了货币交易之外，还可以采用借贷、租赁、实物交换等方式。采购的含义包括以下几个方面。

1. 采购的主体是企业

采购主体即谁来采购。从理论上讲，企业、个人和政府都可以是采购的主体。个人采购的目的是满足个人或家庭消费需要，采购商品品种少、规模小、技术复杂程度低。政府采购是指各级政府为了开展日常政务活动或为公众提供服务，在财政的监督下，以法定的方式、方法和程序，通过公开招标、公平竞争，由财政部门以直接向供应商付款的方式，从国内、外市场上为政府部门或所属团体购买货物、工程和服务的行为。其实质是市场竞争机制与财政支出管理的有机结合，其主要特点就是对政府采购行为进行法治管理。企业采购的目的是满足生产或销售需要，具有采购品种较多、批量大、技术复杂程度高，以及采购企业的自主性大等特点。企业采购是本书的研究对象，其采购的主体是企业。

2. 采购的客体是有形产品和无形服务

采购的客体就是采购对象，即采购什么，包括有形产品和无形服务两大类。采购客体不同，采购方式与程序也不同。

采购的有形产品包括主要原材料、辅助材料、半成品、零部件、成品、燃料、工具、机械设备等。主要原材料是指经过加工后构成主要实体的各种材料，如水泥、钢材、木材等。辅助材料是指在生产过程中不直接构成另一物品的主要实体的各种材料。如使主要原材料发生物理或化学变化的催化剂、接触剂等；与机器设备使用有关的润滑油、皮带等；与劳动条件有关的照明设备、清扫工具等。半成品是指经过一次或多次处理，并将在后面的阶段进行深加工的材料，如在最终产品中实际存在的钢板、塑料薄片等。零部件是指不再经历额外的物理变化，将被嵌入最终产品内部的产成品，如轴承、大灯等。零部件又分为专用件和标准件。专用件是按照客户的设计或规格生产的零部件。标准件是按照供应商的规格生产的零部件。成品是指用来销售而采购的所有产品。燃料是生产过程中产生能量转化的物资。工具是指生产中使用的各种刀具、量具和检验仪器等。机械设备包括专用设备和通用设备。

采购的无形服务涉及管理咨询、培训、交通与住宿、餐饮、物流、物业、广告、保险、人力资源管理、装修、设计等领域。

3. 采购的根本目的是保证采购品的供应

采购的目的是采购的动因，即为什么要采购。采购的根本目的是保证采购品的供应，满足企业的经营需要。所以，采购首先要保证所需产品或服务的可获得性，在此基础上考虑采购产品或服务质量在满足要求的前提下尽可能地降低采购成本，同时还要保证较短的交货期。

4. 采购过程是商流过程和物流过程的统一

采购过程即如何采购。采购是将产品或服务从供应方转移到需求方的过程。这个过程包括采购对象的所有权的转移，即商流，也包括采购对象实体的转移，即物流。具体来讲，采购过程包括制订采购计划、选择供应商和产品，经过谈判或其他方式同供应商达成一致交易条件，然后签订合同、发出订单、运输、验收、入库并支付货款等环节。

二、采购的分类

按照不同的标准，采购可以分为不同类别，不同类别的采购在特点、采购方式和程序等方面具有很大的差异。

（一）按采购的主体可以分为生产企业采购和商业企业采购

1. 生产企业采购

生产企业采购是指生产企业为了直接满足生产需要而获得生产资料类产品或服务的过程。生产企业采购的采购对象主要是生产所需的原材料、半成品、零部件、燃料、动力等，采购品种相对较少，但采购批量大。生产企业可选择的供应商较少，采购范围相对较小，一旦选定供应商，一般会与供应商形成长期的、稳定的合作关系，进行长期重复性采购。生产企业的生产资料采购计划是根据生产计划、产品构成、材料及零部件库存来编制的。

2. 商业企业采购

商业企业采购是指商业企业为了满足销售需要而获得商品的过程。商业企业由于其经营品种较多，所以采购商品的种类多、批量较小，采购频率高，对商品的包装要求较高。商业企业采购的主要是消费品，其可选择的供应商较多，采购范围大，与供应商签订的采购合同时间相对较短。商业企业的采购计划是直接根据销售量和库存量来编制的。

（二）按采购的对象可以分为商品采购和服务采购

1. 商品采购

商品采购是指获取具有实物形态的物品的过程，包括如原材料、辅料、机器设备、办公用品等的采购。商品采购的典型特征就是商流和物流过程的统一。由于采购的是有形的实体商品，容易评价其质量，采购订单发出后还有运输、验收、入库等物流过程。

2. 服务采购

服务采购是指获取不具有实物形态的技术和服务的过程，包括印刷出版服务、专业咨询服务、工程监理服务、工程设计服务、信息技术的开发设计服务、维修服务、保险服务、租赁交通工具的维护保障服务、物业管理服务和其他服务等的采购。由于服务具有无形性、无法存储性、易变性、不可分割性、不能再销售等属性，因此服务采购难以把握和控制；需要一个能够促进供应管理部门和内部客户之间协作和沟通的、规范的服务采购流程；对服务本身或服务供应商的评价更多的是主观描述性评价。

（三）按采购的时间可以分为长期合同采购和短期合同采购

1. 长期合同采购

长期合同采购是指采购商和供应商为了在较长时间内维持稳定的供需关系，通过合同的形式，将这种较长时间的供求关系固定下来的采购。其合同期一般为一年以上。

长期合同采购的优点有：增强了双方的理解和信任，建立了稳定、良好的供需关系；有利于降低双方谈判的费用；有明确的法律保障，维护了双方的利益。

长期合同采购的缺点有：价格及数量调整困难；采购人员容易形成依赖，缺乏创新意识；合同期内采购商即使有更好的供应渠道，也难以做出新的选择。

长期合同采购适用于采购方需求量大、稳定且市场价格波动较小的产品采购。

2. 短期合同采购

短期合同采购是指采购商和供应商通过合同实现一次交易或一年以内的多次交易，以满足生产经营活动需要实施的采购。

短期合同采购的优点有：供需双方具有很大灵活性，采购产品的数量、品种、规格、型号等随时可以调整，并能依据变化的市场环境调整供应商。

短期合同采购的缺点有：由于供需双方之间的关系不稳定，易出现价格波动频繁、交易中断等情况。

短期合同采购适用于非经常性消耗品的采购或价格波动大、质量不稳定的产品采购。

（四）按采购的范围可以分为国内采购和国外采购

1. 国内采购

国内采购主要是指在国内市场采购，采购的物资可以是国内生产的，也可以是从国外企业设在国内的代理商处采购的，只以本国货币支付货款，不以外汇结算。国内采购又分为本地市场采购和外地市场采购。通常，采购人员应首先考虑本地市场采购，以节省采购成本和时间，减少运输距离，保障供应的及时性。在本地市场不能满足需要时，采购人员再考虑外地市场采购。

2. 国外采购

国外采购是指国内采购企业直接向国外厂商采购所需物资的一种行为。国外采购具有质量相对有保障、价低、可以利用汇率变动获利等优点，但也存在交易过程复杂、交易效率低下、交货期长、物流成本高、催单和索赔难度大等缺点。国外采购适用于国内无法生产的产品、国内无代理商经销的产品、价格上占据优势的国外产品等的采购。

（五）按采购价格决定的方式可以分为招标采购、议价采购、比价采购和定价采购

1. 招标采购

招标采购是指通过招标的方式，邀请所有的或一定范围的潜在的供应商参加投标，采购商通过某种事先确定并公布的标准从所有投标中评选出中标供应商，并与之签订合同的一种采购方式。招标采购具有公开性和规范性等特点。招标采购要按照法定程序进行招标和评标，招标的要求和评标标准也要求事先以公告形式公开，只要符合资质规定的供应商，都有权参与投标。

2. 议价采购

议价采购是指由买卖双方直接讨价还价实现交易的一种采购行为。议价采购一般不进行公开竞标，仅向固定的供应商直接采购。议价采购一般分两步进行：第一步，由采购商向供应商发询价表，邀请供应商报价；第二步，如果供应商报价偏高可以还价，如果供应商的最终确认价格达到预期的价格标准，即可签订采购合同，完成采购活动。议价采购主要适用于需求量大、质量稳定、定期供应的大宗物资的采购。

3. 比价采购

比价采购是指买方市场条件下，在选定两家以上供应商的基础上，由供应商公开报价，最后选择报价最低的供应商的一种采购方式。比价采购实质上是一种在有限范围内的有限条件下的招标采购。

4. 定价采购

定价采购是指企业所需购买的物资数量巨大，需要多家供应商共同供货的采购，或当市场上某种物资缺乏时，采购企业订立价格以现款向供应商收购该物资的采购。如粮食的收储企业采购粮食、烟草公司收购烟叶等。

（六）按采购策略可以分为定量采购、定期采购和准时化采购

1. 定量采购

定量采购指当库存量下降到预定的最低库存数量（订货点）时，按规定数量（一般以经济订货批量为标准）进行采购补充的一种采购方式。定量采购的控制参数是：订货点和订货量。订货点是指触发订货的库存数量，一般根据该种物资的日需求量、从发出订单到收货入库的时间和安全库存来确定。订货量通常指总库存成本最低时的经济订货批量。

定量采购方式的优点是：每次订货之前都要详细检查和盘点库存是否降低到订货点，能及时了解和掌握物资库存的动态；每次订货量固定，且是预先确定好了的经济订货批量，方法简便。这种采购方式的缺点是：经常对物资进行详细检查和盘点，工作量大且要花费大量时间，从而增加了库存保管维持成本；要求对每个品种单独进行订货作业，这样会增加订货成本和运输成本。定量采购方式适用于品种数目少但占用资金大的物资。

2. 定期采购

定期采购是按预先确定的订货时间间隔进行订货补充的采购。定期采购的控制参数是：采购周期和目标库存水平。采购周期一般根据经验确定，主要考虑制订生产计划的周期时间，常以月或季度作为库存检查周期，但也可以借用经济订货批量的计算公式确定使库存成本最低的采购周期，即采购周期＝1/采购次数＝经济订货批量/物资年需求量，计算结果的单位为“年”。

目标库存水平是满足采购周期加上提前期的时间内的需求量和保险储备量。每次采购的数量就是目标库存水平与实际库存量的差额。这里的实际库存量除了在库量之外，还包括在途即将入库的数量。

3. 准时化采购

准时化采购又称为JIT（Just In Time）采购，它是由准时化生产管理思想演变而来的。它是提前与供应商签订好合同，要求供应商根据采购商的生产或销售信息，将合适的产品，以合适的数量和合适的价格，在合适的时间送到合适的地点以满足采购商的需要，定期结算货款的一种供应链采购方式。它不但能够很好地满足用户需要，而且可以极大地消除库存、最大限度地消除浪费。JIT采购由于大大精简了采购作业流程，因此消除了这些浪费，极大地提高了工作效率。小批量、高频率送货是JIT采购的一个基本特征。

三、采购业务流程

企业采购过程是商流和物流过程的统一，不同企业的采购业务流程受采购商品特性、市场供应情况的影响，具体步骤会有所差异，但总体来讲都包括采购计划的制订与预算编制，供应商开发与选择，采购谈判与合同签订，采购订单执行过程中的跟踪等环节，如图1－1所示。

1. 采购计划的制订与预算编制

根据物品需求、市场供应能力制订采购计划，充分做好综合平衡，以便保证物品及时供应，同时降低库存成本，减少急单，降低风险采购率。采购计划的制订与预算编制包括采购需求认证、采购物品认证、采购资源市场容量认证、采购数量计划制订以及采购预算编制等步骤。本阶段具体包括根据生产或销售部门的销售预算和生产预算，及物品需求部门的请购单，确定采购数量计划表，同时根据需要采购物品的详细信息和采购资源市场容量编制采购认证计划和订单计划。采购预算是根据采购数量计划编制每个时期采购应付款的金额，便于财务部门提前筹集采购所需资金。

2. 供应商开发与选择

编制好采购计划后，如果是首次采购，采购部门就需要根据采购物品的详细信息寻找供应商，并收集供应商的基本信息。如果是再次采购，就要确定现有供应商在数量、质量、交货期和价格等方面是否能满足采购需要，如果不能就需要寻找新的供应商，并收集新的供应商的基本信息。找到潜在供应商之后，就要对潜在供应商的供应能力进行认证，并最终选出本次采购的目标供应商。

3. 采购谈判与合同签订

选定目标供应商后，采购人员就需要与供应商进行谈判，就采购合同中的事项逐一商谈，并最终达成一致意见后，签订采购合同。采购人员回到采购部门后，需要将采购合同归档，同时建立供应商资料，如果有采购系统的，将合同和供应商信息录入系统中。

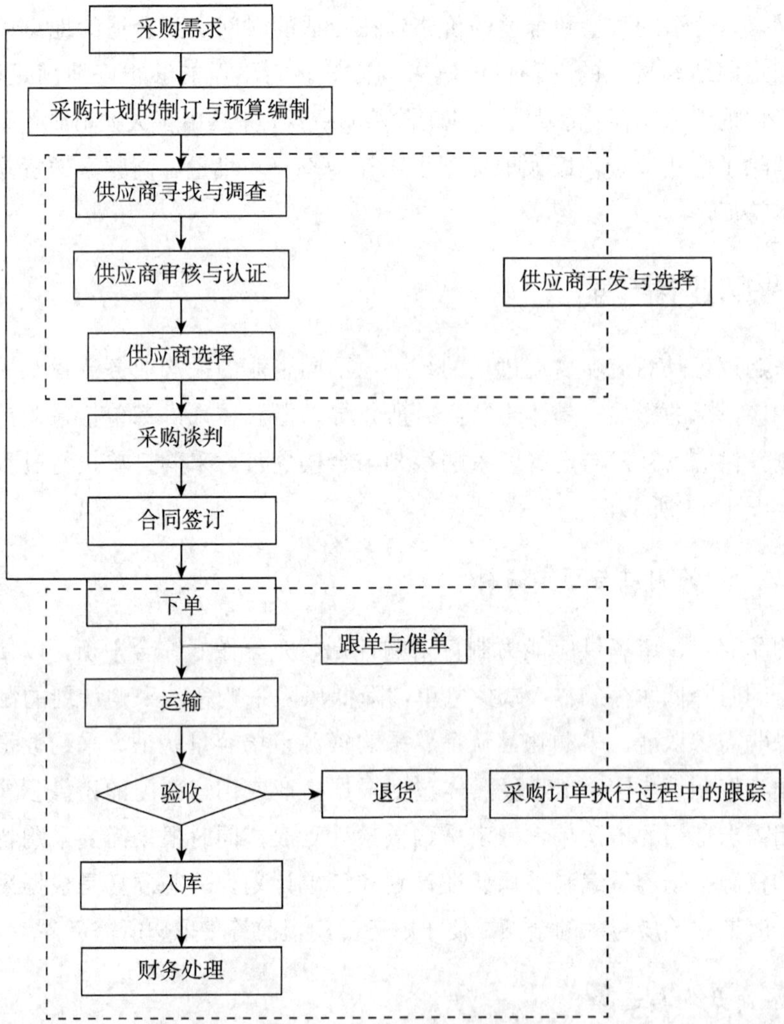

图 1-1　采购业务流程

4. 采购订单执行过程中的跟踪

根据采购计划、请购单及库存情况及时生成采购订单，并发给供应商，同时根据采购合同条款，如果需要自提，就需要联系物流公司，跟踪订单的发货和运输情况。若出现延时，要及时催单，同时要通知仓储部门做好验收准备。采购物品到库时，要做好物品的验收入库工作，然后准备好相关单证提交财务部门，支付采购货款。

四、采购原则

采购人员在采购过程中要遵循以下原则。

1. 适用性原则

在生产企业中，采购活动与企业生产部门、研发部门等联系密切，因此要求采购物品的规格、数量和性能要满足设计和生产需要。在商业企业中，采购部门要与销售部门加强沟通，保证采购的商品满足顾客需要。

2. 及时性原则

采购时间与批量直接影响生产企业的生产活动和商业企业的销售活动，同时也会影响库存成本的高低。因此，采购部门要尽量组织小批量、多品种、短周期进货，采购订单的发出要及时，到货时机也要正好，不能提前也不能滞后。

3. 安全性原则

采购过程中既要保证采购物品的安全性，也要保证资金的安全性。企业采购活动是一种将货币转化为物品的交换活动，这种活动只有发生实质性的变化，即采购物品收到并入库以后，才算完结。在实际操作中，订货期、供应商情况、物品运输及交货批量与方式、结算方式等的不同，都会使这种交换活动发生时间和空间上的分离，从而增加物品和资金的风险。因此在采购过程中，要确保采购物品和资金的安全，避免经济损失。

4. 经济性原则

采购人员每次采购要对采购中产生的各种费用进行核算，合理选择供应商、订货批量与时机、运输方式等。在选择供应商时，除了考虑采购物品的质量和价格外，要综合考虑运输距离远近、物品的流向、运输条件、时间快慢、费用高低等因素，坚持对其逐项核算，以降低采购成本。同时，要根据合理化库存量来确定采购批量，既要保证满足生产或销售需要，还要降低库存成本。也就是说，采购人员不仅要关注采购成本，而且要综合考虑采购成本和库存成本，使二者总和达到最低。

5. 诚实守信原则

采购人员要依据签订的采购合同进行订货、跟单、催单，按时、保质、保量地验收和结算，避免出现验收和结算拖延等现象，树立诚信采购、信守合同的良好形象。对于追加的急单或超量采购单，一定要提前与供应商沟通，争取到供应商的理解与合作。

第二节　采购部门与岗位

采购是企业生产经营循环过程的起点。采购部门是保证企业正常的生产和销售活动得以进行的重要业务部门，是由采购人员按照一定的纵向和横向结构形成的企业内部组织，是企业实现采购计划的组织保障。新入职的采购人员需要了解采购部门的内部组织结构、岗位职责，以及采购人员应该具备的素质与能力和要遵守的行为规范。

一、常见的采购部门内部组织结构

企业的组织结构可以按照人数、时间、职能、产品、地区、业务流程等不同标准进行划分。采购部门是企业的重要职能部门之一，其在企业中以何种形式存在，与企业的整体组织结构设计有关。新入职的采购人员要明确自己所在部门的内部组织结构。常见的采购部门可以根据人数、地区、物品类别和采购业务流程来设置内部组织，也可以综合采用几个标准来设置内部组织。

1. 单人负责采购

如果企业规模较小，产品结构较单一，采购业务较少，可以由后勤部门的一个工作人员负责采购，采购审核由采购人员所在部门的主管或总经理负责。

2. 按采购地区设置的采购部门内部组织

如果企业采购的货源来自不同的地区，而且不同地区采购的物品差异较大，同时各个地区的采购业务量较大，就可以按照采购地区设置采购部门的内部组织，如图 1－2 所示。这种结构有利于采购人员掌握该地区及供应商的详细情况，降低外勤人员的工作量，提高采购效率。这种结构的缺点是各地区采购部门的内部组织人员配备重复，管理费用较高。

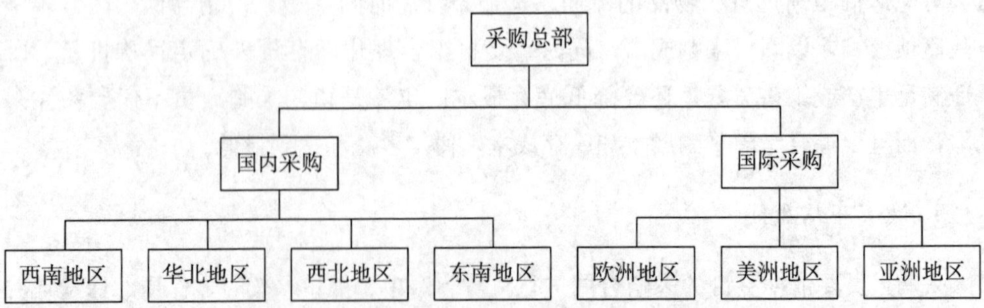

图 1－2　按采购地区设置的采购部门内部组织

3. 按采购物品类别设置的采购部门内部组织

对于采购物品类别多，每类物品差异较大，采购批量也较大的企业采购部门，可以按照物品类别设置采购部门内部组织，如图 1－3 所示。这种结构有利于采购人员掌握物品的专业知识，熟悉供应商及市场环境信息，提高采购效率和质量。这种结构的缺点与按采购地区设置相同，各类采购部门的内部组织人员配备重复，管理费用较高。

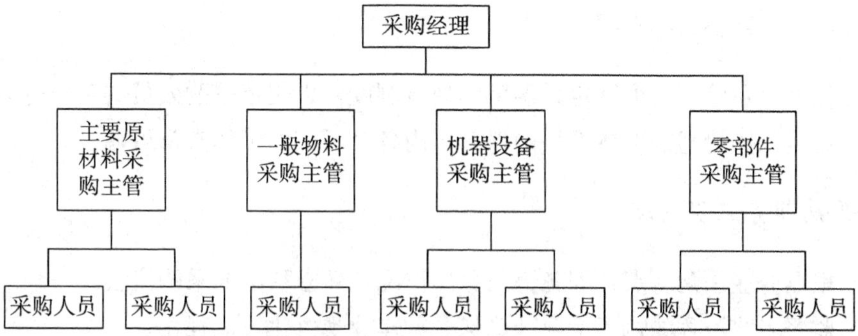

图 1－3　按采购物品类别设置的采购部门内部组织

4. 按采购职能和流程设置的采购部门内部组织

对于采购物品品种少、采购批量大、交货期较长的企业，可以根据采购流程来设置采购部门的内部组织。在供应商开发、议价招标、比价议标、决标签约、稽催履约等环节分别设置不同的组，并由专员负责，如图 1－4 所示。这种结构的优点是便于采购人员更好地熟悉业务，精通自己负责环节的知识和技能；有利于各环节之间相互监督，避免浪费，减少内部审计成本；有利于培养员工的团队合作精神。这种结构的缺点是对内部协调与合作要求高，容易造成采购效率低下、管理混乱的情况。

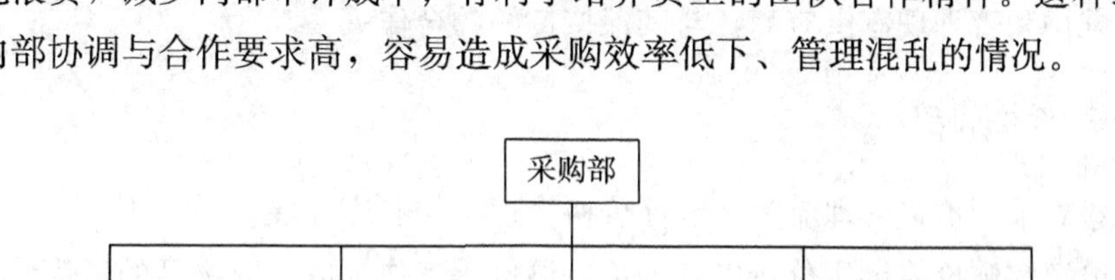

图 1－4　按采购职能和流程设置的采购部门内部组织

二、采购部门与岗位的职责

企业的采购部门是企业内部的一个职能部门。规模较大的采购部门内部存在分工协作的不同岗位，各岗位人员也有自己的职责。

（一）采购部门的职责

采购部门的职责一般会在企业人力资源管理的相关文件以及采购管理制度中体现。采购部门的职责除了涉及所有的采购业务活动外，还涉及与生产、销售、仓储、运输、财务等部门的衔接活动。作为一个承担采购业务与管理工作的主体职能部门，采购部门的主要职责有以下几个方面。

1. 建立完善的采购制度

（1）依据企业管理制度制定采购部门规章制度，以规范采购人员的工作行为。

（2）制定采购管理制度体系，确保部门内各个环节的工作有章可循。

2. 采购业务流程设计

（1）根据企业采购特点，即各部门分工情况，建立科学的采购流程。

（2）监督采购流程的执行情况，确保采购作业规范化、流程化。

3. 制订采购计划

（1）根据企业战略目标和年度经营安排，制订年度采购计划及部门目标。

（2）根据年度采购计划编制采购预算，确保年度采购计划顺利执行。

4. 供应商开发与管理

（1）寻找新的供应商并进行认证，保持供应的稳定。

（2）定期对供应商进行考核，淘汰不合格的供应商。

（3）维护和管理现有供应商，与其保持良好的合作关系。

5. 采购价格管理

（1）建立采购价格管理流程，确保价格管理工作有序开展。

（2）组织实施价格调研分析以及询价、议价等工作，以获取物品的最优价格。

6. 采购招标管理

（1）制定评标规则和评价指标的权重，明确目标供应商的资质。

（2）对招标工作各环节实施监控，确保整个过程公开、公正、公平。

7. 采购合同管理

（1）建立合同管理流程，统一采购合同范本，实现合同管理规范化。

（2）签署合同并监督合同执行情况，及时规避合同履行风险。

8. 采购质量管理

（1）制定各类采购物品的质量检验标准和规范，并监督落实情况。

（2）妥善处理采购过程中出现的物品质量问题，确保入库物品全部合格。

9. 采购成本管理

（1）制订采购成本控制目标和计划，确保采购成本控制工作有序开展。

（2）监督下属人员采购成本控制计划的实施情况，有效控制采购成本。

10. 采购结算管理

（1）协调、管理并监督采购日常结算工作。

（2）及时处理采购结算过程中出现的问题，确保采购结算工作及时、准确。

11. 采购风险管理

（1）建立完善的采购风险防范机制，有效防范和控制采购风险。

（2）严密监控采购各环节，预防并及时规避采购风险。

12. 采购人员绩效管理

（1）依据企业绩效管理制度和采购部门目标，制定合理的采购绩效标准。

（2）定期实施绩效考核，有效应用考核结果，以促进员工绩效的提升。

（二）采购经理的职责

作为采购部门的领导，采购经理主要负责与企业上层、部门内部员工、其他部门、供应商的协调与沟通，以及采购业务的管理。具体来看，采购经理的主要职责有以下几个方面。

1. 制定采购战略

（1）分析内部采购需求和外部市场供需信息，根据企业战略规划情况制定采购战略。

（2）根据采购战略制定采购部门的工作目标与方针。

2. 建立采购管理制度体系

（1）根据企业管理要求和采购战略，建立健全的企业采购管理制度。

（2）贯彻各项采购管理制度并监督落实。

3. 建立并规范采购工作流程

（1）根据采购业务模式和各岗位职责分工情况，制定科学合理的采购工作流程。
（2）根据企业发展和市场变化需要，及时调整并优化各项采购工作流程。

4. 编制采购计划与预算

（1）根据采购战略和部门目标制订阶段性采购计划。
（2）根据采购计划编制采购预算。
（3）审核采购部门内部各岗位人员的工作计划并监督落实。

5. 控制采购成本

（1）审核采购成本控制目标和成本控制计划，并监督其落实情况。
（2）审核采购订单和物资调拨单，严格控制成本。

6. 供应商管理

（1）负责指导下属做好供应市场调研，开发合格的供应商。
（2）定期组织对供应商的考核、评估工作。
（3）选定新的合格的供应商，并对其进行合作审批。
（4）指导下属做好供应商维护工作。

7. 采购谈判与合同管理

（1）监督并开展大批量订货业务洽谈工作，监督采购合同的执行情况。
（2）主持采购招标、合同评审工作，签订采购合同，监督执行情况，建立合同台账。

8. 采购交期管理

（1）整体负责采购进度控制，指导下属开展采购监督跟单、催货工作。
（2）进行采购交期管理，确保物品及时供应。

9. 采购质量控制

（1）指导下属认真检验采购物品的质量。
（2）负责采购物品的质量事故的预防与处理工作，并定期编制采购报告报上级领导审阅。

10. 部门日常管理

（1）负责本部门的日常管理工作，主持或参与采购管理相关业务会议，并做好部门间的协调工作，完成领导交办的任务。

（2）负责采购人员的考核、指导工作。

（三）采购员的职责

采购员属于采购部门的基层工作人员，主要负责采购业务操作，具体职责包括以下几个方面。

（1）熟悉企业所需物资的特征、规格、性能指标、价格等。

（2）对供应市场进行调研，收集供应市场中有关物资与供应商的信息，形成可供采购管理人员决策的有效信息，同时进行优秀供应商的开发。

（3）经办一般性物资的采购。

（4）与供应商进行采购物资质量、价格、付款方式、交货期等合同条款内容的谈判，签订采购合同。

（5）要求、督促供应商履行采购合同、订单所规定的相关工作。

（6）向供应商确认交货日期、交货数量等。

（7）一般索赔案件的处理。

（8）退货情况的处理。

（9）考核、评估供应商。

（10）定期与供应商核对交易明细。

如果采购部门规模比较大，其内部是按照采购业务流程与职能分工的，则各岗位人员的职责分工会有所不同。

1. 市场及需求分析员

市场及需求分析员主要负责的工作包括：市场调研和收集客户的需求信息，梳理业务流程和进行系统设计；根据产品规划或者项目要求，开展需求调研，编写调研报告和需求规划说明书；根据采购计划，进行供应市场调查，了解供应市场的基本情况；负责分析供应市场的规模和变化方向，为采购工作提供建议。

2. 采购计划员

采购计划员主要负责采购计划的制订和采购预算的编制。具体包括：根据用料需求和库存情况制订物品需求滚动计划，并对订单的执行情况进行监督和控制；每月需要对物品供需进行预测，并进行物品差异分析；对采购需求进行有效跟踪，确保计划按时完成；负责对超计划采购的原因进行分析，并向上级提供相应的分析报告；负责异常耗用原因的查找与分析，以及对后续采购计划进行相应调整；对库存物品进行监控。

3. 进货管理员

进货管理员负责从洽谈、发出订单到物品入库阶段的业务操作，具体包括：监督采购计划的执行进度；跟进采购业务的执行过程；与供应商进行谈判、签订合同；向供应商发出订单并与供应商联系发货事项；处理进货环节发生的相关纠纷。

4. 采购质量管理员

采购质量管理员主要负责质量管理工作，具体包括：按照企业采购质量管理办法，撰写采购物品验收规范；对采购物品进行质量检查和管控；对采购质量管理数据进行整理、汇总和分析。

5. 采购统计分析员

采购统计分析员主要负责采购数据的统计与分析，具体包括：采购量的定期汇总、采购数据的分析和处理，形成采购分析报告；统计分析采购工作相关环节的资源使用情况；分析采购工作的流程和绩效。

6. 采购成本核算员

采购成本核算员主要负责与采购有关的财务工作，具体包括：建立供应商往来明细账，做到账目清晰无误；月末及时与供应商对账，并进行采购费用核算；采购发票、票据等的核实和校对；采购成本的汇总和分析。

三、采购人员的素质要求、能力要求和道德规范

采购工作专业性强、内容多样化、活动范围也较大，采购人员要与企业内外部人员发生广泛接触，这就要求采购人员具备良好的素质、一定的能力和良好的品德。

（一）采购人员的素质要求

1. 具备良好的道德品质

要想成为一名优秀的职业采购人员，必须具有良好的职业道德。采购过程中，有些供应商为达到销售目的，总是想办法以金钱或其他方式来诱惑采购人员。采购人员若没有良好的道德品质，就很容易掉入供应商的陷阱，进而任由供应商摆布。采购人员必须自觉构筑思想防线，严格遵守国家法律法规，执行国家方针政策，自我约束、

自我控制。采购人员在工作中要做到：对企业忠诚；公平正直，平等对待供应商；精打细算，坚持原则，择优选择供应商。

2. 具有专业的采购业务知识和广博的人文知识

采购人员除了应具备采购方面的专业知识，还应具备经济、管理、财务会计、统计、法律、公共关系、市场营销、物流等领域的专业知识。同时，采购人员经常要与供应商等发生人际联系，因此还需要具备广博的人文知识，以便快速找到潜在供应商，并与供应商代表进行沟通。

3. 具备良好的心理素质

采购成本是生产成本的主要组成部分，因此采购部门是企业控制成本的中心之一。一般的企业采购部门通常人员较少，一个人可能会身兼数职，同时承担几个项目，导致采购任务重、时间紧、要求高，同时采购人员还面临企业内部需求部门不满意和供应商投诉的压力，从而心理压力很大。另外，采购部门是企业的关键部门和高危部门，采购人员工作一段时间后大多面临换岗，很难获得成就感。所有这些都要求采购人员要有强大的心理素质，坚韧不拔的意志，应对来自各方面的心理压力，既能感知他人的情绪，也能调控好自己的情绪，耐心细致地与人沟通，保质保量按时完成采购工作。

4. 具备良好的身体素质

面对商品日益丰富、差异越来越大、竞争日趋激烈的市场环境，采购工作呈现出任务重、时间紧、经常出差等特点，体力消耗很大，因此，采购人员需要强壮的身体作支撑。采购人员除了自身身体素质要好之外，还要能在工作之余锻炼身体，注意营养健康，维持和提升自己的身体素质。

（二）采购人员的能力要求

1. 采购业务能力

采购人员的业务能力必须达到一定的要求，具体表现为以下几个方面。

（1）熟悉物品。无论是零部件与原材料的采购还是商品采购，都要求采购人员必须熟悉所要采购的物品的各种质量与性能指标、储藏方式、市场行情等，以及企业或客户对采购物品的质量与性能要达到的理想标准与最低要求。

（2）采购计划编制能力。采购人员要能根据采购需求编制采购计划和采购预算。

（3）进货管理能力。采购人员还要具备从洽谈、发出订单到物品入库阶段的业务操作能力。具体包括跟单、催单、收货等业务操作能力。

（4）采购成本核算与财务处理能力。采购人员还要具备与供应商对账，采购费用核算，采购发票、票据的核实和校对等业务操作能力。

2. 人际交往与沟通能力

采购人员除了与本部门内人员进行协调沟通之外，还要与企业内部客户进行采购需求沟通，同时还需要与供应商进行沟通。采购人员必须能够正确、清晰地表达所要采购的物品的各种参数，如规格、数量、价格、交货期、付款方式等，并能够进一步与供应商对采购的各种条件进行谈判，最终达成采购协议。在采购订单执行过程中，采购人员也需要有礼有节地与供应商保持联系，完成跟单、催单、收货及财务处理等工作。

3. 管理能力

采购人员需要承担采购计划的制订与执行、控制（发现偏差并纠偏）等工作，即采购人员必须具备一定的管理能力。采购人员能在内部采购预算基础上，对供应链进行准确预测，采取合理的采购策略，制订出高效、合理的采购计划，并能在合适的时间、以合适的价格和方式，采购合适的物品并交付给合适的部门。

（三）采购人员的道德规范

1. 忠诚、干净

采购人员所处理的采购订单与货币并无太大差异，对供应商来说具有重大意义。因此，采购人员容易成为唯利是图的供应商的围猎对象。一个合格的采购人员应该保持忠诚。忠诚首先是对党忠诚，要做到心中有党，严以修身，把牢思想和行动的总开关；其次是要对人民忠诚，要做到心中有民，心中有群众，为员工着想，不断解决实际问题；最后是对企业忠诚，做到心中有企业，为企业发展着想，努力规避企业风险。

干净就是清正廉洁。一个合格的采购人员应该把干净当成融化在骨子里的精神准则，做到心中有戒，严于律已，把纪律和规矩摆在前面，把权力关进制度的笼子里，心存敬畏，手握戒尺，廉洁自律。一个优秀的采购人员不但要保证自己在采购活动中不出问题，还要努力使其他人员不出问题。尤其是制定采购标准、检测和招标环节，需要关注设计人员、检测人员、招标代理人和评标专家，要避免设计人员特意把某一家供应商的产品标准作为采购标准，避免检测人员给予供应商不同的检测机会和待遇，避免招标与评标信息泄露以及倾向性评标等。

采购人员无论是否是党员，都要坚持学习和遵守党中央关于廉洁自律的各项规定，保持警钟长鸣，时刻提醒自己要能经得住考验。管得住自己的嘴，不向供应商透露任何保密信息；管得住自己的腿，不参加供应商的宴请；管得住自己的手，不拿供应商的东西。在实际采购工作中，尤其要注意以下几点。

（1）不私下与投标人或其他利害关系人接触，不向其提供任何有关招标项目的业务咨询。

（2）不接受投标人或其他利害关系人赠送的礼品、礼金、有价证券等好处。

（3）不以任何形式向投标人或其他利害关系人索要钱物等好处。

（4）不在投标人或其他利害关系人处报销应由个人支付的费用。

（5）不参加投标人或其他利害关系人举办的宴请、旅游等活动。

（6）不要求投标人或其他利害关系人为个人或亲属经商办企业提供方便。

（7）严格遵守其他廉洁从业相关规定。

2. 敬业、担当

敬业就是要用一种恭敬严肃的态度对待自己的工作。采购是企业生产经营过程的起点，是生产经营过程顺利进行的基础。造成原材料短缺的原因很多，采购人员要提前做好采购计划，积极寻找供应商，积极主动与供应商协调沟通，及时采购到所需物料，避免给企业造成巨大的损失。

担当就是能承担压力，能担负责任。每一次采购对采购人员来说都是一次挑战，要做到：坚持原则，不怕质疑；不怕困难，勇于面对挑战；遇事不推诿、不退避，敢于负责；善于发现问题和解决问题；勇于批评和自我批评；学以致用，勇于创造性地开展工作。

3. 公开、公平、公正

公开是要求集中招标采购活动具有较高的透明度，招标信息、招标程序要公开，评标标准和方法、评标定标结果等都要公开，使所有投标人获得信息的机会均等。公平是要求招标人和投标人在集中招标采购过程中的权利义务关系平等，双方作为平等的民事主体分别承担义务并享有权利。公正是要求评标时按事先公布的评标标准和方法对待所有合格投标人，对所有合格投标人一视同仁，不歧视任何投标人。

采购人员必须具有公开、公平、公正意识。首先要做到公开招标，接受外部监督。其次在采购过程中做到不设置歧视条款，评分标准事先确定，减少定向谈判。最后要做到不存在任何私心、秉公办事。

4. 谦虚谨慎

谦虚谨慎是要求采购人员在采购中要做到容人、虚心礼让、小心谨慎。采购人员在与供应商的关系中占上风，但对供应商必须公平互惠、虚心礼让。与供应商的谈判或议价过程可能非常艰辛与复杂，采购人员更需要有忍耐、等待的修养，才能顺利完成工作。

本章小结

本章包括采购基础知识、采购部门与岗位等内容。采购基础知识中首先明确了采购的含义，介绍了采购可以按照采购的主体、采购的对象、采购的时间、采购的范围、采购价格决定的方式、采购策略等不同标准分为不同类别，更进一步加深了对采购含义的认识。在明确了采购含义的基础上，简要介绍了采购业务流程，以及在采购过程中，采购工作应该遵循的原则，包括适用性原则、及时性原则、安全性原则、经济性原则和诚实守信原则。在采购部门与岗位部分主要介绍了常见的采购部门内部组织结构、采购部门的职责、采购经理的职责、采购员的职责、采购人员的素质要求、采购人员的能力要求、采购人员的道德规范，明确了争做优秀采购人员的努力方向。

练习题

一、单项选择题

(1) 为了满足生产或销售需要，具有采购品种较多、批量大、技术复杂程度高，及采购主体的自主性大等特点的采购是（　　）。

A. 个人采购　　B. 政府采购　　C. 企业采购　　D. 招标采购

(2) 机器设备使用的润滑油对于某生产企业来说属于（　　）。

A. 主要原材料　　B. 辅助材料　　C. 半成品　　D. 成品

(3) 企业采购的根本目的是（　　）。

A. 生产　　B. 销售　　C. 使用　　D. 保证采购品的供应

(4) 某企业的采购部门分别设置了负责采购计划、供应商管理、询价与比价、跟单等的二级部门，这是根据（　　）来设置的采购部门内部组织结构。

A. 职能与流程　　B. 地区　　C. 产品　　D. 人数

(5) 采购人员要能管得住自己的嘴，不向供应商透露任何保密信息；管得住自己的腿，不参加供应商的宴请；管得住自己的手，不拿供应商的东西，这是（　　）的要求。

A. 忠诚、干净　　B. 敬业、担当　　C. 公开、公平、公正　　D. 谦虚谨慎

二、多项选择题

(1) 按采购价格决定的方式可以把采购分为（　　）。

A. 招标采购　　B. 议价采购　　C. 比价采购　　D. 定价采购

E. 定向采购

（2）按采购策略可以把采购分为（　　）。

A. 长期采购　　B. 随机采购　　C. 定量采购　　D. 定期采购

E. 准时化采购

（3）采购要遵循的原则有（　　）。

A. 及时性原则　　B. 安全性原则　　C. 适用性原则　　D. 经济性原则

E. 诚信原则

（4）采购人员应该具备的道德规范包括（　　）。

A. 忠诚、干净　　B. 敬业、担当　　C. 公平、公正　　D. 谦虚谨慎

E. 公开

（5）公开、公平、公正要求采购人员必须做到（　　）。

A. 公开招标或比选　　B. 不设置歧视条款

C. 评分标准事先确定　　D. 减少定向谈判

E. 不存在任何私心、秉公办事

三、判断题

（1）采购只是买东西，谁都能做。（　　）

（2）服务具有无形性和无法储存等特点，性能与质量也很难进行量化，因此不能作为采购部门的采购对象，应该由需要的部门直接和服务提供者洽谈。（　　）

（3）采购物流是物流部门的职责，与采购部门无关。（　　）

（4）采购批量越大，采购价格越低，因此，为了降低采购成本，采购部门只能接受大批量采购，小批量采购可以由使用部门自行购买。（　　）

（5）采购人员既是甲方也是乙方。（　　）

（6）采购经理是采购部门的主管人员，因此，采购部门的职责就是采购经理的职责。（　　）

（7）基层采购员只需要完成领导交办的采购具体工作，因此不需要具备一定的管理能力。（　　）

四、实践训练题

1. 从网上搜索企业招聘的采购相关岗位的工作内容及其对岗位人员的素质与能力要求。

（1）我选择的招聘网站的网址是：________________________________。

（2）选择“我要找工作”或“求职”板块，搜索与“采购”有关的招聘信息，搜索到的相关岗位招聘信息如表 1－1 所示。（不同职级的岗位都有，如助理、专员、经理；同一职级的采购岗位至少有三家公司的招聘信息。）

表 1-1　　采购岗位招聘信息汇总表

序号	岗位名称	职级	工作内容	职位要求	招聘企业	薪资待遇	信息来源
1							
2							
3							
4							
5							
6							
7							
8							
9							

(3) 比较相同岗位的工作内容及对岗位人员的要求，并将比较结果填入表 1-2 中。

表 1-2　　采购岗位招聘信息比较

序号	岗位名称	职级	相同的工作内容	相同的职位要求	主要差异
1					
2					
3					

(4) 通过这次对采购岗位招聘信息的了解与比较，我的感受是：

2. 熟悉一家你曾经实习过、工作过或者是从其他途径了解的公司的采购部门的内部组织结构及其主要业务流程。

(1) 简述××公司的基本情况。

(2) ××公司采购部门内部组织结构（绘制组织结构图并简要说明）。

(3) ××公司采购部门主要业务（绘制采购业务流程图，并作简要说明）。

第二章　采购计划与预算

学习目标

1. 明确采购计划的内容，能够根据需求及资源市场信息编制采购计划。
2. 了解采购预算编制的相关知识，能够正确编制采购预算。

采购部门开始采购任务之前，首先要知道需要采购什么样的物品及其数量。销售部门向采购部门申报物品需求数量后，采购部门需要结合物品的库存量确定需要采购物品的数量，然后在此基础上结合现有资源市场的供应容量及余量来编制采购计划。采购计划有利于采购部门充分做好综合平衡，以保证物品及时供应，同时降低成本、减少急单、降低风险。采购预算是将采购计划用现金来表示，是一段时间内的数字化的采购计划。通过编制采购预算，企业管理人员可以知道每次采购或每个采购周期内应该支付的现金，便于提前准备充足的采购资金。

第一节　采购计划的制订

采购计划是指企业管理人员在了解市场供求情况，认识和掌握企业生产经营活动过程中物品消耗规律的基础上，对计划期内物品采购管理活动所做的预见性的安排和部署。采购计划是根据生产部门或其他使用部门的计划制订的，包括采购物品的数量、质量、交货日期等内容。

一、物品采购数量的确定

（一）确定物品采购数量的目的

采购一定数量的物品是维持正常产销活动的关键，采购数量是采购计划的重点。确定物品采购数量的目的主要有以下几个方面。

（1）预估物品需用的数量与时间，防止供应中断，影响产销活动。

（2）避免物品储存过多，积压资金。

(3) 配合公司生产或销售计划与资金调度。

(4) 使采购部门事先准备，选择有利时机购入物品。

(5) 确立物品耗用标准，以便进行成本控制。

(二) 采购数量的决定过程

采购数量是根据物品需求计划和采购与库存策略来确定的。其决定过程如图 2 - 1 所示。

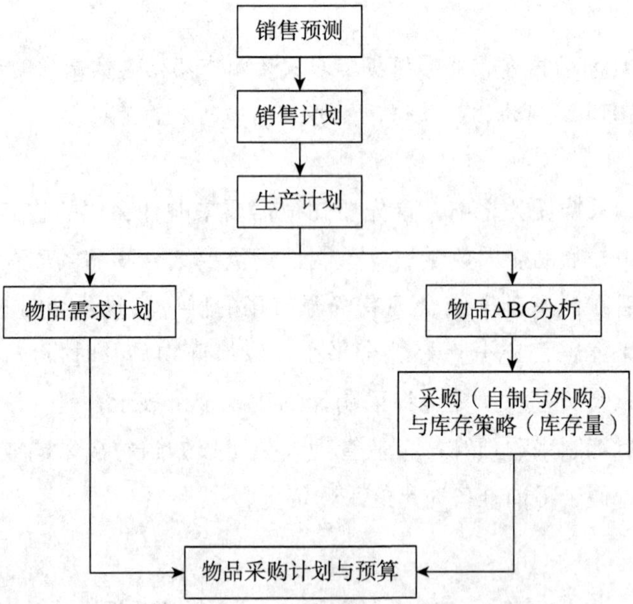

图 2 - 1　采购数量的决定过程

例 2 - 1　某公司 A 物品用料计划表如表 2 - 1 所示，该物品的安全库存量为半个月的计划用量，订货提前期为一个月，请确定表中每个月的总库存量、月底结存量、已购未入库量及采购数量。

表 2 - 1　　某公司 A 物品用料计划表

材料编号	材料名称	材料规格	三月	四月				五月				六月				七月			
			月底结存量	已购未入库量	总库存量	计划用量	月底结存量	已购未入库量	总库存量	计划用量	月底结存量	已购未入库量	总库存量	计划用量	月底结存量	已购未入库量	总库存量	计划用量	月底结存量
—	A	—	700			800				1200				1600				1200	

根据表 2 - 1，首先确定每月的月底结存量。按照公司的库存要求，每月的月底结

存量为计划用量的一半，故：

四月的月底结存量＝800÷2＝400

五月的月底结存量＝1200÷2＝600

六月的月底结存量＝1600÷2＝800

七月的月底结存量＝1200÷2＝600

每月的总库存量＝计划用量＋月底结存量，故：

四月的总库存量＝800＋400＝1200

五月的总库存量＝1200＋600＝1800

六月的总库存量＝1600＋800＝2400

七月的总库存量＝1200＋600＝1800

考虑订货提前期为一个月，即三月的采购数量＝四月的已购未入库量＝四月的总库存量－三月的月底结存量。同理，四月的采购数量为五月的已购未入库量，五月的采购数量为六月的已购未入库量，六月的采购数量为七月的已购未入库量，故：

四月的已购未入库量＝1200－700＝500

五月的已购未入库量＝1800－400＝1400

六月的已购未入库量＝2400－600＝1800

七月的已购未入库量＝1800－800＝1000

将计算结果填入表中，如表 2－2 所示。

表 2－2　　　　某公司 A 物品用料计划表

材料编号	材料名称	材料规格	三月	四月				五月				六月				七月			
			月底结存量	已购未入库量	总库存量	计划用量	月底结存量	已购未入库量	总库存量	计划用量	月底结存量	已购未入库量	总库存量	计划用量	月底结存量	已购未入库量	总库存量	计划用量	月底结存量
—	A	—	700	500	1200	800	400	1400	1800	1200	600	1800	2400	1600	800	1000	1800	1200	600

（三）采购申请单的编制

物品用料计划表经过审批后，可以直接作为确定采购数量的依据。但如办公用品、辅助材料等物品，需要使用部门向采购部门提出采购申请，才能确定采购数量。有的企业的物品用料需求计划由生产部门编制并保存，需要定期向采购部门提出采购申请，这些情况下，采购部门需要汇总企业内部所有的采购申请，然后确定出每种物品的采购数量。

采购申请又称请购，是指由企业需求部门向采购部门提出在未来一段时间内所需物品的种类以及数量等相关的信息，并填制在符合规定的表格内，同时交与采购部门。

一般来讲，生产企业的采购申请者是生产部门及其业务管理人员，商业企业的采购申请者是销售部门或仓储配送部门。管理部门也可能是办公用品等其他物品的采购申请者。正常情况下，采购申请的时间一般是在月末、季末或年末，但是一些特殊情况，特别是紧急需求情况，也可以随时提出申请。

1. 采购申请单的内容

采购申请单是采购作业的起点，通常是指由使用部门或需求部门填发的单据，其内容通常包括以下几个方面。

（1）需求单位，即申请者所在的单位或部门。

（2）需求品种、规格、型号，即需要使用的物品的标准名称、种类、规格及详细型号。

（3）需求数量。

（4）需求时间，即物品必须送达需求单位的时间，否则就会影响正常生产。

（5）物品用途。

（6）特别要求，如所需物品有特殊需求，需要注明，如防水、防火、防静电或者耐磨等要求达到的标准。

2. 采购申请单的格式

在不同的企业中，采购申请单的名称主要有采购申请表、请购单、请购计划（表）和物品需求计划（表）等，除了其主要内容随物品特性和用途不同之外，在表现形式上大体相同，只是具体项目名称有差别。

（1）单项物品的采购申请单。

单项物品的采购申请单的内容可以全部设置在表格中，也可以将审批人和申请人设置在表格底部，如表 2－3 所示。

表 2－3　　单项物品的采购申请单

申请部门		申请时间	
物品名称		型号	
技术标准		数量	
预计价格		要求到货时间	
用途描述			
申请原因			

审批人：　　　　　　　　　　　　　　　　　　申请人：

（2）多项物品的采购申请单。

多项物品的采购申请单用于申请多项独立物品，一般是一个单位的请购物品汇总清单，如表 2-4 所示。

表 2-4　　多项物品的采购申请单

年　月　日　　　　　　编号：

序号	品名	规格型号	单位	数量	预计单价（元）	预计金额（元）	用途	要求到货时间	备注
1									
2									
3									
合计									

请购部门：　　　　审批人：　　　　申请人：

表 2-4 中，编号可以在审核通过后，由采购申请接收人员根据企业请购部门、请购时间段、顺序号进行编号，便于后续工作查询和归档。

3. 采购申请的审核

对采购申请进行审核是必要的。首先，要明确谁来审核。审批人可以由请购部门和采购部门的共同主管领导直接审批通过，也可以由请购部门领导先审核确认后，交由采购部门领导审批。如果是双部门审批，则需在表 2-4 的下方再增加一项“采购部门审批人”。其次，要明确审核什么。审核主要考虑采购的可行性、采购的价值、成本和库存控制问题，具体包括以下几个方面。

（1）是不是非要采购这个品种，考虑资源市场的产品变革，有没有其他更好的替代品。

（2）是不是非要采购这么多，考虑采购价值、成本及库存控制的需要，能不能少一点或多一点。

（3）这个品种的需求时间是不是可靠，考虑采购价值、成本及库存控制的需要，可不可以推后或提前。

（4）这个品种的采购有没有什么特别要求，考虑采购价值、成本及库存控制的需要，这些要求是不是必要的，有没有实现的可能性。

4. 采购申请的汇总

在规定时间内，需求部门根据部门需求填写并向采购部门递交了采购申请，审核通过后，采购部门就要进行汇总统计。如果企业有专门的采购业务管理软件，只需要根据不同的标准进行汇总筛选即可。如果没有专门的业务软件，则可以在 Excel 中建立一个工作表，将采购申请单中的所有项目均输入表中，然后在工具栏中点击“排序和筛选”按钮，再选中下拉菜单中的“筛选”，在字段名旁添加筛选按钮，如图 2－2 所示。

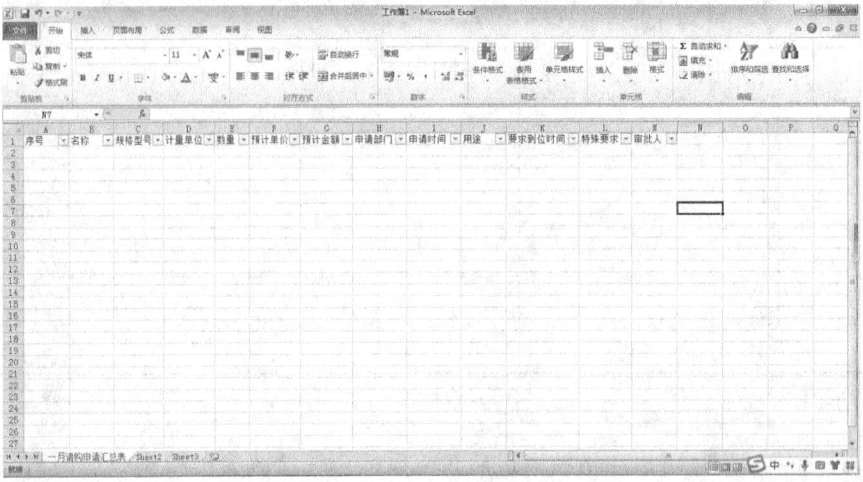

图 2－2　Excel 中的采购申请单汇总表

数据输入后，可以分别按照名称、申请部门、要求到位时间等进行筛选，筛选出本月全部相关数据后，在数据表的最后一行插入求和公式，便可计算出相应的合计数量。

二、采购物品质量的确定

采购部门在知道了采购物品的名称及其数量后，需要详细地了解所需采购物品的产品规格和服务规格。

（一）产品规格

1. 品牌或物品名称

品牌或物品名称是产品规格的简单形式。对于某些特定品牌或商标的物品，其质量较稳定，但是品牌物品，特别是名牌物品，其供应商较单一、价格较高，若非情况特殊，采购部门应尽量避免采购使用部门指定品牌或商标的物品。

2. 技术规格

技术规格具有较高的规定性，是对物品采购需要的描述。技术规格的内容一般包括：物理性质（尺寸、强度等）、设计细节、公差、使用材料、生产过程和方法、维护条件、操作要求等。技术规格中可以包括文字信息和图纸信息，这样可以更加清晰地描述要求。作为采购方，应该提交一份详细的技术规格书给供应商，这样供应商就必须严格按照技术规格供货。利用技术规格进行产品说明，可以严格界定买卖双方的责任，但是，采购方必须能够制定和提供技术规格。

3. 构成规格

构成规格主要描述一个物品的构成，一般是从化学和物理性质方面进行描述，比如纯度、密度、成分、添加剂等。这类规格通常用于原材料及食品和化学品的采购。采购方利用构成规格作为产品规格说明时，必须确保自身具备或能够寻找到可靠的第三方，该第三方具备对构成规格进行检测和认证的能力。

4. 功能和性能规格

功能规格通常描述采购物品所要执行或达到的功能。性能规格通常描述有关如何更好地达到这种功能的附加要求。在供应商具备比采购方更强的设计技能和技术时，采购方提供的功能规格和性能规格一般不描述所需的功能和性能是如何实现的，这时采购方必须依赖供应商，所以采购方最好选择信誉良好的供应商。

5. 样品

在采购中无法准确地描述采购物品时，可以使用样品作为规格说明的标的物。采用样品作为产品规格，可以让采购方在购买之前就能了解这种物品的性能，但是供应商必须能够确保实际供货与样品完全一样。

（二）服务规格

采购的服务类型可以包括运输服务、广告服务、薪酬管理服务、安保服务、银行服务、餐饮服务、培训服务、设计服务、管理咨询服务等。采购服务不同于采购有形物品，但是详细地描述服务规格是非常必要和有效的。

明确服务规格比明确产品规格的难度大。许多物品的需求可以被准确地描述，但是服务是无形的，很难对其进行定义。为了尽可能精确，一般根据产出对服务进行描述，即通过服务要达到什么结果，同时还应该明确实现产出的时间表。这些产出应该是可以量化的，并可以清楚准确地表达出来。比如，对于运输服务，可以描述为：“在不超过 15 天的期限内将指定的物品，无货损货差地送达指定目的地”。服务是由个人完成的，每个人的能力是不一样的，因此，服务质量取决于服务的提供者。所以，服务规格还可以明确指定这项服务的提供者应该具备的资格条件。

三、供应市场的订单容量及余量确定

企业的采购部门平时就需要收集整个供应市场上的所有供应商的详细资料，并随时更新。在编制采购计划之前，就需要根据采购物品的需求量及质量要求，确定能够提供合格物品的所有供应商的订单容量、已承接订单量和剩余订单容量。

1. 订单容量与总体订单容量

订单容量就是供应商在相应时期内能够提供的合格物品的可供应量。

某个供应商的订单容量＝该供应商期初库存量＋该供应商的本期产量

总体订单容量是所有供应商的可供应量汇总，即总体订单容量＝$\sum$订单容量。

2. 已承接订单容量和总体已承接订单容量

已承接订单容量是指某种物品的供应商在指定时期内已经签下的其他企业订单的物品数量。

总体已承接订单容量就是该时期内所有供应商的已承接订单容量之和。

3. 剩余订单容量及总体剩余订单容量

某供应商某物品的剩余订单容量＝该供应商的订单容量－该供应商已承接订单容量，表示该供应商还能承接本企业订单的最大容量。

总体剩余订单容量就是该时期内所有供应商还可以提供的某物品的所有供应量，是所有供应商的剩余订单容量之和。

总体剩余订单容量＝总体订单容量－总体已承接订单容量

在准确知道以上所有数据后，就要比较所需采购物品数量与供应商剩余订单容量、总体剩余订单容量。如果采购数量小于总体剩余订单容量，就可以编制具体的采购计划；如果采购数量大于总体剩余订单容量，则需要向需求部门或管理部门反馈，并建议修改销售或生产计划，甚至是减少该物品需求量或者寻求其他供应方案，如与潜在生产厂家合作，增加总体剩余订单容量。

四、采购计划编制

（一）编制采购计划的影响因素

1. 年度销售计划

销售计划是企业经营计划的起点，是在对市场进行销售预测的基础上确定的。销售计划是制订生产计划的直接依据。预计生产量＝预计销售量＋预计期末库存量－期初库存量，然后根据预计生产量和技术方案来确定所需采购物品的计划使用量。市场环境复杂多变，销售计划也会根据市场变化定期进行调整，自然会影响生产计划和采购计划的调整。

2. 物品标准成本的设定

在编制采购计划时，因为将来拟购物品的价格不易预测，所以大多使用标准成本来替代。若标准成本的设定缺乏依据，则标准成本与实际购入价格之间就会有差额。该差额会影响采购部门确定在哪采购、向谁采购、采购多少等方面的内容。

3. 销售效率

销售效率的高低将使预计的物品需求量与实际的物品需求量之间产生差额。销售效率降低，容易导致物品积压，必然会减少生产，从而减少物品采购。相反，当销售效率升高时，采购计划必须将这部分额外的销售效率计算进去，提前安排采购，才不会发生物品短缺现象。

4. 预期价格

在编制采购计划时，经常需要对物品的价格涨跌幅度、市场景气与否、汇率变动等因素进行预测。在预测的基础上，当物品在低价位时，可适当增加采购数量；当物品在高价位时，可适当减少采购数量，甚至中断采购。

5. 库存管理

采购成本与库存成本存在二律背反现象。大批量、低频率的采购，其采购成本较低，但会导致库存成本上升；相反，库存成本的下降必然要求小批量、高频率的采购，采购成本必然增加。因此，企业必须综合考虑采购成本和库存成本来确定采购的频率和批量，即要根据采购和库存总成本最低原则来调整采购时间和采购数量。

6. 运输方式及效率

在现代网络信息化条件下，信息传递与处理时间几乎可以忽略不计，采购到货时间主要受运输时间的限制。交通网络发达，运输方式多样化，运输效率高，自然就会大幅度缩短运输时间，从而大大缩短订货提前期，就可以在保证供货的前提下，灵活确定物品的采购时间和数量。

（二）编制采购计划

1. 编制采购认证计划表

采购计划编制人员对于采购数量大于总体剩余订单容量的采购部分，需要提交采购认证人员分析并提出对策，共同商讨和确认现有供应商之外的新供应商的认证计划。采购认证计划表如表 2－5 所示。

表 2－5　　　　　　　　　　采购认证计划表　　　　　　　　　　编号：

<table>
<tr><th rowspan="2">序号</th><th colspan="7">主项</th><th colspan="7">次项</th><th rowspan="2">现有订单容量</th><th rowspan="2">认证物料数量</th><th rowspan="2">备注</th></tr>
<tr><th>物料编码</th><th>名称</th><th>型号</th><th>年采购量</th><th>计量单位</th><th>开始日期</th><th>完成日期</th><th>样品/图纸</th><th>技术规范</th><th>工艺路线</th><th>工艺指令</th><th>配料清单</th><th>巡回文档</th><th>隶属产品</th></tr>
<tr><td></td><td></td><td></td><td></td><td></td><td></td><td></td><td></td><td></td><td></td><td></td><td></td><td></td><td></td><td></td><td></td><td></td><td></td></tr>
<tr><td></td><td></td><td></td><td></td><td></td><td></td><td></td><td></td><td></td><td></td><td></td><td></td><td></td><td></td><td></td><td></td><td></td><td></td></tr>
<tr><td></td><td></td><td></td><td></td><td></td><td></td><td></td><td></td><td></td><td></td><td></td><td></td><td></td><td></td><td></td><td></td><td></td><td></td></tr>
<tr><td></td><td></td><td></td><td></td><td></td><td></td><td></td><td></td><td></td><td></td><td></td><td></td><td></td><td></td><td></td><td></td><td></td><td></td></tr>
<tr><td></td><td></td><td></td><td></td><td></td><td></td><td></td><td></td><td></td><td></td><td></td><td></td><td></td><td></td><td></td><td></td><td></td><td></td></tr>
<tr><td></td><td></td><td></td><td></td><td></td><td></td><td></td><td></td><td></td><td></td><td></td><td></td><td></td><td></td><td></td><td></td><td></td><td></td></tr>
<tr><td></td><td></td><td></td><td></td><td></td><td></td><td></td><td></td><td></td><td></td><td></td><td></td><td></td><td></td><td></td><td></td><td></td><td></td></tr>
<tr><td></td><td></td><td></td><td></td><td></td><td></td><td></td><td></td><td></td><td></td><td></td><td></td><td></td><td></td><td></td><td></td><td></td><td></td></tr>
<tr><td colspan="4">合计</td><td></td><td></td><td></td><td></td><td></td><td></td><td></td><td></td><td></td><td></td><td></td><td></td><td></td><td></td></tr>
<tr><td colspan="2">制订</td><td colspan="2"></td><td colspan="2">日期</td><td></td><td colspan="2">审核</td><td colspan="2"></td><td>日期</td><td colspan="2"></td><td>批准</td><td></td><td>日期</td><td></td></tr>
<tr><td colspan="2">认证计划编号</td><td colspan="2"></td><td colspan="2">制订部门</td><td colspan="3"></td><td colspan="3">任务来源编号/说明</td><td colspan="2"></td><td colspan="2">来源部门</td><td colspan="2"></td></tr>
</table>

填表说明如下。

主项：认证计划的主要内容，包括物料编码、名称、型号、年采购量、计量单位、开始日期、完成日期。

物料编码：物料在系统中的编号。

名称：描述物料的简短名称。

型号：较为详细地描述物料的型号。

年采购量：需要认证的物料当年需要采购的数量。本年的应采购数量＝本年生产需用量＋本年年末预计库存量－本年年初库存量－已购本年能够入库但未入库数量。

计量单位：需要认证的物料的计量单位。

开始日期：认证开始的时间。开始日期是根据认证结束时间、认证周期和缓冲时间倒推计算得出的。

完成日期：认证完成的时间。完成日期是根据物料到位时间、洽谈及订货提前期倒推计算得出的。

次项：计划中对物料的补充说明内容，包括样品/图纸、技术规范、工艺路线、工艺指令、配料清单、巡回文档、隶属产品。

样品/图纸：本次需要认证的物料的原理结构或样式。

技术规范：说明元器件、零部件或装配件如何完成的文档。质量保证和测试人员使用它确认零部件或装配件是否按照要求完成。

工艺路线：表现形式为工艺路线单、工序单、工序计划等。

工艺指令：对复杂制造过程的特殊强调说明。

配料清单：如果所采购物料的生产所需配料有特殊要求的，在此处填写配料清单编号，并将配料清单作为附件。配料清单中需要列出所需配料的名称、性能参数、产地等内容。

巡回文档：用于确认一个产品或报告生产劳动工时、工作进展以及最终入库时间。巡回文档仅在内部使用，与外部供应商无关。

隶属产品：本物料所被融入的产品或零部件的名称与编号。

现有订单容量：已经认证过的供应商能够接受本企业该物料的订单容量之和，为现有供应商总体订单容量和已承接其他企业订单容量的差额。

认证物料数量：需要认证物料的数量。认证物料数量＝物料年采购量－现有订单容量＋检验测试需求数量＋样品数量＋机动数量。如果该物料是需要新认证企业的成熟产品，则认证物料数量＝物料年采购量－现有订单容量。

备注：特殊说明。

合计：对同一批需要认证的物料的年采购量、总体剩余订单容量、需要认证物料数量的汇总。

制订：制订认证计划者，包括签名和日期。

审核：认证计划的审核者，包括签名和日期。

批准：认证计划的批准者，包括签名和日期。

认证计划编号：认证计划的统一编号。

制订部门：认证计划的制订部门。

任务来源编号/说明：产生新增物料采购需求的项目开发计划或生产计划的编号。

来源部门：输入项目开发或生产计划的部门。

认证计划是开启下一步对新供应商进行认证的起点，包含了需要采购物料的采购数量、质量描述、总体剩余订单容量、需要认证物料数量、认证计划必须开始和完成的时间、审核与审批签名及日期等内容。实际工作中，可以根据采购物料自身特性对该项目进行调整，各项内容对应有文档、图纸、实物等支撑材料的，在表中注明支撑文件的名称及其编号，除涉密外的支撑文件复印后，随采购认证计划表一起提交。

例 2-2 某电器制造厂认证零部件数量及认证开始时间的确定。

某电器制造厂根据去年的销售量统计，其生产的某款电器销售量达到了 20 万台，根据市场分析，今年的销售量会比上一年增长 30%。为生产 20 万台电器，制造厂分别从 A、B 两家供应商采购了 60 万件零部件。A 供应商的年生产能力为 80 万件，已承接其他企业订单 40 万件；B 供应商的年生产能力为 50 万件，已承接其他企业订单 24 万件。新供应商零部件测试的数量为从该供应商采购零部件数量的 0.1%，样品数量和机动数量分别为从该供应商采购零部件数量的 0.05%。要求在 4 月 1 日前完成认证，认证周期为 15 天，缓冲时间为 15 天。试确定该电器制造厂认证零部件数量及认证开始时间。

（1）计算该电器制造厂今年的零部件采购量。

零部件年采购量＝20×（1＋30%）×（60/20）＝78（万件）

（2）计算现有订单容量。

现有订单容量＝（80－40）＋（50－24）＝66（万件）

因为 78＞66，所以需要寻找新的供应商，并对其进行认证。

（3）确定认证零部件数量。

认证零部件数量＝零部件年采购量－现有订单容量＋检验测试需求数量＋样品数量＋机动数量

＝78－66＋（78－66）×0.1%＋（78－66）×0.05%＋（78－66）×0.05%

＝12.024（万件）

（4）确定认证开始时间。

认证开始时间＝认证周期＋缓冲时间＝15＋15＝30（天），要求完成时间为 4 月 1 日之前，即最晚必须在 3 月 31 日完成认证，则前推 30 天，31－30＋1＝2，即 3 月 2 日为最晚认证开始时间。

2. 编制采购计划表

采购部门掌握了需要采购物料的数量之后，最后需要编制采购计划表，如表 2-6 所示，或采购订单计划表，如表 2-7 所示，并提交领导审批。

表 2－6　　　　　　　　　　**采购计划表**

年　　月

序号	物料编码	名称	规格/型号	计量单位	期初库存量	本期用量	期末库存量	已购未入库量	采购量
合　计									

审批：　　　　日期：　　　　审核：　　　　日期：　　　　制单：　　　　日期：

表 2－6 中的采购量＝本期用量＋期末库存量－期初库存量－已购未入库量。该采购计划表比较简单，只能反映每个月需要采购的物料的简要信息。如果需要在计划中反映出详细的物料信息，可以参照采购认证计划表编制采购订单计划表，如表 2－7 所示。

表 2－7　　　　　　　　　　**采购订单计划表**　　　　　　　　　　编号：

序号	主项							次项							现有库存容量	剩余订单容量	备注
	物料编码	名称	型号	订单采购量	计量单位	开始日期	完成日期	样品/图纸	技术规范	工艺路线	工艺指令	配料清单	巡回文档	隶属产品			
合计																	
制订				日期			审核				日期			批准		日期	
认证计划编号				制订部门					任务来源编号/说明					来源部门			

表 2－7 中，订单采购量为需要制订的每一张订单的采购量。开始日期为订单发出日期，根据完成日期、领料时间、订货提前期倒推计算。完成日期为使用部门要求该批物料到位的日期。现有库存容量是截至订单发出日的库存量。剩余订单容量指截至订单发出日，一直使用的供应商针对本企业的剩余订单容量。剩余订单容量＝期初剩余订单容量－已承接本企业订单容量。可以在备注栏中注明当前供应商。如果剩余订单容量小于订单采购量，则需要拆单，将剩余采购量向新供应商下订单。实际中如果每次都是同时向多家供应商采购，则剩余订单容量为总体剩余订单容量。

可见，采购订单计划表除了能够反映采购物料的质量要求、采购数量、现有库存容量、剩余订单容量等数量信息外，还能反映每一批物料的采购订单发出日期和到货日期。

第二节　采购预算

采购计划只能反映出需要采购的物品的名称、规格型号、数量和采购日期等信息，并不能反映出采购金额，尤其是在采购计划期内的采购现金支出情况。为了便于财务部门提前准备采购所需的资金，保证采购活动顺利开展，同时也为了加强对采购工作的控制，就需要根据采购计划编制采购预算。

一、预算相关知识

（一）预算的概念与作用

1. 预算的概念

预算是以货币及其他数量形式反映企业未来一定时期内的经营活动各项目标的行动计划与相应措施的数量说明，具体包括特种决策预算、日常业务预算和财务预算。

特种决策预算又称专门决策预算，它实际是决策方案的进一步策划，最能直接体现决策的结果，如资本支出预算，其编制依据可追溯到决策之前收集到的有关资料，只不过预算比决策估算更细致、更精确。

日常业务预算是指与企业日常经营活动直接相关的经营业务的各种预算，具体包括销售预算、生产预算、直接材料采购预算、直接人工预算、制造费用预算、产品成本预算、应交税费及附加预算、销售及管理费用预算等。这些预算前后衔接，相互钩稽，既有价值量指标，又有实物量指标和时间指标。

财务预算是一系列专门反映企业未来一定时期内财务状况、经营成果以及现金收支等价值指标的各种预算总称，具体包括现金预算、预计利润表、预计资产负债表等内容。财务预算作为全面预算体系中的最后环节，可以从价值方面总括地反映特种决策预算和日常业务预算的结果，亦称总预算，其余预算则相应成为辅助预算或分预算。

2. 预算的作用

（1）明确工作目标。预算是目标的具体化，通过编制预算，就分别确定了企业和各个职能部门在计划期内的工作目标，也明确了部门和个人的责任和权利，使个人利益与企业的经济效益挂钩，促使企业的每个职工努力去完成企业的总目标。

（2）协调部门关系。企业要圆满地实现既定的经营目标，必须使其内部各部门密切配合，使生产经营各环节相互衔接、协调发展，形成一个为共同完成企业总体目标而运行的有机整体。企业的全面预算把整个企业各方面的工作严密地组织起来，而且把企业内部有关协作单位的配合关系也纳入统一的计划中，把企业内部上下左右协调起来，以更好地发挥预算的控制作用。

（3）控制日常活动。编制预算的目的是贯彻目标管理的原则，在预算执行过程中，各部门应通过各项指标完成数与预算数的对比，及时揭示实际脱离预算的差异，并分析其原因，以便采取必要的措施，消除薄弱环节，保证经营目标的顺利实现。

（4）考核部门业绩。通过编制预算，明确了各部门实现企业总体目标应该达到的具体目标。这一系列具体目标既为各部门的生产经营活动提供了依据，也为企业评价各部门的工作业绩提供了客观的标准。通过预算的编制并加以执行，再以预算为基本尺度对各部门的工作业绩进行考核。在评定各部门工作业绩时，根据预算的完成情况，分析偏离预算的程度和原因，以划清责任，促使各部门为完成预算规定的目标而努力。

（二）采购预算的概念和作用

1. 采购预算的概念

采购预算是指为规划一定计划期内因组织生产活动和材料采购活动预计发生的材料需用量、采购数量和采购成本而编制的一种经营预算。采购预算是企业全面预算的构成部分，属于日常业务预算，不仅能反映采购物品的实物数量，还能反映其货币支出，有利于进行采购成本控制和采购资金的提前准备。

2. 采购预算的作用

（1）保障企业战略计划和采购作业计划的执行，确保采购部门目标与企业组织目标一致。

（2）协调采购部门与生产、销售及财务部门之间的合作。

（3）在企业各部门之间合理安排有限的采购资源。

(4) 对企业的采购成本进行控制和监督。

(三) 采购预算的编制方法

1. 固定预算方法和弹性预算方法

按照业务量的数量特征不同，采购预算的编制方法可分为固定预算方法和弹性预算方法两大类。

(1) 固定预算方法。

固定预算又称静态预算，是指将预算期内正常的、可能实现的某一业务量水平作为唯一基础来编制预算的一种方法。这种方法比较直观，简便易行，但操作起来机械呆板，可比性差，不利于正确地控制、考核和评价采购预算的执行情况，适用于非营利性组织和一定范围内业务水平较为稳定的企业。

例 2-3 某公司的采购部门在预算期内物品的预计采购量为 50000 件，各项费用的支出标准如表 2-8 所示，按固定预算方法编制的物品采购成本预算如表 2-9 所示。

表 2-8　各项费用的支出标准

成本项目	费用与采购量的关系
预计采购单价	14 元/件
业务佣金	2 元/件
包装费	1 元/件
装卸费	基本工资 21000 元，另外按采购量每件支付 1.5 元津贴
运费	1 元/件
管理人员工资	基本工资 30000 元，另外按采购量每件支付 0.1 元津贴
保险费	2000 元
差旅费	30000 元
办公费	40000 元

表 2-9　物品采购成本预算

预计采购量：50000 件　　单位：元

成本项目	总成本	单位成本
采购货款	700000	14
业务佣金	100000	2
包装费	50000	1
装卸费	96000	1.92

续　表

成本项目	总成本	单位成本
运费	50000	1
管理人员工资	35000	0.7
保险费	2000	0.04
差旅费	30000	0.6
办公费	40000	0.8
合计	1103000	22.06

该采购部门在预算期内实际采购量为 60000 件，采购成本与费用实际支出为 123400 元，根据实际成本和预算成本资料编制的采购部门业绩报告如表 2-10 所示。

表 2-10　　采购部门业绩报告

单位：元

成本项目	实际成本	预算成本		差异	
		未按采购量调整	按采购量调整	未按采购量调整	按采购量调整
采购货款	780000	700000	840000	＋80000	－60000
业务佣金	120000	100000	120000	＋20000	0
包装费	60000	50000	60000	＋10000	0
装卸费	111000	96000	111000	＋15000	0
运费	60000	50000	60000	＋10000	0
管理人员工资	36000	35000	36000	＋1000	0
保险费	2000	2000	2000	0	0
差旅费	20000	30000	30000	－10000	－10000
办公费	45000	40000	40000	＋5000	＋5000
合计	1234000	1103000	1299000	＋131000	－65000

从表 2-10 可以看出，实际成本与未按采购量调整的预算成本比，超支 131000 元，该处罚，不符合实际情况；实际成本与按采购量调整后的预算成本比，又节约了 65000 元，该奖励，符合实际情况。

（2）弹性预算方法。

弹性预算又称变动预算或滑动预算，是为了克服固定预算方法的缺点而设计的，以采购量、成本和利润之间的依存关系为依据，以预算期内可预见的各种采购量水平为基础，编制能够适应多种情况预算的一种方法。与固定预算方法相比，弹性预算方法具有以下优点。

第一，预算范围宽。弹性预算方法能够反映预算期内与一定相关范围内的可预见的多种业务量水平相对应的不同预算额，从而扩大了预算的适用范围，便于预算指标的调整。

第二，可比性强。在弹性预算方法下，如果预算期内实际业务量与计划业务量不一致，可以将实际指标与实际业务量相对应的预算额进行对比，从而能够使预算执行情况的评价与考核建立在更加客观和可比的基础上，便于更好发挥预算的控制作用。

在实际工作中，弹性预算方法主要用来编制采购及管理费用预算。由于采购部门的采购费用和管理费用中都包含变动费用和固定费用两部分，因此在编制弹性预算时，应首先将有关预算中的全部成本费用分为固定和变动两部分，变动费用的预算数主要根据采购量来计算和控制，而固定费用的预算数则按照总额来确定和控制。采购成本弹性预算数的计算公式为：

采购成本弹性预算数＝单位变动成本预算数×预计采购量＋固定成本预算数

例 2－4 某公司的采购部门的各项费用的支出标准如表 2－8 所示，平时正常采购量为 50000 件，产量变动范围为 40000～60000 件，据此编制该公司弹性预算采购成本。

根据表 2－8 计算该采购部门的单位变动成本和固定成本。采购成本性态分析表如表 2－11 所示。

表 2－11　　采购成本性态分析表

单位：元

成本项目	固定成本	单位变动成本
预计采购单价	—	14
业务佣金	—	2
包装费	—	1
装卸费	21000	1.5
运费	—	1
管理人员工资	30000	0.1
保险费	2000	—
差旅费	30000	—
办公费	40000	—
合计	123000	19.6

该公司采购部门的采购量变动范围为 40000～60000 件，以间隔 5000 件编制该公司的弹性采购成本总额预算分别为：

当采购量为 40000 件时，总采购成本＝123000＋19.6×40000＝907000（元），单

位采购成本＝907000/40000＝22.75（元）；

当采购量为45000件时，总采购成本＝123000＋19.6×45000＝1005000（元），单位采购成本＝1005000/45000≈22.33（元）；

当采购量为50000件时，总采购成本＝123000＋19.6×50000＝1103000（元），单位采购成本＝1103000/50000＝22.06（元）；

当采购量为55000件时，总采购成本＝123000＋19.6×55000＝1201000（元），单位采购成本＝1201000/55000≈21.84（元）；

当采购量为60000件时，总采购成本＝123000＋19.6×60000＝1299000（元），单位采购成本＝1299000/60000＝21.65（元）。

采购部门采购成本弹性预算表如表2-12所示。

表2-12　　采购部门采购成本弹性预算表

单位：元

采购量（件）	40000	45000	50000	55000	60000
变动成本	784000	882000	980000	1078000	1176000
采购货款	560000	630000	700000	770000	840000
业务佣金	80000	90000	100000	110000	120000
包装费	40000	45000	50000	55000	60000
装卸津贴	60000	67500	75000	82500	90000
运费	40000	45000	50000	55000	60000
管理人员津贴	4000	4500	5000	5500	6000
固定成本	123000	123000	123000	123000	123000
装卸费	21000	21000	21000	21000	21000
管理人员工资	30000	30000	30000	30000	30000
保险费	2000	2000	2000	2000	2000
差旅费	30000	30000	30000	30000	30000
办公费	40000	40000	40000	40000	40000
合计	907000	1005000	1103000	1201000	1299000

2. 增量预算方法与零基预算方法

按出发点的特征不同，采购预算的编制方法可以分为增量预算方法和零基预算方法两大类。

（1）增量预算方法。

增量预算又称调整预算，是以基期成本费用水平为基础，结合预算期内业务量水平及有关影响成本因素的未来变动情况，通过调整有关原有费用项目而编制预算的一种方法。传统的预算编制方法基本上采用的是增量预算方法。这种方法基本假设是：现有的业务活动是企业所必需的；原有的各项开支都是合理的；增加费用预算是值得的。在这种基本假设下，企业采用增量预算方法编制预算时往往不加分析地保留、接受原有成本项目，或按主观臆断平均削减，或只增不减，这种方法容易造成浪费，有可能使不必要的开支合理化。

（2）零基预算方法。

零基预算的全称为“以零为基数编制的计划和预算”，是指在编制预算时，对所有的预算支出均以零为基础，不考虑其以往情况如何，从根本上研究、分析各项费用是否有支出的必要和支出额的大小。零基预算的编制程序如下。

①提出预算目标。企业内部各部门根据企业的经营目标和各部门的具体任务，说明每一项业务的性质、目的，以零为基础，详细提出各项业务所需要的开支或费用。

②进行成本效益分析。对每一个预算项目的收益与支出进行比较，评价各预算项目的经济效益，在权衡各项费用开支项目轻重缓急的基础上，决定所有预算项目资金分配的先后顺序。

③分配预算资金。根据以上确定的预算项目的先后顺序，将企业在预算期内可动用的经济资源，在有关项目之间进行合理分配，既保证优先预算项目的资金需要，又要使预算期内的各项生产经营活动得以均衡协调发展。

例 2－5 某企业采用零基预算方法编制采购与管理费用预算。该企业可以作为下一年度的采购费用（不含货款）的资金总额为 125 万元。采购与管理费用预算的具体编制步骤如下。

①经采购部门深入讨论和研究，采购部门提出下一年度采购与管理费用预算总额为 135 万元，具体项目如表 2－13 所示。

表 2－13　　　　采购与管理费用预算表

单位：元

成本项目	费用金额
业务佣金	200000
包装费	100000
装卸费	50000
运费	200000
管理人员工资	600000
保险费	50000
差旅费	100000

续　表

成本项目	费用金额
办公费	50000
合计	1350000

②经企业预算委员会分析研究，认为管理人员工资、保险费、差旅费和办公费属于约束性固定费用，在预算期内必须全额保证它们对资金的需求，而业务佣金、包装费、装卸费和运费属于变动成本，与业务量有关。其中包装费、装卸费不能压缩，今年增加的物品采购数量都是在原有供应商的订单容量之内，也无须另外洽谈和签订采购合同，采购次数也没有增加，只是增加每次订单的数量，因此，业务佣金仍维持去年水平 150000 元。另外，运费也因为采购量的增加，可以采用成本更低的其他大规模运输方式，也能节约 50000 元的运费。

③经过研究，压缩后的费用正好等于可以使用的资金总额，因此，不需要将不足的资金在项目之间进行分配，调整后的采购与管理费用预算表如表 2－14 所示。

表 2－14　　调整后的采购与管理费用预算表

单位：元

成本项目	费用金额
业务佣金	150000
包装费	100000
装卸费	50000
运费	150000
管理人员工资	600000
保险费	50000
差旅费	100000
办公费	50000
合计	1250000

在实际工作中，某些成本项目的成本效益关系不容易确定，按零基预算方法编制预算时，不能机械地平均分配资金，而应该根据企业的实际情况，有重点、有选择地确定预算项目，保证重点项目的资金需要。

零基预算方法与传统预算方法相比，它不是以承认现实的基本合理性为出发点的，而是以零为起点，从而避免了原来不合理的费用开支对预算费用的影响，因而具有能够充分合理、有效地配置资源，减少资金浪费的优点，特别适用于那些较难分辨其产出的服务性部门。但是，零基预算的方案评级和资源分配具有较大的主观性，容易引起部门之间的矛盾，而且当费用项目较多时，工作量大，编制预算的费用较高。

3. 定期预算方法与滚动预算方法

按预算期的时间特征不同，采购预算的编制方法可分为定期预算方法和滚动预算方法两大类。

（1）定期预算方法。

定期预算方法是指在编制预算时以不变的会计期间（年度）作为预算期的一种预算编制方法。定期预算的唯一优点是能够使预算期与会计年度相配合，便于考核和评价预算的执行结果。定期预算的缺点有以下几点。第一，远期指导性差。由于定期预算往往是在年初甚至提前三个月编制的，对于整个会计年度的生产经营活动很难做出准确的预算，尤其是对会计年度后期的预算只能进行笼统地估计，数据较含糊，缺乏远期指导性。第二，灵活性差。由于定期预算不能随情况的变化及时调整，当预算中对规划的各种经营活动在预算期内发生重大变动（如临时转产）时，就会造成预算滞后、过时，使之成为虚假预算。第三，连续性差。由于受预期的限制，经营管理者的决策视野局限于本期规划的经营活动，不能适应连续不断的经营过程，从而不利于企业的长远发展。

（2）滚动预算方法。

滚动预算方法是指在编制一定期间预算的基础上，当预算执行一段时间后，再立即补充一个相应期间的预算，并依次向后滚动的预算编制方法。由于这种预算在执行过程中随着执行期间的推移而连续不断地滚动编制，并且在任何时期都始终有对应的预算，所以也称永续预算或连续预算。其主要特点是，预算期是连续不断的，始终保持一定的期限。以一年预算期为例，预算执行每过一个月，就根据前一个月的预算执行情况对剩余十一个月的预算加以修订和调整，并在原来的预算期末补充一个月的预算，使总预算经常保持十二个月的预算期。滚动预算的优点是可保持预算的完整性、连续性，从动态预算中把握企业的未来发展趋势，同时有利于企业管理决策人员以长远的眼光统筹企业的各项生产经营活动，将近期预算与远期预算很好地联系和衔接起来，保障企业的经营管理工作能够稳定而有序地进行。滚动预算的不足之处在于预算工作量大，并且常规化，增加了预算编制工作的成本。

二、采购预算编制

从财务会计的角度编制采购预算是以每一批次采购物料为对象，包括从发出订单到物料入库过程中发生的各种费用，除了物料采购金额以外，包装费、运费、装卸费、保险费等可以直接计入物料采购成本中的费用项目。采购部门编制预算一方面是为了有充足的资金保证采购业务的开展，另一方面是为了加强部门内部核算，为采购管理提供依据。因此，采购部门编制预算时，预算中除了采购金额和在物料入库前发生的各种可以计入物料采购成本的费用外，也包括整个采购部门发生的各种不能计入采购成本的人员工资、差旅费、培训费、办公费等管理费用，并且在预算中要区分付现费用和非付现费用。

（一）物料采购金额预算

物料采购金额预算是根据生产计划，编制一定预算期内的物料采购量和采购金额的一种经营预算。其重点是根据预计生产量、单位产品物料消耗定额确定出预计物料采购量，再用预计物料采购量乘预计物料采购单价即为预计物料采购金额。

预计物料需要量＝预计生产量×单位产品物料消耗定额

预计物料采购量＝预计物料需要量＋预计期末库存量－期初库存量－已购未入库量

预计物料采购金额＝预计物料采购量×预计物料采购单价

预计采购总支出＝预计物料采购金额×（1＋增值税率）

例 2－6　某公司甲、乙两种产品需要用的各种单位产品物料消耗定额与预计采购单价如表 2－15 所示。

表 2－15　各种单位产品物料消耗定额与预计采购单价

项目	物料 A	物料 B	物料 C
单位甲产品物料消耗定额	10 千克	5 千克	—
单位乙产品物料消耗定额	3 千克	2 千克	—
预计采购单价（含税）	2 元	7 元	10 元

该公司本预算年度的物料 A 期初库存量为 669 千克，预计期末库存量为 840 千克；物料 B 的期初库存量为 396 千克，预计期末库存量为 510 千克。各种物料季末库存量均为下一季度生产总耗用量的 30％，不考虑已购未入库量。本预算年度内，计划甲产品全年生产 400 件，每个季度都是 100 件；乙产品四个季度的计划产量分别为 410 件、510 件、590 件、510 件。根据特种预算，企业在第四季度要用现金购买 1000 千克的物料 C，以备下一年度开发新产品使用。

该公司本预算年度的物料需用量预算和物料采购预算如表 2－16 和表 2－17 所示。

表 2-16　　物料需用量预算

项目			1季度	2季度	3季度	4季度	全年
甲产品	物料单耗量（千克）	物料A	10	10	10	10	10
		物料B	5	5	5	5	5
甲产品	预计产量（件）		100	100	100	100	400
	预计需用量（千克）	物料A	1000	1000	1000	1000	4000
		物料B	500	500	500	500	2000
乙产品	物料单耗量（千克）	物料A	3	3	3	3	3
		物料B	2	2	2	2	2
	预计产量（件）		410	510	590	510	2020
	预计需用量（千克）	物料A	1230	1530	1770	1530	6060
		物料B	820	1020	1180	1020	4040

表 2-17　　物料采购预算

项目		1季度	2季度	3季度	4季度	全年
物料A	单价（元）	2	2	2	2	2
	甲产品耗用量（千克）	1000	1000	1000	1000	4000
	乙产品耗用量（千克）	1230	1530	1770	1530	6060
	物料耗用总量（千克）	2230	2530	2770	2530	10060
	加：期末库存量（千克）	759	831	759	840	840
	减：期初库存量（千克）	669	759	831	759	669
	本期采购量（千克）	2320	2602	2698	2611	10231
	采购金额（元）	4640	5204	5396	5222	20462
物料B	单价（元）	7	7	7	7	7
	甲产品耗用量（千克）	500	500	500	500	2000
	乙产品耗用量（千克）	820	1020	1180	1020	4040
	物料耗用总量（千克）	1320	1520	1680	1520	6040
	加：期末库存量（千克）	456	504	456	510	510
	减：期初库存量（千克）	396	456	504	456	396
	本期采购量（千克）	1380	1568	1632	1574	6154
	采购金额（元）	9660	10976	11424	11018	43078

续 表

项目		1 季度	2 季度	3 季度	4 季度	全年
物料 C	单价（元）	—	—	—	10	10
	采购量（千克）	—	—	—	1000	1000
	采购金额（元）	—	—	—	10000	10000
物料采购金额合计（元）		14300	16180	16820	26240	73540
增值税进项税额（元）		2431	2750.6	2859.4	4460.8	12501.8
物料采购总支出（元）		16731	18930.6	19679.4	30700.8	86041.8

（二）采购费用预算

采购费用是在物料入库前发生的各种费用支出，包括运费、装卸费、差旅费、办公费、保险费等。采购费用分为变动费用和固定费用两部分，其中变动费用＝采购量×变动费用率，固定费用可以参照上一年度的固定费用支出。

如例 2－6，本预算年度内采购部门的各项费用支出如表 2－18 所示。

表 2－18　　采购部门的各项费用支出

成本项目	费用与采购量的关系
业务佣金	0.2 元/千克
包装费	0.2 元/千克
装卸费	全年基本工资 20000 元，另外按采购量每千克付现 0.1 元津贴
运费	0.4 元/千克
管理人员工资	全年基本工资 30000 元，另外按采购量每千克支付 0.1 元津贴
保险费	全年 3000 元，第一季度付现支出
差旅费	全年 30000 元
办公费	全年 40000 元（其中付现 8000 元）

根据以上资料编制采购费用预算，如表 2－19 所示。

表 2－19　　采购费用预算

项目		1 季度	2 季度	3 季度	4 季度	全年
物料采购量（千克）	物料 A	2320	2602	2698	2611	10231
	物料 B	1380	1568	1632	1574	6154
	物料 C	0	0	0	1000	1000
	合计	3700	4170	4330	5185	17385

续 表

项目		1 季度	2 季度	3 季度	4 季度	全年
变动费用合计（元）		3700	4170	4330	5185	17385
业务佣金（元）	20%	740	834	866	1037	3477
包装费（元）	20%	740	834	866	1037	3477
装卸津贴（元）	10%	370	417	433	518.5	1738.5
运费（元）	40%	1480	1668	1732	2074	6954
管理人员津贴（元）	10%	370	417	433	518.5	1738.5
固定费用合计（元）		33000	30000	30000	30000	123000
装卸费（元）		5000	5000	5000	5000	20000
管理人员工资（元）		7500	7500	7500	7500	30000
保险费（元）		3000	0	0	0	3000
差旅费（元）		7500	7500	7500	7500	30000
办公费（元）		10000	10000	10000	10000	40000
付现固定费用（元）		12500	9500	9500	9500	41000
现金支出合计（元）		16200	13670	13830	14685	58385

（三）采购现金支出预算

采购现金支出预算是指采购部门在预算期内需要用现金支付的各项费用预算，包括前期发生的需要在本期支付的现金和本期需要支付现金的采购物料金额和物料入库之前发生的采购费用。

例 2－7 该公司每季度购买物料 A、物料 B 只需支付 60%现金，余款下季度内付清；本年度的期初应付账款为 5000 元，第一季度支付；采购费用现金支出均为本期全额支付，据此编制的该公司采购部门现金支出预算如表 2－20 所示。

表 2－20 **现金支出预算** 单位：元

项目	1 季度	2 季度	3 季度	4 季度	全年
物料采购总支出	16731	18930.6	19679.4	30700.8	86041.8
期初应付账款	5000	6692.4	7572.2	7871.8	—
本季度采购应付款	10038.6	11358.4	11807.6	18420.5	—
应付货款小计	15038.6	18050.8	19379.8	26292.3	78761.5
付现采购费用	16200	13670	13830	14685	58385
现金支出合计	31238.6	31720.8	33209.8	40977.3	137146.5

本章小结

本章包括采购计划与采购预算编制两部分内容。编制采购计划首先要确定需要采购物品的数量。采购物品数量可以依据生产需用量、期初库存量、期末库存量、已购未入库量计算确定，也可以根据企业内部物品使用者提出的采购申请单汇总确定。此时，采购部门就需要编制采购申请表单，其主要内容包括需求单位，需求品种、规格、型号，需求数量，需求时间，物品用途，特别要求。采购部门在采购前还需要明确采购物品的质量，即产品的详细规格，包括技术规格、构成规格、功能和性能规格及样品等；同时，还要了解供应商在采购期内的剩余订单容量。如果企业的采购数量超过了供应商的剩余订单容量，则需要编制采购认证计划表。采购人员在做好准备工作后，就要开始编制采购计划表或采购订单计划表，以及采购预算。

练习题

一、单项选择题

（1）物品的采购数量是根据物品的（　　）和采购与库存策略来确定的。

A. 名称　　B. 质量要求　　C. 需求计划　　D. 以上都是

（2）物理性质（尺寸、强度等）、设计细节、公差、使用材料、生产过程和方法、维护条件、操作要求等属于物品的（　　）。

A. 技术规格　　B. 构成规格　　C. 功能规格　　D. 性能规格

（3）服务是无形的，很难对其规格进行定义。为了尽可能精确，一般主要根据（　　）对服务进行描述。

A. 提供者　　B. 品牌　　C. 产出　　D. 地点

（4）某供应商某物品的最大生产能力与其已承接其他企业订单容量的差额是该供应商该物品的（　　）。

A. 订单容量　　B. 已承接订单容量

C. 剩余订单容量　　D. 总体剩余订单容量

（5）从物品到位时间开始倒推，去除领料时间和订货提前期的时间是（　　）。

A. 认证开始时间　B. 认证结束时间　　C. 订单开始时间　　D. 订单结束时间

（6）采购预算属于（　　）

A. 特种决策预算　B. 日常业务预算　　C. 财务预算　　D. 专门决策预算

二、多项选择题

(1) 采购部门需要从物料使用者那里获取的有关采购物品的信息包括（　　）。

A. 名称　　B. 数量　　C. 质量　　D. 到位时间

E. 单价

(2) 采购申请单的内容通常包括（　　）及物品到位时间和特殊要求。

A. 需求单位　　B. 需求品种、规格、型号

C. 需求数量　　D. 需求时间

E. 物品用途

(3) 影响采购计划编制的因素包括（　　）。

A. 年度生产计划　　B. 年度销售计划和销售效率

C. 产成品的标准成本和物料的预计价格　D. 库存管理策略

E. 运输方式与效率

(4) 编制预算的方法按照业务量基础的数量特征不同，可分为（　　）。

A. 固定预算　　B. 零基预算　　C. 定期预算　　D. 增量预算

E. 弹性预算

三、判断题

(1) 一定数量的采购物品是维持正常产销活动的关键，采购数量是采购计划的重点。(　　)

(2) 在订货提前期比较长（1天以上）的情况下，计算本期的应采购数量时需要考虑已购物品本期能够入库但未入库的数量。(　　)

(3) 企业中的所有物料使用部门都需要提前向采购部门提交请购单。(　　)

(4) 采购人员为了减少工作量，完全可以根据物料使用部门建议的供应商进行采购。(　　)

(5) 采购数量超过现有供应商的剩余订单容量部分需要编制采购认证计划。(　　)

(6) 认证开始时间是根据物品到位时间、领料时间和订货提前期确定的。(　　)

四、采购计划与采购预算编制业务题

1. 某公司物料A用料计划表如表2-21所示，该物料的安全库存量为当月的计划用量的20%，订货提前期为一个月，请确定表中每个月的总库存量、月底结存量、已购未入库量及应该采购数量。

表 2－21　　某公司物料 A 用料计划表

材料编号	材料名称	材料规格	十二月	一月				二月				三月				四月			
			月底结存量	已购未入库量	总库存量	计划用量	月底结存量	已购未入库量	总库存量	计划用量	月底结存量	已购未入库量	总库存量	计划用量	月底结存量	已购未入库量	总库存量	计划用量	月底结存量
—	A	—	300			2000				2500				2800				3000	

2. 某机械制造公司根据去年的销售量统计，其生产的某款设备销售量达到了 5000 台，根据市场分析，今年的销售量会比上一年增长 10%。为生产 3000 台设备，公司分别从甲、乙两家供应商共计采购了 80 万件零部件。甲供应商年生产能力为 100 万件，已承接其他企业订单 50 万件；乙供应商年生产能力为 60 万件，已承接其他企业订单 25 万件。新供应商零部件测试的数量为从该供应商采购零部件数量的 0.1%，样品数量和机动数量均为从该供应商采购零部件数量的 0.05%。问今年的零部件采购是否需要进行新供应商认证？如果需要认证，要求在 2 月 1 日前完成认证，认证周期为 15 天，缓冲时间为 10 天。试确定该机械制造公司需要认证零部件的数量及认证开始时间。

3. 某公司的采购部门在预算期内采购物品的预计数量为 80000 件，各项费用的支出标准如表 2－22 所示。考虑市场情况，随着产销量的变动，采购量变动范围为±10%，为了管理需要，请按照 5%的变动幅度编制该公司弹性预算采购成本。相关表格已给出，如表 2－23、表 2－24 所示。

表 2－22　　各项费用的支出标准

成本项目	费用与采购量的关系
预计采购单价	100 元/件
业务佣金	0.5 元/件
包装费	0.1 元/件
装卸费	基本工资 50000 元，另外按采购量每件支付 1 元津贴
运费	1 元/件
管理人员工资	基本工资 300000 元，另外按采购量每件支付 0.1 元津贴
保险费	40000 元
差旅费	50000 元
办公费	30000 元

表 2－23　　某公司采购成本性态分析表

单位：元

成本项目	固定成本	单位变动成本
预计采购单价		
业务佣金		
包装费		
运费		
装卸费		
管理人员工资		
保险费		
差旅费		
办公费		
合计		

表 2－24　　某公司采购部门采购成本弹性预算表

单位：元

采购量（件）					
变动成本					
采购货款					
业务佣金					
包装费					
运费					
装卸津贴					
管理人员津贴					
固定成本					
装卸费					
管理人员工资					
保险费					
差旅费					
办公费					
合计					

4. 某公司甲、乙两种产品需要用的各种物料消耗定额和预计采购单价与费用表如表 2－25 所示。该公司本预算年度的物料 A 期初库存量为 550 千克，预计期末库存量

为 600 千克；物料 B 的期初库存量为 280 千克，预计期末库存量为 310 千克。各种物料季末库存量均为下一季度生产总耗用量的 20%，不考虑已购未入库量。本预算年度内，计划甲产品全年生产 30000 件，每个季度都是 7500 件；乙产品四个季度的计划产量分别为 5100 件、5400 件、5800 件、5200 件。根据特种预算，企业在第四季度要用现金购买 2000 千克的物料 C，以备下一年度开发新产品使用。本预算年度内采购部门的各项费用支出表如表 2－26 所示。该公司每季度购买物料 A、物料 B 只需支付 50% 现金，余款下季度内付清；本年度的期初应付款为 5000 元，第一季度支付；采购费用现金支出均为本期全额支付。据此编制该公司采购部门本预算年度的物料需用量预算、物料采购预算、采购费用预算和现金支出预算。相关表格已给出，如表 2－27、表 2－28、表 2－29、表 2－30 所示。

表 2－25　　某公司甲、乙两种产品需要用的各种物料消耗定额和预计采购单价与费用表

项目	物料 A	物料 B	物料 C
单位甲产品消耗定额	30 千克	20 千克	—
单位乙产品消耗定额	10 千克	5 千克	—
预计采购单价（含税）	10 元	15 元	30 元

表 2－26　　采购部门的各项费用支出表

成本项目	费用与采购量的关系
业务佣金	0.2 元/千克
包装费	0.2 元/千克
装卸费	全年基本工资 50000 元，另外按采购量每千克付现 0.1 元津贴
运费	0.4 元/千克
管理人员工资	全年基本工资 300000 元，另外按采购量每千克支付 0.1 元津贴
保险费	全年 30000 元，第一季度付现支出
差旅费	全年 50000 元（各季度平均支出）
办公费	全年 40000 元（其中付现 8000 元）

表 2－27　　物料需用量预算

项目			1 季度	2 季度	3 季度	4 季度	全年
甲产品	物料单耗量（千克）	物料 A					
		物料 B					

续 表

项目			1季度	2季度	3季度	4季度	全年
甲产品	预计产量（件）						
	预计需用量（千克）	物料A					
		物料B					
乙产品	物料单耗量（千克）	物料A					
		物料B					
	预计产量（件）						
	预计需用量（千克）	物料A					
		物料B					

表2-28　物料采购预算

项目		1季度	2季度	3季度	4季度	全年
物料A	单价（元）					
	甲产品耗用量（千克）					
	乙产品耗用量（千克）					
	物料耗用总量（千克）					
	加：期末库存量（千克）					
	减：期初库存量（千克）					
	本期采购量（千克）					
	采购金额（元）					
物料B	单价（元）					
	甲产品耗用量（千克）					
	乙产品耗用量（千克）					
	物料耗用总量（千克）					
	加：期末库存量（千克）					
	减：期初库存量（千克）					
	本期采购量（千克）					
	采购金额（元）					
物料C	单价（元）					
	采购量（千克）					
	采购金额（元）					
物料采购金额合计（元）						

续　表

项目	1季度	2季度	3季度	4季度	全年
增值税进项税额（元）					
物料采购总支出（元）					

表2-29　　采购费用预算

单位：元

项目		1季度	2季度	3季度	4季度	全年
物料采购量（千克）	物料A					
	物料B					
	物料C					
	合计					
变动费用合计						
业务佣金						
包装费						
装卸费						
运费						
管理人员津贴						
固定费用合计						
装卸费						
管理人员工资						
保险费						
差旅费						
办公费						
付现固定费用						
现金支出合计						

表2-30　　现金支出预算

单位：元

项目	1季度	2季度	3季度	4季度	全年
物料采购总支出					
期初应付账款					
本季度采购应付款					

续 表

项目	1季度	2季度	3季度	4季度	全年
应付货款小计					
付现采购费用					
现金支出合计					

五、实践训练题

实验室安装了ERP软件的可以安排学生进行ERP的采购模块的实训。

第三章　供应商开发与选择

学习目标

1. 了解供应商市场竞争分析的内容，掌握寻找供应商的途径，了解供应商初步调查和深入调查的内容，会根据采购物品寻找供应商，会设计供应商调查的相关表格。

2. 了解供应商审核的内容和供应商认证的内容，会设计供应商审核与认证的各种表格。

3. 了解供应商选择的原则与方法，能根据供应商的审核与认证结果选定供应商。

4. 了解供应商的分类，会维护供应商关系，防范供应商控制。

采购部门在明确了需要采购什么，采购多少之后，接下来要解决的问题是向谁采购。供应商开发就是根据需要采购的物品，在供应市场上寻找供应商，收集供应商信息，对供应商进行认证与评价，最终选定采购物品的供应商的过程。对于已经有了供应商的企业，也不应满足于原有的供应商，应不断地开发新的供应商，以便寻求更多更好的供应源。同时还应着力开发与供应商的合作关系，力求建立更深层次的合作伙伴关系。

第一节　供应商寻找与调查

寻找供应商首先需要根据供应商市场竞争分析来明确寻找的方向。采购人员在明确采购物品所属的类别后，可通过一些途径或方法寻找到潜在的供应商，并对供应商进行调查，获取供应商的详细信息，为后期供应商的审核、认证与选择做好基础工作。

一、供应商市场竞争分析

开始寻找供应商之前，采购人员要对特定的市场进行竞争分析，了解所要采购的物品所在的行业内现有企业的数量，了解目前市场的发展趋势是怎样的，了解各大供应商在市场中的定位是怎样的。这样能大致明确自己寻找供应商的方向。供应商市场竞争分析主要包括供应商市场结构分析和供应商竞争地位分析两个方面的内容。

（一）供应商市场结构分析

一个市场的结构依赖于买者和卖者的数量以及物品差别的大小。依照市场上供应商的数量、供应商所提供物品的差异、市场对价格的影响程度以及市场进入障碍等特征，市场被划分为完全竞争市场、垄断市场、垄断竞争市场和寡头垄断市场四种。

1. 完全竞争市场

完全竞争市场上的企业数目众多，有极多的采购商和供应商，二者之间不必固定买卖关系。每个供应商所提供的物品产量以及与采购商之间的交易量同市场全部交易量比起来都很小。所有供应商提供的物品或服务都完全一样，没有任何差别。

在完全竞争市场上，物品的价格完全是由市场决定的，单个供应商的产量变化不会对市场价格造成影响，从而边际收益等于平均收益，二者都等于市场价格。以价格等于边际成本为条件，短期内，完全竞争企业可以获得超额利润、正常利润或产生亏损。但在亏损状态下，只有当价格高于平均变动成本最低点时，供应商才会供给正数量的商品；否则，供应商就会停止营业。因此，完全竞争企业的平均变动成本的最低点又被称为停止营业点。

2. 垄断市场

垄断市场是指只有一家供应商提供所有物品供给的市场。在垄断市场中，所要采购的物品独一无二，供应商对价格有着强大的控制力，其所制定的价格能保证自己获得超额利润。垄断供应商还可以采取价格歧视定价策略。在分割的市场上，垄断供应商借助垄断的市场支配力对需求价格弹性小的消费者或在需求价格弹性小的市场上制定较高的价格。垄断供应商制定歧视价格的一般原则是，不同市场上的边际收益分别等于厂商的边际成本。在垄断市场上，价格高于边际成本和平均变动成本，因而垄断供应商在产量供给和技术创新方面缺乏效率。

3. 垄断竞争市场

垄断竞争市场是指类似垄断的竞争市场。垄断竞争市场存在许多供应商，各自提供的物品有差别，供应商对价格有一定的控制能力。垄断竞争市场的进入门槛较低，使得这个市场看起来是竞争性的。这种市场中的供应商可以使它的物品具有独特的属性，从而产生一定程度的垄断。如果供应商能使自己的物品足够与众不同，供应商就能成为唯一的卖方，并具有垄断市场的能力。

4. 寡头垄断市场

寡头垄断市场是指一个市场只有几个供应商且受到进入壁垒保护的市场。向其他采购商出售物品的供应商通常生产的是标准化物品。一般只有几个供应商提供这种物品。一般情况下，寡头垄断市场中的供应商向客户出售差异化的物品。大量的广告诱导客户相信很多商品是有重要差别的。

（二）供应商竞争地位分析

明确了要采购物品所在行业的市场结构后，还要大致了解该行业中的市场领先者、挑战者、追随者和补缺者分别是哪些供应商，即要分析供应商在行业中所处的地位。

（1）市场领先者：指那些在相关产品市场中占有最大市场份额，并且在价格、新产品开发、分销和促销手段上对其他企业起着领导作用的供应商。

（2）市场挑战者：指那些积极向市场领先者和其他竞争者发动进攻来扩大其市场份额的供应商。

（3）市场追随者：指那些不愿扰乱市场形势的一般供应商。

（4）市场补缺者：指那些选择不太可能引起大企业兴趣的市场的某一部分进行专业化经营的小微供应商。

二、供应商寻找

（一）寻找供应商的准备工作——物品分类

不同种类物品的供应商的分布范围不同，寻找途径也不一样。在寻找供应商之前，采购人员需要准确地知道自己所采购的物品在供应市场上属于什么类别，即需要对采购的物品进行分类。

1. 按物料成分或性能分类

生产企业采购的物品一般都属于工业品，是用于加工生产或企业经营用的产品。工业品包括生产性物料和非生产性物料。

（1）生产性物料。生产性物料又分为原料、塑胶件、五金件、软胶件（橡胶制品、海绵制品、皮带等）、过滤件、起附属作用并具有独立使用功能的元件、杂件（用混杂材料加工成的元件）、辅助材料等。

（2）非生产性物料。非生产性物料一般包括工具类、模具类、量具类、办公用品类、设备设施类（生产设备、办公设备、设备设施维修配件、设备设施维修辅料）等。

不同的供应商信息提供平台对物料的分类会有一定的差异，实际工作中可以登录相应的网络平台查看，如阿里巴巴网将工业品分为机械及行业设备、五金工具、安全防护、包装与钢铁、纺织皮革、化工与塑胶、电工电气、电子仪表、家装建材与灯饰照明、冶金矿产等。

2. 按采购金额所占比重进行ABC分类

如果采购物品的种类较多，还需要对这些物品按采购金额所占比重进行ABC分类。ABC分类方法是将所有的采购物品根据其采购金额按大小顺序排列，计算各个品种的累计金额及其累计百分比，并计算出相对于总金额和总数量的比率。物品种类累计百分比为5%～15%，且其价值占总价值的70%左右的物品为A类；物品种类累计百分比为20%～30%，且其价值占总价值的20%～30%的物品为B类；C类情况正好与A类相反，其物品种类累计百分比为70%左右，且其价值占总价值的5%～15%。

用上述方法分出A类、B类、C类物品之后，再采用不同的方法进行采购。

（1）对A类物品的采购。

由于A类物品的采购金额占比大，如果一次性采购量过大，仓储费用也会增加很多，因此，对A类物品的采购要注意以下几点：

①根据历史资料和市场供求的变化规律，认真预测未来物品的需求变化，并依此寻找供应商，并对供应商进行深入调查；

②多方了解物品供应市场的变化，尽可能地缩短采购时间；

③合理增加采购次数，降低采购量。

（2）对B类、C类物品的采购。

B类、C类物品相对来说采购金额占比小，但是种类多，因此可以适当增加采购量，减少采购次数，对供应商的持续供货能力要求不高。由于这两类物品，尤其是C类物品的供应商较多，进货要求不高，因此只需要对这些供应商进行初步调查即可。

（二）寻找供应商的途径

企业在寻找供应商时，应该根据自身需要确定供应商的范围。在收集资料时根据采购物品的分类来寻找，每类以5～10家为宜。目前企业一般可以通过以下几个途径来寻找供应商。

1. 买方关于当前和过往供应商的数据库

只要不是新建企业，都会有相关供应商的数据库，可以查询相关数据，找出当前或过往的供应商的联系方式，并与对方取得联系，询问对方是否还有订单剩余容量，如果没有也可以请供应商提供同行的信息。

2. 从网上寻找

互联网高速发展的今天，采购人员可以通过网络搜索相应的供应商。常用的采购网站有阿里巴巴、慧聪网、京东、百度爱采购、敦煌网等，除了专业的B2B网站，还有网络展销会、在线商品交易所，企业可登录这些平台寻找供应商。

3. 竞争对手供应商

紧盯行业竞争对手，从竞争对手产品中分析物品品牌供应商资源。企业可以结合自身实际条件与供应商合作，提高竞争力。

4. 从自己的关系网中寻找

采购人员可以从自己的朋友圈入手，问问身边的朋友、同学是否从事相关行业的工作，让他们提供一些他们认识的供应商信息。

5. 从相关的专业杂志与行业协会寻找

每个行业都有自己的行业协会和专业杂志，采购人员所在企业也可以加入行业协会中，定期参加年会就会获得该行业协会会员的名录，当然也可以通过供应商所在的行业协会获取该行业会员单位的相关信息，从而获得比较全面的供应商信息。行业内的专业杂志中一般都有供应商的广告，或者供应商的文章，采购人员通过查询相关专业杂志就可以获得这些供应商的信息。

6. 当地的相关批发市场

每个城市都会有相关的批发市场，如五金、建材、粮油、家具、厨具、酒店宾馆用品等批发市场。如果当地有需要采购的物品的批发市场，采购人员可以到市场去转转，不但能找到供应商的信息，还能全面了解物品的情况。

7. 通过各地区代理营业部寻找某类产品的生产厂家

往往产品的生产厂家在全国各地都有自己的经销商和营业部。采购人员可以从这些代理经销商处获知产品的具体信息，并通过这些信息找到生产厂家，直接省去中间商环节，让生产厂家直接成为自己的供应商。当然也有部分生产厂家出于对当地代理经销商的保护，直接让你从代理经销商处拿货。

8. 各种产品发布会、展销会、订货会、博览会等

每年都会有一些定期或不定期的各种产品发布会、展销会、订货会和博览会等，如各种行业展销会、政府组织的交易会或博览会。采购人员可以通过各种展会网站，关注相关展会的信息，准时参加展会，收集供应商信息，了解各种产品的现状。

三、供应商调查

在寻找供应商的过程中，只是在供应商市场上寻找出 5～10 家潜在供应商，从一

些公开信息中大致了解供应商及其产品的简要情况。这些潜在供应商是否能正式成为自己的供应商，还需要进行详细的认证。对供应商的认证需要有一些详细的信息，这就需要采购人员对供应商做进一步的调查。供应商开发的不同阶段对供应商信息的需求不同，因此供应商调查也分为供应商初步调查、资源市场调查和供应商深入调查。

（一）供应商初步调查

供应商初步调查只是对供应商的基本情况的调查，主要是了解供应商的名称、地址、生产能力、能提供什么产品、能提供多少、价格如何、质量如何、市场份额有多大、运输进货条件如何等，主要适用于提供B类、C类物品的供应商调查。

1. 供应商初步调查的目的

供应商初步调查是对供应商基本情况的了解，其目的有两个：一是为选择供应商做准备；二是了解掌握这个资源市场的情况。

2. 供应商初步调查的特点

由于供应商初步调查涉及大量的供应商信息和资源分布信息，因此它有两个特点：一是调查内容浅，仅了解一些简单的基本情况；二是调查面广，调查的供应商数量较多，这样有助于掌握资源市场的基本状况。

3. 供应商初步调查的方法

可以通过互联网搜索信息、问卷调查和实地调查的形式进行供应商初步调查。问卷调查和实地调查的内容包括供应商的基本信息、银行信息、质量保证措施以及其他主要客户等，同时调查问卷的设计要考虑供应商填写的方便性和容易度。

4. 供应商初步调查的内容

（1）供应商基本信息。供应商基本信息包括公司名称、公司地址、成立日期、注册资本、企业性质，联系人的姓名、电话、传真，负责人的姓名、电话和传真，电子邮箱，公司网址。

（2）生产信息。生产信息主要包括主要生产设备及用途、主要检测设备及校对、主要生产线与工艺、设计开发能力、正常生产能力、最大生产能力、正常交货周期、最短交货期及其说明等。

（3）产品信息。产品信息主要包括主要产品及原材料、产品介绍、产品标准、产品认证情况、产品销售区域等。

（4）公司经营信息。公司经营信息包括公司的经营范围、税务登记证号码、固定资产、营运资金、资产负债率、短期负债、收款银行名称、银行账号、账户名称、银行地址、公司信用等级。

（5）人员信息。人员信息包括公司员工总数、管理人员人数、技术人员人数、品质管理人员人数。

供应商初步调查的具体内容根据采购物品、采购部门管理要求及后续工作的需要，可以灵活确定。在供应商初步调查过程中，涉及的表格有供应商调查表、供应商建档资料表和供应商管理资料表，具体如表 3－1、表 3－2 和表 3－3 所示。

表 3－1　　供应商调查表

<table>
<tr><td rowspan="5">供应商基本信息</td><td>公司名称</td><td colspan="3"></td><td>公司地址</td><td></td></tr>
<tr><td>成立日期</td><td></td><td>注册资本</td><td></td><td>企业性质</td><td></td></tr>
<tr><td>负责人姓名</td><td></td><td>电话</td><td></td><td>传真</td><td></td></tr>
<tr><td>联系人姓名</td><td></td><td>电话</td><td></td><td>传真</td><td></td></tr>
<tr><td>电子邮箱</td><td colspan="3"></td><td>公司网址</td><td></td></tr>
<tr><td rowspan="7">生产信息</td><td colspan="2">主要生产设备及用途</td><td colspan="4"></td></tr>
<tr><td colspan="2">主要检测设备及校对</td><td colspan="4"></td></tr>
<tr><td colspan="2">主要生产线与工艺</td><td colspan="4"></td></tr>
<tr><td colspan="2">设计开发能力</td><td colspan="4"></td></tr>
<tr><td colspan="2">正常生产能力</td><td colspan="2"></td><td>最大生产能力</td><td></td></tr>
<tr><td colspan="2">正常交货周期</td><td colspan="4"></td></tr>
<tr><td colspan="2">最短交货期及其说明</td><td colspan="4"></td></tr>
<tr><td rowspan="5">产品信息</td><td colspan="2">主要产品及原材料</td><td colspan="4"></td></tr>
<tr><td colspan="2">产品介绍</td><td colspan="4"></td></tr>
<tr><td colspan="2">产品标准</td><td colspan="4"></td></tr>
<tr><td colspan="2">产品认证情况</td><td colspan="4"></td></tr>
<tr><td colspan="2">产品销售区域</td><td colspan="4"></td></tr>
<tr><td rowspan="6">公司经营信息</td><td colspan="2">经营范围</td><td colspan="2"></td><td>税务登记证号码</td><td></td></tr>
<tr><td colspan="2">固定资产</td><td colspan="2"></td><td>营运资金</td><td></td></tr>
<tr><td colspan="2">资产负债率</td><td colspan="2"></td><td>短期负债</td><td></td></tr>
<tr><td colspan="2">收款银行名称</td><td colspan="2"></td><td>银行账号</td><td></td></tr>
<tr><td colspan="2">账户名称</td><td colspan="2"></td><td>银行地址</td><td></td></tr>
<tr><td colspan="2">公司信用等级</td><td colspan="4"></td></tr>
<tr><td rowspan="2">人员信息</td><td colspan="2">公司员工总数</td><td colspan="2"></td><td>管理人员人数</td><td></td></tr>
<tr><td colspan="2">技术人员人数</td><td colspan="2"></td><td>品质管理人员人数</td><td></td></tr>
<tr><td colspan="3">调查时间</td><td colspan="2"></td><td>调查人</td><td></td></tr>
</table>

表 3－2　　　　供应商建档资料表

供应商基本信息	供应商编号		厂商编号			
	供应商全称		供应商简称			
	供应商地址					
	负责人姓名		电话		传真	
	联系人姓名		电话		传真	
经营信息	注册资本		注册类型			
	税务登记证号码		厂商性质			
	经营范围		银行信用			
生产信息	产品及服务					
	主要生产设备					
	主要生产工艺					
	主要检测设备					
	月供货能力		正常交付周期			
收款银行信息	账户名称		银行账号			
	银行名称		银行地址			
交易条件	交货条件		交易币种			
	付款方式		付款期限			
	交易认定基准日		付款期限起算日			
新增/变更原因						
申请单位			申请人			
主管			申请日期			

表 3－3　　　　供应商管理资料表

供应商信息					产品情况						运输		
名称	地址	联系人	电话	邮箱	产品名称	规格	价格	质量	可供量	市场份额	方式	时间	费用

续　表

供应商信息					产品情况						运输		
名称	地址	联系人	电话	邮箱	产品名称	规格	价格	质量	可供量	市场份额	方式	时间	费用

（二）资源市场调查

1. 资源市场调查的原因

（1）技术的不断创新。无论是生产企业还是商业贸易企业，为保持竞争力，必须致力于产品的创新和质量的改善。当出现新技术时，企业在制定自制、外购决策过程中，就需要对最终供应商的选择进行大量研究。

（2）国内供应市场和国际供应市场处在不断变化之中。国际环境的变化以及国家间的政治协定会突然限制一些进出口贸易，供应商会因为突然破产而消失，或被其竞争对手收购，价格水平和供应的持续性都会因此受影响。需求也会出现同样变化，对某一产品的需求会急剧上升，从而导致紧缺状况的发生。买主必须预测未来一段时期内某一产品的供需状况，并由此获得对商品价格动态的更好理解。

（3）市场环境的变化。政治、经济、社会等环境因素的变化，会对供应商的销售及交货造成一定的影响。采购人员要随时关注社会环境因素的变化，如国内外政治形势、产业政策、外贸政策等的变化。

（4）汇率的变动。外币升值时，将使进口商品变得更贵，从而使以进口原材料为主的出口商品生产者的生产成本上升，削弱其在国际市场上的竞争能力，而对以国内原材料为主的出口商品生产者较为有利。外币贬值时，将使进口商品变得便宜，从而使以进口原材料为主的出口商品生产者的生产成本下降，增强其在国际市场上的竞争能力，而同时以国内原材料为主的出口商品生产者则得不到由于汇率变动而带来的好处。因此采购原材料主要来自国际市场，或者企业的产品是面向国际市场的，采购人员要随时关注汇率变动对采购价格和成品出口价格的影响。

（5）产品的生命周期及其产业转移。产业转移、技术进步不仅改变了供应市场的分布格局，整体上降低制造成本，也对采购的战略制定、策略实施以及采购管理提出了新的要求，带来了新的变化。该变化主要体现在：①在自制、外购的决策中，外购的份额在增加；②采购呈现向购买组件、成品的方向发展；③采购的全球化趋势日益增强，同时采购的本地化趋势也伴随着生产本地化的要求得以加强；④供应市场及供应商的信息更加透明化；⑤技术发展使得许多公司必须完全依赖于供应商的伙伴关系。

2. 资源市场调查的内容

（1）资源市场的规模、容量、性质。采购人员在供应商调查过程中要了解资源市场究竟有多大范围，有多少资源量，有多少需求量，是卖方市场还是买方市场，是完全竞争市场还是垄断市场，是一个新兴的成长市场还是一个陈旧的没落市场。

（2）资源市场的环境。通过调查可以了解市场的管理制度、市场的法治建设、市场的规范化程度、市场的经济环境、市场的政治环境等外部条件，可以了解市场的发展前景。

（3）资源市场中各个供应商的情况。通过调查，了解各个供应商的基本情况，就可以把众多供应商的调查资料进行综合分析，得出资源市场自身的基本情况，如资源市场的生产能力、技术水平、管理水平、质量水平、价格水平、需求情况及竞争性质等。

（三）供应商深入调查

供应商深入调查，是指经过初步调查后，采购企业对初选供应商进行的更加深入、仔细的考察活动。这种考察是深入供应商的生产线、质量检验环节甚至管理部门，对现有的设备工艺、生产技术、管理技术、质量控制等进行的考察，主要考察所采购的产品能否满足采购企业的需求。只有进行深入的供应商调查，才能发现可靠的供应商，建立起比较稳定的物资采购供需关系。

进行深入的供应商调查，需要花费较多的时间和精力，调查的成本相对来说比较高。因此，并不是对所有的供应商都必须进行深入调查。一般来说，在出现以下几种情况的时候，才需要进行供应商深入调查。

1. 准备发展成紧密关系的供应商

对于需要持续供应的产品，为了保证生产活动能够连续进行，采购企业需要与主要物料的供应商建立紧密的关系。在合同采购时期内，供应商只需要按照订单稳定送货，定期结算，从而保证自己的生产稳定连续地进行。双方都能在这种稳定紧密的供应关系中获利，这是供应商和采购企业建立紧密联系的基础动力。通过对供应商进行深入调查，采购企业能全面深入了解供应商是否能满足自己的需要。长期、稳定的合作关系，大大减少了解决日常问题的时间，使双方都能集中精力搞好长期性预测和计划工作，从而有效地降低应急采购的不确定性给双方带来的风险。双方建立了稳定的关系后，供应商的产品能适时、适地、适量地送到采购企业的库房或生产线，供应商如同采购企业内部的一个供应部门。对于这样的供应商，采购企业就必须进行深入的供应商调查。

2. 寻找重要、关键产品的供应商

如果企业采购的是一种重要、关键的 A 类产品，特别是那些精密度高、加工难度大、质量要求高、在企业的生产和运营中发挥重要作用的产品，那么企业在选择供应商的时候，就需要特别谨慎、小心，要进行反复的深入审核，不仅要满足企业质量技术指标的要求，还要满足采购保密性、时效性和特殊性的要求。只有经过深入、细致的调查之后，证明其确实能够达到企业的要求时，才能最终确定发展它为企业的供应商。

进行供应商深入调查时，一般需要深入供应商内部进行实地调研。具体的调查内容如表 3 - 4 所示。实际工作中可以根据企业自身业务与管理的需要进行适当调整。

表 3 - 4　供应商调查表

<table>
<tr><td colspan="2">供应商名称</td><td colspan="4"></td></tr>
<tr><td colspan="2">地址</td><td></td><td>邮政编码</td><td colspan="2"></td></tr>
<tr><td colspan="2">法人代表</td><td></td><td>联系电话</td><td colspan="2"></td></tr>
<tr><td colspan="2">总经理</td><td></td><td>联系电话</td><td colspan="2"></td></tr>
<tr><td colspan="2">网址</td><td></td><td>传真</td><td colspan="2"></td></tr>
<tr><td colspan="2">提供物料</td><td></td><td>类别</td><td colspan="2">□原辅料 □内包材 □外包材</td></tr>
<tr><td>1</td><td colspan="5">基本情况</td></tr>
<tr><td rowspan="2">1.1</td><td>公司成立的时间</td><td></td><td>注册资本</td><td colspan="2"></td></tr>
<tr><td>公司性质</td><td colspan="4"></td></tr>
<tr><td>1.2</td><td>公司占地面积</td><td></td><td>厂房面积</td><td colspan="2"></td></tr>
<tr><td>1.3</td><td>附公司的组织结构图</td><td colspan="2">□是</td><td colspan="2">□否</td></tr>
<tr><td>1.4</td><td>公司的生产经营范围</td><td colspan="4"></td></tr>
<tr><td rowspan="2">1.5</td><td>年正常生产天数</td><td></td><td>每天生产班次</td><td colspan="2"></td></tr>
<tr><td>每班生产时间</td><td colspan="4"></td></tr>
<tr><td rowspan="7">1.6</td><td colspan="5">通过国内安全或质量认证情况</td></tr>
<tr><td>证书名称</td><td>证书编号</td><td>认证时间</td><td colspan="2">备注</td></tr>
<tr><td></td><td></td><td></td><td colspan="2"></td></tr>
<tr><td></td><td></td><td></td><td colspan="2"></td></tr>
<tr><td></td><td></td><td></td><td colspan="2"></td></tr>
<tr><td></td><td></td><td></td><td colspan="2"></td></tr>
<tr><td></td><td></td><td></td><td colspan="2"></td></tr>
</table>

续 表

<table>
<tr><td rowspan="6">1.7</td><td colspan="4">通过国外安全或质量认证情况</td></tr>
<tr><td>证书名称</td><td>证书编号</td><td>认证时间</td><td>备注</td></tr>
<tr><td></td><td></td><td></td><td></td></tr>
<tr><td></td><td></td><td></td><td></td></tr>
<tr><td></td><td></td><td></td><td></td></tr>
<tr><td></td><td></td><td></td><td></td></tr>
<tr><td>1.8</td><td>公司质量体系</td><td colspan="3">□GMP 质量体系　□ISO 9000 质量体系　□其他</td></tr>
<tr><td rowspan="9">1.9</td><td>产品执行标准</td><td colspan="3">□国际标准　□国家标准　□行业或地方标准　□企业标准</td></tr>
<tr><td>执行标准编号及级别</td><td></td><td>产品合格率</td><td>（填上一年度）</td></tr>
<tr><td colspan="4">产品主要质量和安全指标</td></tr>
<tr><td>序号</td><td>项目</td><td>指标</td><td>检测方法</td></tr>
<tr><td></td><td></td><td></td><td></td></tr>
<tr><td></td><td></td><td></td><td></td></tr>
<tr><td></td><td></td><td></td><td></td></tr>
<tr><td></td><td></td><td></td><td></td></tr>
<tr><td></td><td></td><td></td><td></td></tr>
<tr><td rowspan="4">1.10</td><td colspan="4">请列出供应物料所在车间和同一生产线的其他产品</td></tr>
<tr><td colspan="4"></td></tr>
<tr><td colspan="4"></td></tr>
<tr><td colspan="4"></td></tr>
<tr><td rowspan="6">1.11</td><td colspan="4">请说明避免混淆所采取的措施</td></tr>
<tr><td colspan="4"></td></tr>
<tr><td colspan="4"></td></tr>
<tr><td colspan="4"></td></tr>
<tr><td colspan="4"></td></tr>
<tr><td colspan="4"></td></tr>
</table>

2	人员	是	否	备注
2.1	质量独立于生产吗			
2.2	质量体系由质量控制和质量保证组成吗			
2.3	是否有培训体系			
2.4	是否有培训记录			

续　表

2.5	人员结构			
	公司总人数		生产人员人数	
	质量人员人数		检测人员人数	
	技术人员人数		管理人员人数	
2.6	质量部门负责人		职位	
3	物料管理	是	否	备注
3.1	进厂原材料的接收、入库、取样、检测、放行或拒收、储藏是否有书面规定			
3.2	接收原材料时是否检查标签内容与实际一致，外包装是否完好，物料有无污染情况			
	这些检查是否被记录			
3.3	原材料储藏是否能避免混淆、交叉污染			
3.4	是否有合格供应商名册			
3.5	仓库的温湿度是否满足要求			
3.6	是否有供应商管理程序			
4	设施设备	是	否	备注
4.1	设施的选型、设计、安装是否最大程度减少潜在污染			
4.2	设施均是否能投入生产			
4.3	设施是否得到正确的维护保养			
4.4	设备是否有唯一的编号供识别			
4.5	是否有年度保养计划			
	若有，这些维护保养行为是否被记录			
4.6	设备计量是否经过校验并有标识			
4.7	是否有设备清洁的程序规定			
4.8	是否生产高活性产品，如青霉素、激素等			
4.9	请简要描述一下空调体系（如有）			
4.10	请简要描述一下水系统			

续 表

4.11	请列出主要生产设备和检测设备			
5	文件	是	否	备注
5.1	是否有规定怎样起草标准文件的文件			
5.2	是否保存历史标准文件			
5.3	是否定期修订标准文件			
5.4	是否有文件规定 QA（质量保证）放行			
5.5	标准文件是否受控			
5.6	是否有清洁规程			
5.7	谁负责文件的修订			
5.8	文件存放在何处			
5.9	文件存放期限是多久			
6	生产与工艺规程	是	否	备注
6.1	是否有工艺规程			
6.2	是否包括物料名称及编号			
6.3	是否包括各起始物料反映方程及数量比例			
6.4	是否包括生产车间及所用设备名称及编号			
6.5	每批产品是否有唯一可辨别的批号			
6.6	是否有程序规定批号的形成			
6.7	产品批号是否可追溯供应商原材料批号			
6.8	生产原材料和包装材料是否受控			
6.9	是否有人复核关键工艺参数			
6.10	是否有书面程序对应过程关键控制点所控制范围			

6.11	重点控制工序	
	工序名称	控制指标

续　表

<table>
<tr><td rowspan="2">7</td><td colspan="5">企业提交调查表时，应同时提交以下材料</td></tr>
<tr><td colspan="5">(1) 有效期内工商营业执照、产品生产许可证（无须办理许可证的除外）、药品注册证等有效证件的复印件；
(2) 企业法定代表人或负责人有效身份证复印件；
(3) 标有关键参数的企业生产工艺流程图复印件；
(4) 产品执行标准复印件；
(5) 已获得 HACCP（危害分析和关键控制点）认证证书、ISO 9000 认证证书、出口视频卫生注册（等级）证和其他证书（如有）的，提供政府复印件；
(6) 企业组织结构图；
(7) 审查要求提供的其他材料</td></tr>
<tr><td colspan="6">填表者情况（请签字后返回）</td></tr>
<tr><td>职位</td><td></td><td>姓名（签字）</td><td></td><td>日期</td><td></td></tr>
<tr><td colspan="6">以下由本公司填写</td></tr>
<tr><td>QA 初步评价</td><td colspan="5">(1) 资质是否齐全　□是　□否
(2) 是否按 GMP/ISO 9000/食品安全管理体系执行　□是　□否
(3) 是否可以提供 3 批产品 COA 及样品　□是　□否</td></tr>
<tr><td>结论</td><td colspan="5">□同意该供应商调查内容
□不同意该供应商调查内容
签字/日期</td></tr>
</table>

第二节　供应商审核与认证

供应商审核是供应商开发过程中的必要环节，是在完成市场调研分析、对潜在的供应商已做初步筛选的基础上，对可能发展为合作伙伴的供应商进行的审核。通过对供应商的审核，可以了解供应商的优缺点，控制供应过程，降低经营风险，保障持续供应。由于质量管理在企业管理中占据特殊的重要地位，因此供应商认证是保障质量管理的有效途径。

一、供应商审核

供应商审核是在供应商认证前进行的，目的是确认筛选出质量好的供应商，优化供应商结构，提高竞争优势。

（一）供应商审核的层次

供应商审核的层次包括产品层次、工艺过程层次、质量保证体系层次和公司层次。对于那些普通的供应商，采购部门只局限于产品层次和工艺过程层次的审核，但如果是挑选合作伙伴，采购部门通常会通过质量保证体系层次和公司层次的审核来控制供应链体系。

1. 产品层次

产品层次的审核主要是确认供应商的产品质量。可以在正式供应前，对产品或者样品进行认可检验，对供应过程中的来料进行质量检查。

2. 工艺过程层次

工艺过程层次的审核主要是针对那些质量对生产工艺有很强依赖性的产品。要保证供货质量的可靠性，往往必须深入供应商的生产现场去了解其工艺过程，确认其工艺水平、质量控制体系及相应的设备设施是否能够满足产品的质量要求。

3. 质量保证体系层次

质量保证体系层次的审核是对供应商的质量体系的审核，是参照 ISO 9000 标准或其他质量体系标准进行的审核。

4. 公司层次

公司层次的审核是对供应商审核的最高层次，它不仅要审核供应商的质量体系，还要审核供应商的经营管理水平、财务与成本控制水平和设计工程能力等。

（二）供应商审核的内容

由于供应商有各自的优势和劣势，所以应当客观地审核供应商的资料。这些资料通常包括以下几个方面。

（1）供应商的经营状况、经营历史、注册资本、员工人数、主要的客户和财务状况等。

（2）供应商的生产能力、供应商生产设备、厂房的空间距离、生产作业的员工人数等。

（3）供应商的技术能力、产品的开发周期、技术人员的数量及受教育程度等。

（4）产品的生产流程、产出效率、物料控制、生产计划等。

（5）质量管理方针与政策、质量管理制度的落实、质量保证的作业方案、年度质量检验的目标、政府机构的评鉴等级等。

（三）供应商审核的方法

供应商审核的方法主要有主观判断法和客观判断法。主观判断法是指依据个人的印象和经验对供应商进行判断。这种判断方法十分笼统、模糊，缺乏科学标准。客观判断法主要是依据事先制定的标准或准则对供应商进行量化考核和审定，主要包括调查法、现场打分评比法、供应商绩效考核法、供应商综合评审、总体成本法。

1. 调查法

调查法是事先准备一个标准格式的调查表发给不同的供应商填写，之后收回再进行比较的方法。这种方法常用于招标、询价及供应情况的初步调查。

2. 现场打分评比法

现场打分评比法是预先准备一些问题并格式化，然后组织不同部门的专业人员到供应商的现场进行检查确认的方法。

3. 供应商绩效考核法

供应商绩效考核法就是指对已经供货的现有供应商在供货、质量、价格等方面的表现进行跟踪、考核和评比。

4. 供应商综合评审

供应商综合评审是针对供应商公司层次而组织的包括质量、工程、企划、采购等领域的专业人员参与的全面评审。

5. 总体成本法

总体成本法是一种以降低供应商的总成本，从而降低采购价格为目的的方法。它需要供应商的通力合作，由采购部门组织强有力的综合专家团队对供应商的财务及其成本进行全面分析，找出降低成本的方法，并要求供应商付诸实践与改进，改进的效果则由双方共享。

（四）供应商审核的程序

1. 市场调研，收集信息

只有对供应商市场进行调研分析之后，才能对供应商进行审核。掌握了供应商的评析资料之后，才能做出公正、客观的审核。在市场调研阶段，主要从供应商的市场分布、采购物品的质量和价格、供应商的生产规模来收集供应商的情况。

2. 确定供应商审核的指标

对于不同的供应商，审核指标也不同，应该根据供应商的实际情况和本企业所采购物品的实际情况，对供应商进行具体的审核。

3. 成立供应商评审小组

应针对不同的采购物品成立相应的评审小组。可以由采购人员组成的评审小组来评审，也可以成立跨功能小组来评审。跨功能小组是指依据采购物品的性质，由采购部门、物料管理部门、工程研发部门、主管或财务部门的人员共同组成的临时性的供应商审核组织。对于一些标准品及价值比较低的物品，可以由采购人员组成的评审小组执行评审任务。对于非标准品及价值较高的物品，则可以成立跨功能小组来执行评审任务。

4. 综合评分

审核的最后一个环节是对供应商进行综合评分。针对项目的重要性，给予每个项目不同的权数，这样评审小组可以依据供应商的评审内容和权重，编制出供应商审核表及供应商标准评价表，如表 3－5 和表 3－6 所示。

表 3－5　　供应商审核表

<table>
<tr><td>供应商名称</td><td></td><td>评核阶段</td><td></td><td>评核日期</td><td colspan="2"></td></tr>
<tr><td>供货类型</td><td></td><td>评核类别</td><td></td><td>备注</td><td colspan="2"></td></tr>
<tr><td>序号</td><td>项目</td><td>权重</td><td>评估细则</td><td>得分</td><td>评核部门</td><td>评核人</td></tr>
<tr><td rowspan="2">1</td><td rowspan="2">品质（40 分）</td><td>30%</td><td>批次合格率＝检验合格批数÷总进料批数。得分＝批次合格率×30</td><td></td><td></td><td></td></tr>
<tr><td>10%</td><td>因原材料品质问题造成公司生产中断、生产效率降低或现场退货的，每发生一次扣 2 分</td><td></td><td></td><td></td></tr>
<tr><td rowspan="3">2</td><td rowspan="3">交期（20 分）</td><td>10%</td><td>按时交货率＝按时交货批数÷总进料批数。得分＝按时交货率×10</td><td></td><td></td><td></td></tr>
<tr><td>5%</td><td>供应商文件资料提交的时间和完整情况</td><td></td><td></td><td></td></tr>
<tr><td>5%</td><td>收到订单后必须在 24 小时内回复，24 小时内没有回复的情况发生一次扣 1 分</td><td></td><td></td><td></td></tr>
<tr><td rowspan="3">3</td><td rowspan="3">价格及付款方式（20 分）</td><td>10%</td><td>供应商产品价格在该行业中的定位</td><td></td><td></td><td></td></tr>
<tr><td>5%</td><td>月结 90 天（含 90 天）评 5 分，月结 60 天评 4 分，月结 45 天一般评 3 分，月结 30 天评 2 分，货到付款评 1 分，预付款评 0 分</td><td></td><td></td><td></td></tr>
<tr><td>5%</td><td>是否有降低成本的行为及态度，报价是否及时、客观、具体、透明</td><td></td><td></td><td></td></tr>
</table>

续　表

序号	项目	权重	评估细则	得分	评核部门	评核人
4	投诉处理（10 分）	5%	来料异常反馈单逾期回复，每发生 1 次扣 1 分			
		5%	供应商品质异常的处理速度			
5	服务（10 分）	10%	拖延或拒绝退货和换货服务。拖延或拒绝处理品质异常的情况，每发生 1 次扣 2 分			
合计		100%				
标准		A 级	总得分 80 分及以上			
		B 级	总得分 60～79 分			
		C 级	总得分 60 分以下			
		评定为 A、B 级的为合格供应商，评定为 C 级的为不合格供应商。如果其产品品质得分低于 18 分，也将被判为不合格供应商				

最终得分			最终评级		
采购员		日期		经理		日期	

表 3-6　　供应商标准评价表

供应商标准评价表			记录编号：
			发布日期：
			第　页 共　页
供应商名称		产品类别	
联系人		电话	
地址			

评价项目	评价标准	分值	得分
技术方面	有完善的产品开发设计控制制度，能自主设计、自主开发（10 分）	1～10	
	设计控制制度不完善、不规范，仅能开发简单的产品或部分零部件（5 分）		
	仅能按照公司样品进行制造，无产品设计及开发能力（1 分）		
生产工艺	有作业指导书，现场员工均按标准操作（10 分）	1～10	
	作业指导书不全面，部分作业指导书未及时更新，员工不完全按标准操作（5 分）		
	无作业指导书，员工凭经验操作，领导凭口头指导（1 分）		

续　表

评价项目	评价标准	分值	得分
设备维护与保养	有完整的设备管理办法，设备的采购、操作和保养均能被有效控制，对不同设备进行不同级别的保养，设备经常处于完好状态（10分）	1～10	
	有重要设备的保养计划，但设备管理办法不全，不能保证设备经常处于完好状态，有因设备损坏而造成停工的情况（5分）		
	无设备管理办法，设备出大问题才进行维修，经常影响生产（1分）		
生产现场管理	有完整的现场管理制度，如自检、互检、巡检制度，执行5S现场管理法（10分）	1～10	
	有完整的现场管理制度，但执行力度不够，导致产能波动较大或出现漏检等情况（5分）		
	无现场管理制度，凭管理者口头指导，质量无法保障（1分）		
质量管理体系	质量管理体系文件化，体系运行有效，能认真按质量手册和程序文件执行（10分）	1～10	
	质量管理体系文件化，但不完善，体系基本能运行，质量手册和程序文件的规定不够严谨（5分）		
	无质量管理体系文件，只有一些口头程序或习惯性做法（1分）		
检验过程控制	产品检测标准化、流程化、文件化，员工严格按照规定操作，检验结果有专人校对（10分）	1～10	
	能自主控制关键检验过程，但有时不能严格按照文件操作，检验结果由检验员一人负责填写（5分）		
	检验过程不严格，经常出现产品漏检或者缺陷产品流露在外的情况（1分）		
成本价格	能改善流程、提高效率、降低成本，结合市场价格变化，产品价格稳中有降（10分）	1～10	
	对降低成本有认识，但措施或方法不到位，产品价格有小幅波动（5分）		
	未采取措施降低原材料价格，产品质量不稳定，价格随市场波动大（1分）		
产品交付	完全按合同要求的期限和交付条件交货（10分）	1～10	
	基本能按照合同要求的期限和交付条件交货，偶尔有延误（5分）		
	经常延误，交付条件经常变更（1分）		
售后服务	有良好的售后服务，主动调查客户需求，能及时纠正客户投诉反映的问题，并能将相关信息反馈给客户（10分）	1～10	
	及时处理客户投诉，但未能及时纠正客户投诉反映的问题，同一问题多次被投诉（5分）		
	对客户投诉经常推卸责任，拖延很长时间才解决客户投诉反映的问题，类似问题经常发生（1分）		

续　表

评价项目	评价标准			分值	得分
组织管理	管理团队优秀，组织结构合理，岗位职责明确，离职率低于同行业平均水平（10分）			1～10	
	管理团队一般，组织结构不明确，岗位职责不明，一人身兼多职（5分）				
	管理团队较差，组织结构不健全，岗位职责不清，办事效率低，经常推诿（1分）				
评价结果				合计	
备注	总分100分，90分及以上为优，70～89分为良，69分及以下为差				
复核人		审核人		填表人	

二、供应商认证

供应商认证是供应商开发的一项重要内容，主要是为了进一步考察供应商的能力。供应商认证过程可以证实供应商是否达到或超过了采购商的要求，一旦采购商建立了完整的供应商认证体系，就可以掌握供应商的生产情况和产品价格信息，获取合理的采购价格和最优的服务，确保采购物资的质量。通过供应商认证，采购商可以与那些已经通过认证的供应商进行合作，建立长期的交易伙伴关系，以达到效益最优化。

在进行供应商认证之前，供应商至少要满足以下三个条件：一是供应商提交的样品已经测试通过且小批量供货合格；二是供应商的报价及相关条件能被采购商接受；三是供应商审核必须合格。

（一）供应商认证的主要内容

供应商认证的主要内容包括以下几个方面。

1. 供应商的基本情况

（1）经营环境。供应商的经营环境主要包括供应商所在国家的政治、经济和法律环境的稳定性，进出口是否有限制，货币的可兑换性，近几年来的通货膨胀情况，基础设施情况，有无地理限制等内容。

（2）财务状况。财务状况主要包括近三年的现金流量表、资产负债表及损益表、银行报表和企业经营报告等。

（3）销售状况。销售状况包括销售量及趋势、人均销售量、本企业产品产量占行业总产量的比例。

（4）现有的、紧密的、伙伴型的合作企业。如果供应商已经有紧密的、伙伴型的合作企业，一方面说明其供应能力有保证，另一方面说明其剩余订单容量也将减少。

（5）地理位置。供应商的地理位置不仅影响其产品的生产成本，还影响产品运输方式的选择。

（6）员工情况。供应商的员工情况包括员工数量，研发人员、生产人员、技术人员、质检人员的比例，员工的受教育程度、出勤率、流失率、工作时间、平均工资水平等。

（7）在同行中的信誉及地位。供应商的同行对其在产品质量、交货可靠性、交货周期及灵活性、客户服务水平等方面的评价。

2. 供应商的企业管理

（1）供应商的组织结构，各部门之间的功能分配，以及部门之间的协调情况。

（2）战略管理。供应商是否有清晰完整及与内外部环境相适应的战略目标及战略体系。

（3）成本管理。供应商是否有提高生产率和降低成本的主要举措。

（4）人力资源管理。供应商是否定期对员工进行培训。

3. 供应商的质量体系

（1）质量管理机构的设置情况。

（2）供应商的质量体系情况，主要包括质量保证文件的完整性与正确性、有无质量管理的目标与计划、质量的审核情况、与质量管理相关的培训工作如何等。

（3）质量改进情况，包括与顾客的质量协议、与供应商的质量协议、是否参与客户的质量改进、是否参与供应商的质量改进和质量成本控制、是否接受客户对其质量的审核等情况。

（4）企业产品的质量水平情况，包括产品质量、过程质量、供应商质量及顾客质量投诉情况等。

4. 供应商的物流管理

（1）相关部门的设置。

（2）发货交单情况，主要包括发货交单的可靠性、灵活性，及时供应能力，包装及运输情况，交货的准确程度等。

（3）物流管理系统情况，主要指物流管理系统的软硬件情况。

（4）原材料供应商管理，主要指供应商对自己的原材料供应商的审核、认证、分类管理等。

5. 供应商的环境管理

（1）环境管理部门的设置。

（2）环境管理体系，主要包括环境管理的文件体系、环境管理的方针与计划等。

（3）环境控制，主要包括环境控制的运作、人员沟通与培训、应急措施、环境监测措施、环境管理体系的审核等。

6. 供应商对市场及客户服务的支持

（1）相关部门设置。

（2）交货周期及条件，主要包括正常交货周期、紧急交货的周期、交货与付款的条件、保险与承诺。

（3）价格与沟通情况，主要包括合同的审核、降低价格与成本的态度、电子邮件与联系手段、收单与发货沟通情况。

（4）客户投诉与处理，主要包括客户投诉的处理程序、客户投诉处理的措施与反映时间、客户的满意度等。

（二）供应商认证的流程

供应商认证的流程具体包括以下几个环节。

1. 成立供应商认证小组

供应商认证小组主要包括质量管理人员、工程和生产部门人员、财务人员、物流管理人员等。

2. 确立供应商认证指标体系及评分标准

对于供应商的认证要根据认证内容确立相应的指标体系。指标体系基本涵盖了供应商的研发、采购、生产、物流、售后服务等全流程，以及人力资源、质量、财务、组织、环境等方面的管理制度与措施。每一个指标还需要确定出其评分标准及权重。

3. 供应商自我评价

可以在深入调查供应商时，将供应商认证表（见表 3－7）发给供应商，或者是在开始进行供应商认证时发给供应商，让供应商根据表中内容进行自我评分，评完分后及时将表格快递或传真给采购部门负责人。

表 3－7　　供应商认证表

供应商					日期								
项目	序号	评估内容	是或否	附加证据	自我评价				现场评价				备注
					0	1	1.5	2	0	1	1.5	2	
公司简介	☆1	是否获得 ISO/TS 16949 质量体系认证											
	☆2	是否获得 ISO 14001 环境体系认证											
	×3	附：是否获得其他认证											
	×4	附：是否获得 OHSAS 18000 认证											
	☆5	是否制定合适的公司质量目标											
	6	公司质量目标是否经过考核并能按预期达成											
	7	未能达成的公司质量目标是否能经过改善并在改善后达成											
产品开发及变更管理	8	是否有开发新产品的能力											
	9	是否有产品开发控制程序											
	10	是否有开发部门组织结构图											
	11	新产品开发是否经过评审											
	12	是否进行潜在失效模式分析											
	13	是否有 4M（人、机、法、料）变更的处理程序											
	14	是否验证变更记录											
	15	变更是否通知到客户											
	×16	变更产品是否经过试产并对所产生的不良反应进行分析改善											
生产过程控制	☆17	重点岗位作业人员是否经过专业技能培训											
	18	是否有定期培训计划											
	☆19	每个岗位是否有对应的 SOP（标准作业程序）											
	20	产品是否有标示追溯管控											
	×21	产线是否有 SPC（统计过程控制）管制图或其他管制图											

续　表

项目	序号	评估内容	是或否	附加证据	自我评价				现场评价				备注
					0	1	1.5	2	0	1	1.5	2	
生产过程控制	22	作业人员是否了解公司的质量方针与目标											
	23	产线中使用的仪器/量具是否定期被校验											
	24	是否制定产品追溯程序/规范											
	25	生产时发现不良反应是否对其进行有效改善并记录											
	26	是否制定不良品返修流程											
	27	生产仪器使用前是否经过校正/点检											
质量管理	☆28	是否有质量部门组织结构图											
	☆29	是否有进料检验规范											
	30	来料异常时是否进行回馈并进行追踪改善											
	31	是否制作产品 QC（质量控制）流程图											
	32	是否有纠正预防管理措施程序/办法											
	33	是否有客户投诉异常处理程序/办法											
	34	是否制定客户投诉时效管理规定											
	35	客户投诉改善效果是否理想											
	×36	是否对不合格品进行有效管控（程序/办法）											
	37	发生不良反应后是否能有效追溯（程序/办法）											
	38	是否制定成品检验程序/规范											
	39	是否对出货产品做检验并记录											
	40	是否制定产品可靠性实行规范并记录结果											

续　表

项目	序号	评估内容	是或否	附加证据	自我评价				现场评价				备注
					0	1	1.5	2	0	1	1.5	2	
采购管理	☆41	是否有供应商的管理程序/规范											
	42	是否对供货商进行评估											
	43	供货商是否为合格供货商											
	×44	是否每月对合格供货商进行绩效评定及考核											
仓储管理	☆45	是否有仓储管理程序/办法											
	46	是否制定库存保存期限及处置办法											
	47	是否有化学品管理程序											
	48	是否将 RoHS 物料与非 RoHS 物料分开管制											
客户满意度	☆49	是否制定客户满意度调查程序/规范											
	50	客户满意度是否被列入质量目标中进行考核											
	51	是否对客户满意度进行调查并分析记录											
	52	是否对客户不满意的方向进行改善并记录											
职业安全管理	53	是否建立职业安全程序文件											
	54	是否有消防措施											
	55	是否定期进行职业安全训练											
	56	所有用电设备是否有接地保护											
	×57	特殊岗位是否有相应的职业安全保护措施											
得分	自我评分		现场评分										

续　表

<table>
<tr><td>说明</td><td colspan="4">(1) 标注“×”部分为需要规划的内容，如暂无，应恢复具体完成日期且于完成后提供证据，可加分。
(2) 标准“☆”部分为必备的内容，可提供证据，作为优先考虑条件。
(3) 评分标准：书面稽核得 80 分以上为合格，工厂审核得 70 分以上为合格。
①无文件、无执行（证据）得 0 分；
②有文件、无执行（证据）或无文件、有执行得 1 分；
③有文件、有执行，但执行有缺失得 1.5 分；
④有文件并执行完善得 2 分。
(4) 收到此认证表后，供应商需要认真如实填写，一周内反馈，过期视为弃权，将取消供应商资格。如提供数据属虚假数据，同样取消供应商资格。
(5) 对于以上内容中不使用的项目直接填写“N. D.”</td></tr>
<tr><td>稽核
确认：</td><td>采购部
门确认：</td><td>质量部
门确认：</td><td>技术部
门确认：</td><td>领导
审核：</td></tr>
</table>

4. 认证小组现场调查

如果对供应商的深入调查是采取远程调查问卷的形式，采购部门有必要组织认证小组提前与供应商取得联系后，及时进行现场调查。现场调查前，组织人员将供应商认证表和供应商提供的复印件资料交付认证小组成员，到现场后只需进行验证和评分。

5. 汇总评分，撰写认证报告

采购部门在认证小组完成个人或部门评分后，汇总每个人或各部门的评分。如果是不同的部门对不同的环节进行评分，只需将各部门的评分按权重加总，即为供应商的最终得分；如果是每个人对所有环节都进行评分，则需要计算每个人的加权总分，然后再计算平均分，即为供应商的最终得分。最后要根据现场调查和评分情况撰写认证报告，呈报上级主管领导，同时将调查及认证资料整理归档。

6. 将认证情况反馈给供应商

领导审核认可认证结果后，认证小组人员要将认证总分及分项评分结果反馈给供应商，让供应商明确自己的不足之处，以便进行改进与提高。

7. 供应商认证跟踪

对供应商进行认证后，要进行跟踪。认证不仅是审查和评估的过程，还是一个反馈与跟踪的过程，要随时检测供应商的执行情况，不断督促供应商进行改进。总之，供应商的认证是一个长期的、动态的过程，是通过评估来确认和培养供应商的过程。

第三节　供应商选择

狭义的供应商选择是指最终供应商的选定。广义的供应商选择是指从供应商寻找开始，经过供应商的调查、审核与认证（评估），直到最后由采购部门领导或主管领导选定供应商的全过程。采购管理者要在采购人员对供应商进行审核与认证的基础上，按照一定的标准、原则和方法来选择最终的供应商。

一、供应商选择的标准

选择合适的供应商是成功管理的第一步。在选择供应商的过程中，企业要确定相应的标准。这些标准主要包括以下几个方面。

1. 质量

质量是企业的命脉。采购物品的质量是否合乎采购方的要求是企业生产经营活动正常进行的必要条件，也是采购方进行物品采购时首要考虑的因素。对供应商质量管理要求上，主要考虑：供应商质量管理方针、政策；质量管理制度的执行与落实情况；供应商是否达到某种质量认证标准；有无质量管理制度手册；在质量方面采用什么样的统计管理和控制方法；供应商是否有质量保证的作业方案和年度质量检验目标；供应商企业内部的质量检测系统是否完善；供应商是否能够保证采购方可以放心地免除进货时的检验等。

2. 成本

采购成本是企业产品成本的主要构成部分，采购物品的采购价格是影响采购成本的主要因素，因此采购价格是采购部门在选择供应商时考虑的重点因素。由于采购物品的质量与价格之间存在一定的二律背反现象，采购人员要在一定的质量标准下考虑采购物品的价格。采购成本的构成部分还包括运输装卸费用、包装费用、保险费用、订货费用等，因此在选择最终供应商时，还需综合比较合格供应商的综合采购成本。

3. 生产能力

考察供应商的生产能力主要是看：供应商的生产能力是否能满足源源不断的订货需求；生产能力是否被合理利用；如何增加现有的生产能力以满足不断增长的需求；等等。

4. 交货能力

供应商的交货能力主要体现在供应商是否能准时交货。供应商能否按约定的交货期限和交货条件及时组织供货，直接影响企业生产和供应活动的连续性。准时交货可以为企业带来以下好处：一是可降低生产所用的原材料或零部件的库存数量，进而降低库存，以及与库存相关的其他各项费用；二是可降低断料停工的风险，保证生产的连续性。

5. 柔性

柔性是指供应商面临产品数量、交付时间改变时有多大的灵活性。市场的多变性要求企业生产要有较大的弹性。这就需要考察供应商是否能够回应需求的改变，接受设计的改变等，这也是企业应该考虑的重点。在考察供应商柔性时，要注意了解供应商生产线上的柔性能力。

6. 地理位置

供应商所处的地理位置对送货时间、运输成本、紧急订货与加急服务的回应时间等都有影响。在分工日益精细化的今天，供应商地理位置的远近直接决定了产品生产过程中的物流成本和管理成本。采购方总是期望供应商距离自己近一些，这是因为：第一，近距离的供应商能够提供更可靠的服务，交货及时，有更低的运输成本，出现问题或紧急需要某种产品时，双方更容易取得联系；第二，当地购买有助于发展地区经济，形成产业集聚效应，增强整个产业链的竞争力。

7. 整体服务水平

供应商的整体服务水平是指供应商内部各作业环节配合采购方的能力大小。供应商提供的服务包括培训、安装、维修、技术支持、更换残次物品等。在考察供应商整体服务水平时，要注意：一是当产品或服务改变时，供应商是否给出预先通知；二是如果产品或服务改变，采购方需要额外投入多少费用。

8. 技术水平

衡量一个企业素质高低的关键因素是企业的创新能力，而影响企业创新能力的一个重要因素是技术水平。供应商技术水平的高低，决定了供应商能否不断改进产品，长远发展。考察供应商技术水平主要是考察：供应商技术队伍及其能力是否满足制造或供应所需产品的技术要求；供应商是否有开发产品和改进项目的能力；供应商能否帮助采购方改进产品；等等。

9. 财务状况

供应商的财务状况直接影响其交货和履约的绩效。如果供应商的财务出现问题，周转不灵，也就无法给采购方提供相应的产品支持。因此，供应商的财务状况是考察供应商的长期供货能力的一个重要指标。采购人员可以利用资产负债表来考核供应商在一段时期内的营运成果，观察其所拥有的资产和负债情况；可以利用损益表考察供应商在一段时期内的销售业绩与成本费用情况。如果供应商是上市公司，还可以利用公司年度报表中的信息来计算各种财务比率，观察其现金流动情况，应收、应付账款的状况，库存周转率，获利能力等。

10. 管理能力

供应商的管理能力对采购方来说也是考察供应商的一项重要指标，因为供应商内部管理的好坏决定了其经营活动是否能顺利进行，同时影响着供应商的未来竞争力。考察供应商的管理能力的主要内容包括：供应商管理层是否具有职业经验；管理人员的变动率是否过高；管理层能否保证全面质量管理及持续完善；管理层是否有长期规划；管理人员与工人的关系如何；管理人员是否为员工提供培训和发展机会；管理人员是否了解战略资源的重要性；等等。

11. 员工的状况

供应商的员工状况也是反映供应商在管理中是否存在问题的一个重要指标。如果供应商有高素质、稳定的和有上进心的员工，就可以给自身带来巨大的利益。考察供应商的员工状况的主要内容包括：员工的平均年龄；员工的全面技术和能力；员工道德；员工的人事变动率；员工为提高供应商的业绩做贡献的机会和意愿；等等。

12. 信息技术水平

电子采购是采购发展的一个趋势，已被越来越多的企业采用。运用电子商务技术，企业可以在互联网上寻找供应来源、搜寻有关产品的信息等，因此，供应商的信息技术水平也是采购方选择供应商时应该考察的重点指标。考察供应商的信息技术水平主要看供应商是否拥有或借助 EDI（电子数据交换）、条码、ERP（企业资源计划）等技术，尤其是其业务软件是否能与采购企业的业务软件对接，能对接到什么程度等。

13. 企业责任

企业责任也就是环境保护责任。20 世纪 90 年代，人们开始关注工业对环境的影响。供应商应当根据国家颁布的环境保护法律、法规，以及 ISO 14001 提供的环境保护政策的指导，结合自身实际制定相应配套的环境保护政策。采购人员考察供应商企业责任时，主要考察：供应商有没有专人负责环境管理；供应商是否安装了将废弃物降至最低的设备；供应商是否安装废弃物处理和再循环的设备；供应商提供的产品是否有节能的效果；等等。

二、供应商选择的原则

要想选择到合适的供应商，需要坚持以下原则。

1. 门当户对原则

门当户对原则体现的是一种对等管理思想，要求采购人员对供应商进行深度考察，依据所采购物品的数量和品质去选择供应商。选择的供应商的规模和层次应与采购方相当。在选择时要注意，行业老大不一定是首选的供应商。这是因为，如果买卖双方规模差异过大，采购比例在供应商总产值中所占的比例过小，采购方将得不到供应商的重视，往往在生产排期、售后服务、谈判力量对比等方面不尽如人意。

2. 择优录用原则

在选择供应商时，通常先考虑报价、质量以及相应的交货条件，但是在相同的报价及相同的交货承诺下，就应选择那些企业形象好、信誉高的厂家作为供应商。采购方应在对供应商进行深入调查、平衡利弊后择优录用。

3. 半数比例原则

从供应商的风险评估角度考虑，原则上要求采购物品的数量不超过供应商产能的50%，反对仅由一家供应商负责供货。一旦该供应商出现问题，势必影响整个供应链的正常运作。最好由2～3家供应商负责供货，并有主次供应商之分。

4. 优势互补原则

每个企业都有自己的优势和劣势。优势互补原则是指选择的供应商应当在经营方向和技术能力方面符合企业预期的要求，在某些领域应具有比采购方更强的优势。

5. 共同发展原则

如今市场竞争越来越激烈，如果供应商不全力配合采购方的发展规划，会使采购企业在实际运作中受到影响。相反，如果供应商能够全力支持采购企业的发展，把双方的利益捆绑在一起，这样就能对市场的风云变幻做出快速、有效的反应，增强采购企业的竞争力，使采购企业获得更大的市场份额。因此，选择供应商时，应注意双方的共同发展，最好是发展成为供应链战略合作伙伴。

6. 集体决策原则

供应商的选择涉及企业的生产、技术、计划、财务、物流和市场等部门。对于技术要求高且重要的采购项目来说，特别需要设立多职能部门参与的供应商评审小组。供应商评审小组的组员应包括研究与开发部门、技术支持部门、采购部门、物流管理部门、市场和计划部门的人员。组员必须有团队合作精神，具有一定的专业技能。最终供应商的选定要在供应商评审小组评定的基础上进行讨论决定。

三、供应商选择的方法

选择符合要求的供应商需采用科学的方法。常用的方法主要有定性分析法和定量分析法。其中，定性分析法包括直观判断法、招标选择法和协商选择法。定量分析法主要有因素分析法、采购成本比较法、ABC 成本法。在实际使用中要注意把定性分析法和定量分析法结合使用，保证供应商选择的精准与合理。

（一）定性分析法

定性分析法主要是根据以往的经验，凭借以前的关系和已有的信息来选择供应商，其对问题的分析比较周全。常用的方法有以下几种。

1. 直观判断法

直观判断法是根据征询和调查所得资料并结合专家的分析判断，对供应商进行分析、评价的一种方法。这是一种主观性较强的判断方法，主要是倾听和采纳有经验的采购人员的意见，或者直接由采购人员凭经验做出判断。这种方法简单易行，但是主观性较强，缺乏科学性，可靠性差，受决策者掌握供应商信息详尽程度的限制及采购人员人为因素的影响，常用于选择提供 B 类、C 类物品的供应商。

2. 招标选择法

招标选择法就是采购方采用招标的方式，吸引多个有实力的供应商来投标竞争，然后经过评标小组分析评比而选择最优供应商的方法。通过招标选择法，采购方可以在更广阔的范围内选择供应商，进而采购供应条件最有利的、价低质优的物品。但招标选择法手续繁杂、耗费时间长、订购机动性差，不能适应紧急订购的需要；有时采购方了解信息不够，或与投标商沟通不足，就会导致货不对路或采购物品不能按时到货。当采购物品数量大、供应商较多、供应市场竞争激烈时，可以采用招标选择法来选择供应商。

3. 协商选择法

协商选择法是由采购单位选出几个供应条件较为有利的供应商，分别与他们进行协商，通过协商确定合适的供应商。通过协商选择法进行供应商选择，采购方与供应商能够进行充分的沟通，商品质量、交货期和售后服务等方面更有保证。但在使用协商选择法进行供应商选择时，由于选择范围受限，不一定能选到价格最便宜、供应条件最有利的供应商进行供货。当采购时间紧迫、投标单位少、供应商竞争不激烈、订购物品规格和技术条件复杂时，协商选择法比招标选择法更为合适。

（二）定量分析法

定量分析法就是借助数学模型，对某些指标进行计算，然后比较、选择的方法。

1. 因素分析法

因素分析法是采购方首先确定供应商选择的影响因素，给每个影响因素分配一个权重，然后给出不同等级的评分标准，评价人员根据供应商的实际情况逐项打分，每个影响因素的得分和相应权重的乘积之和即为供应商的得分，最后选择得分最高的供应商。

2. 采购成本比较法

采购成本比较法是指对于采购物品质量和交付期都能满足要求的供应商，通过计算和分析各个供应商的采购成本，选择成本最低的供应商的一种方法。该方法适用于以下情况：供应商的信誉比较好；所购物品采购成本容易核算；采购数量和采购金额较小。

例 3-1　某企业计划采购某种物料 300 吨，甲、乙两个供应商供应的物料质量均符合其要求，信誉也比较好。距离企业比较近的甲供应商的报价为每吨 380 元，运费每吨 5 元，订购费用（固定费用）为 300 元。距离企业比较远的乙供应商的报价为每吨 320 元，运费为每吨 25 元，订购费用为 600 元，请从中选择一个供应商进行供货。

解：根据以上资料，可以计算得出从甲、乙两个供应商处采购物料所需成本如下。

甲供应商的采购总成本＝300×380＋300×5＋300＝115800（元）

乙供应商的采购总成本＝300×320＋300×25＋600＝104100（元）

经过比较，在交货时间与交货质量都能够满足企业要求的情况下，由于从乙供应商处采购物料所需成本较低，因此选择乙供应商较为合适。

3. ABC 成本法

ABC 成本法又叫作业成本法、作业成本计算法或作业量基准成本计算方法，是以作业为核心，确认和计量耗用企业资源的所有作业，将耗用的资源成本准确地计入作业，然后选择成本动因，将所有作业成本分配给成本计算对象（产品或服务）的一种成本计算方法。ABC 成本法把直接成本和间接成本（包括期间费用）作为产品或服务消耗作业的成本同等对待，拓宽了成本的计算范围，使计算出来的产品服务成本更准确、真实。采购作业可以具体分为供应商开发与选择，采购谈判与合同签订，物品运输、装卸、入库，货款支付等。整个采购作业中发生的所有费用都按照成本性态分摊到每一批次采购物品的单位采购成本中，最后汇总计算出该批次采购物品的单位成本，选择采购单位成本最低的供应商。

第四节　供应商关系的维护与防范

供应链管理环境下，企业与供应商的关系是一种战略性合作关系。良好的供应商关系可以使采供双方在技术方面互补，提高客户满意度，帮助企业降本增效，降低供应风险。采购企业需要在供应商分类基础上，针对不同的供应商采取不同的策略，一方面要维护好与供应商的关系，另一方面也要避免被供应商控制。

一、供应商分类

供应商分类是指在供应市场上，采购方依据采购物品的金额、采购物品的重要性及供应商对采购方的重视程度和信赖程度等因素，将供应商划分成若干个群体。供应商细分是供应商关系管理的先行环节，在此基础上，采购方才有可能根据供应商的不同情况实行不同的供应商关系策略。

（一）按采购金额的占比大小分类

根据采购金额的占比大小，可以将供应商分为重点供应商和普通供应商。

企业采购的物品从采购金额角度看是符合 80/20 法则的，即 80%的采购物品的价值只占采购物品总价值的 20%，而剩余 20%的采购物品的价值则占采购物品总价值的 80%。因而，可以将采购物品按 80/20 法则分为重点采购品（占采购价值 80%的 20%的采购物品）和普通采购品（占采购价值 20%的 80%的采购物品）。与之相对应，采购部门可以按照 80/20 法则将供应商划分为重点供应商和普通供应商，即占采购总金额 80%的 20%的供应商为重点供应商，而占采购总金额 20%的 80%的供应商为普通供应商。对于重点供应商应投入大量的时间和精力进行管理。这些供应商提供的物品为企业的战略物品或需要集中采购的物品，如汽车厂需要采购的发动机和变速器，电视机厂需要采购的显示屏及一些价值高但供应保障不力的物品。而对于普通供应商只需要投入较少的时间和精力进行管理。因为这类供应商所提供的物品对企业的成本影响较小，如办公用品、维修备件、标准件等。

按 80/20 法则进行供应商细分，其基本思想是针对不同的采购物品采取不同的采购策略。

（二）按供应商的重要程度分类

按供应商的重要程度可以将供应商分为普通关系供应商、优先关系供应商、合作关系供应商、战略关系供应商四种。

1. 普通关系供应商

普通关系供应商提供的产品或服务的数量往往占到企业采购整体数量的 80%左右，而采购支出合起来一般只占总支出的 20%左右。这类产品或服务可供选择的供应商很多，供应商的转换成本也很低。但对于这类供应商不能因为他们提供的产品价值低，对公司战略方向的贡献不大就可以忽略。企业与这类供应商建立一般的交易关系，目的是降低采购成本和简化采购流程。

2. 优先关系供应商

优先关系供应商提供的产品或服务是属于低风险、高成本的产品或服务。这类产品或服务具有一定的价值，单个产品的采购成本降低对于企业利润的贡献较大，且供应风险不高。企业与这类供应商签订短期合同，以便企业能不断地寻求、更换、转向成本更低的供应商。企业不仅要通过集中采购来降低采购成本，提高市场安全性，而且要努力全面把握市场信息，了解潜在供应商范围，在全国甚至全球范围内寻求供应商，努力扩大全球供应渠道。

3. 合作关系供应商

合作关系供应商提供的产品或服务对采购商来说虽然成本不高，但短缺的风险却很高。对这类供应商，采购商应尽量与其达成合作关系。采购商不仅要与供应商保持密切合作关系，而且要积极改善目前所处的高风险状态，尽量拓展供应商范围。在产品或服务的设计阶段，与工程师密切沟通，利用价值分析和价值工程技术来消除或减少对该类产品或服务的需求；也可以让客户参与进来，通过改变客户在其定制的产品中使用的关键性材料或零部件而采购替代品，来摆脱关键性供应商的控制。

4. 战略关系供应商

战略关系供应商是指那些对企业有战略意义的供应商，他们提供的可能是市场中最有竞争力的产品或服务，也是采购商最希望得到的产品或服务。这类供应商数量非常有限，寻求替代产品的难度非常大。采购商应该与这类供应商培养长期关系，建立战略联盟。在相互信任的基础上，供应商帮助采购商实现其战略计划。供应商不仅会参与采购商的产品或服务的设计，而且会替采购商考虑，帮助他们获得新技术和新机会以尽可能地降低成本、增加收益，最后双方可以分享收益。战略联盟的供应商关系是复杂的，同时也是动态变化的，一旦形成战略联盟关系，双方的风险和收益是捆绑在一起的，轻易分开需要付出代价，相反，如果实施成功，双方都能从中获得巨大的收益。

在这四种供应商关系中，采购商与供应商的合作程度逐渐提高，关系密切程度也逐渐加强，形成供应商关系的金字塔结构，如图 3－1 所示。

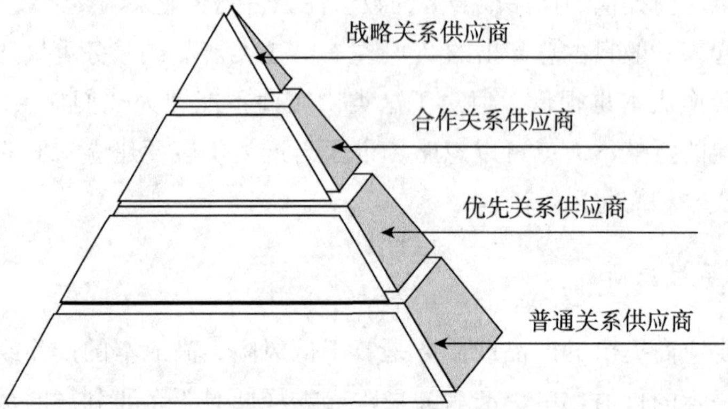

图 3－1　供应商关系的金字塔结构

（三）按选择供应商的方式分类

根据选择供应商的方式，可以将供应商细分为公开竞价型供应商、网络型供应商与供应链管理型供应商三种。

1. 公开竞价型供应商

采购商公开向若干供应商提出采购计划，各个供应商根据自身的情况进行竞价，采购商依据供应商竞价的情况，选择其中价格低、质量好的供应商作为该项采购计划的供应商，这类供应商就称为公开竞价型供应商。在供大于求的市场中，采购商处于有利地位，采用公开竞价的方式选择供应商，是企业降低成本的途径之一。

2. 网络型供应商

采购商在长期的供应商选择和与其交易中，将在价格、质量、售后服务、综合实力等方面比较优秀的供应商组成供应商网络。采购商的某些物品只限于在供应商网络中采购，这类供应商就称为网络型供应商。供应商网络的实质就是采购商的资源市场，采购商可以针对不同的物品组建不同的供应商网络。供应商网络的特点是，采购商与供应商之间的关系是一种长期性的合作关系。为了维持这种关系，应采取优胜劣汰的机制，定期评估、筛选，适当淘汰供应商网络中的个别供应商，同时吸收更优秀的供应商进入。

3. 供应链管理型供应商

在供应链管理中，采购商与供应商之间的关系更为密切，他们之间通过信息共享，适时传递自己的需求信息，而供应商根据实时的信息，将采购商所需的物品按时、按质、按量地送交采购商，这类供应商就称为供应链管理型供应商。

（四）按与供应商的合作关系分类

根据与供应商的合作关系，可以将供应商分为短期目标型供应商、长期目标型供应商、渗透型供应商、联盟型供应商与纵向集成型供应商五种。

1. 短期目标型供应商

短期目标型供应商是指与采购商是一般买卖关系的供应商。双方的交易仅停留在短期的交易合同上，各自所关注的是如何谈判，即如何提高谈判技巧使自己不吃亏，而不是在双赢的基础上使双方的关系获得进一步的发展。供应商根据交易的要求提供标准化的产品或服务，以保证每一笔交易的信誉。当交易完成后，双方的关系也就终止了，双方只有供销人员有联系，而其他部门的人员一般不参加双方之间的业务活动，也很少有什么业务活动。

2. 长期目标型供应商

长期目标型供应商是指与采购商保持长期的关系，并在此基础上建立起超越买卖关系的供应商。双方的工作重点是从长远利益出发，相互配合，不断改进产品质量与服务质量，共同降低成本，提高供应链的竞争力。双方合作的范围遍及各公司内部的多个部门。

3. 渗透型供应商

渗透型供应商是在长期目标型供应商基础上发展起来的供应商。其指导思想是把对方公司看成自己公司的一部分。为了能够参与对方活动，有时会在产权关系上采取适当措施，如互相投资、参股等，以保证双方利益的共享。同时，在组织上也采取相应的措施，双方各派人员加入对方的有关业务活动。这样做的优点是可以更好地了解对方的情况。供应商可以了解自己的产品是如何起作用的，容易发现改进方向；采购商可以知道供应商是如何制造的，也可以提出改进的要求。

4. 联盟型供应商

联盟型供应商是从供应链角度提出的。其特点是注重纵向链条上管理成员之间的关系，双方维持关系的难度提高了，要求也更高。

5. 纵向集成型供应商

纵向集成型供应商是最复杂的供应商类型，即把供应链上的成员整合起来，但各成员是完全独立的企业。这种供应商关系要求每个企业在充分了解供应链的目标、要求，以及在充分掌握信息的条件下，能自觉作出有利于供应链整体利益的决策。

（五）按供应商的规模和经营品种分类

按供应商的规模和经营品种进行分类，可以分为行业领袖供应商、专家级供应商、量小多品种供应商、低量小规模供应商，如图 3－2 所示。

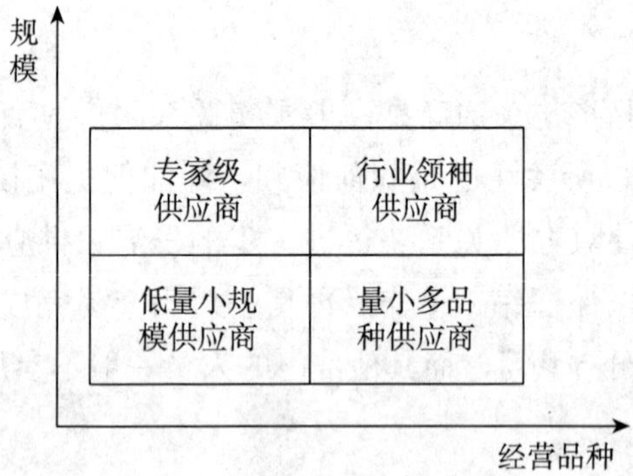

图 3－2　供应商的分类

1. 行业领袖供应商

行业领袖供应商是指那些生产规模大、经营品种多的供应商，其财务状况较好，立足于本地市场，积极拓展国际市场，有较强的竞争实力。

2. 专家级供应商

专家级供应商是指那些生产规模大、经验丰富、技术成熟，但经营品种相对较少的供应商。这类供应商的目标是通过竞争来占领市场，其增值性较强。

3. 量小多品种供应商

量小多品种供应商是指那些生产规模较小、品种丰富的供应商。这类供应商财务状况一般不是很好，但是有潜力、可培养。

4. 低量小规模供应商

低量小规模供应商是指那些经营规模小、经营品种少的供应商。这类供应商生产经营比较灵活，但增长潜力有限，缺乏发展的后劲，其目标仅是本地市场。

二、供应商关系维护

对于采购商的重点供应商和需要建立合作关系甚至更紧密关系的供应商，采购商要采取必要的措施维护与供应商的关系。常见的维护关系的措施有以下几种。

（一）加强与供应商的信息沟通

应与供应商建立完善的信息交流与共享机制，加强与供应商的信息沟通。主要的措施有以下几种。

1. 建立畅通的信息沟通渠道

采购商要有专人负责与供应商联系人建立正式的沟通渠道，如电话、传真、微信、电子邮箱等。如果双方的信息化水平较高，可以利用电子数据交换和网络技术合作建立共享的业务信息平台，实现销售、生产作业计划、库存管理等系统的连接，共享销售、生产、库存、采购、成本、质量控制等信息，增加双方业务的透明度，提升信息交换的有效性，保证信息的一致性、及时性和准确性。如宝洁的供应系统与沃尔玛的销售系统相连接，宝洁可以随时掌握自己的产品在沃尔玛货架上的数量信息，当到了补货点时，宝洁的物流配送部门会将相应的产品自动补货到沃尔玛的货架上，月底定期自动结算，这样沃尔玛也大幅度减少了采购成本、库存成本和理货成本。

2. 让供应商参与产品开发设计等业务

在传统的供应条件下，供应商对新产品创意、公司政策等方面的建议很少被采购商采纳，而实施了供应商关系管理后，供应商在新产品开发阶段将担任重要的角色。采购商愿意更多地与供应商沟通，以获得供应商在开发产品创意方面的建议，开发出让消费者满意的产品。从总体来看，从提出创意到规划、再到实施，双方都应平等地参与。采购商可以在产品设计阶段让供应商参与进来，这样供应商更容易把握产品原材料的质量及零部件的性能，为新产品的开发创造条件。居世界主导地位的公司大多把优秀的供应商参与新产品的开发视为提高竞争优势的一种原动力。有关机构对《财富》综合排名前 1000 家公司的研究表明，在新产品推出的过程中，越早让供应商参与其中，整个项目所节省的资金也就越多。所以，供应商的及早进入会给采购商带来莫大的好处。

3. 建立联合跨组织的团队

联合跨组织的团队是由采购商与供应商的管理人员组成的，因此，双方更容易完成价格的确定、质量的改善、交货时间的缩短和客户服务的改进等具体目标。这些目标通常由供应商和采购商的专家共同制定。这样供应商的专家实际上与采购商的工程师一起工作，采购商的工程师也会在供应商试生产阶段出现在其企业中帮助解决问题，使双方对自己的现状、期望、优势与劣势更加了解，当一方发生变化或出现问题时，另一方能够及时解决这种变化对自身可能造成的影响。当然，建立联合跨组织的团队的最大障碍就是保密性，必要时甚至要求双方签署保密协议以减小这种障碍对团队效率的潜在影响。

4. 采购商与供应商经常进行互访

采购商与供应商有关部门要经常性地互访，及时发现和解决各自在合作过程中出现的问题，建立良好的合作氛围。供应商为了稳定自己的销售，会经常邀请采购商参加自己组织的座谈、联谊等活动。采购商也应邀请重点供应商到企业参观，了解企业的需求，拉近双方的距离。

（二）建立供应商接待机制

在与供应商建立合作关系后，为了规范采购形式和提高采购质量，采购商应建立严格的供应商接待机制。一般地，采购商召开年度供应商会议，使供应商聚在一起共同学习与交流。年度供应商会议为供应商关系管理提供了一个高度可见的学习与交流的平台，是很多采购商实施供应商关系管理的方式。这种会议可以按年召开，也可以按季度和月度召开，不限时间，主要还是为了让供应商与采购商能够多加沟通，在促进了解与增强信任的同时，学习到新的知识。

（三）对供应商实施有效的激励机制

要与供应商保持合作伙伴关系，对供应商的激励是非常重要的。激励供应商也可以作为改善与供应商关系的一种方式，但这种方式主要通过奖励来实现。在激励机制的设计上，要体现公平、一致的原则。可采用以下方式对供应商进行激励。

1. 价格激励

对供应商实施价格激励是十分有效的。给供应商较高的价格能使供应商的积极性提高，而压低价格会使供应商的积极性受挫。供应链利润的合理分配有利于供应链企业间的稳定和顺畅运行。

2. 订单激励

采购商的多个订单会带来供应商间的竞争，这对供应商来说也是一种激励。

3. 淘汰激励

淘汰激励是一种负激励。对一个优秀的供应商来讲，淘汰弱者能使其获得更优秀的业绩；而对于业绩较差的供应商来说，为避免被淘汰，他更需要提高自身的绩效，获取更大的进步。

4. 组织激励

一个有良好组织的供应链对于供应链内的企业来说是一种激励。这是因为在良好的供应链环境下，企业之间合作愉快，供应链运作也会比较畅通。减少供应商的数量，并与主要供应商保持长期稳定的合作关系是企业使用组织激励的主要措施。

5. 信息激励

对处于信息时代的企业来说，获得越多的信息也就意味着拥有更多的机会、资源，从而获得激励。供应商如果能够快速地获得采购商的需求信息，就能主动采取有效措施提供优质服务，使双方合作的满意度大大提高。这对双方建立诚实互信的关系至为重要。信息激励机制的提出，也在某种程度上克服了由于信息不对称而使供需双方互相猜忌的弊端，消除由此带来的风险。

6. 新产品或新技术的共同开发

新产品或新技术的共同开发也是一种激励机制。它可以让供应商全面掌握新产品的开发信息，有利于新技术在供应链企业中的推广和开拓供应商的市场。在供应链环境下，供应商参与采购商的产品开发，其成败不仅影响采购商，而且也影响供应商和经销商。因此，每个人都会关心产品的开发情况。这就形成了一种激励机制。

7. 商誉激励

商誉是一个企业的无形资产，主要来自供应链内其他企业的评价和公众的评价，反映了企业的社会地位，对企业十分重要。一个企业的商誉越高，其获得订单的可能性也就越大。因此，采购商可以在供应商的订单完成率和准时交货率等方面对供应商进行商誉的激励。

8. 长期合作

采购商与供应商长期合作也是一种激励方式。通过建立长期的合作伙伴关系，供应商可以节省许多由于更换合作伙伴所发生的费用，以及减少由于对另一个合作伙伴的重新了解所产生的风险，同时也能从长期的合作中得到持续稳定的利润。

（四）使用合理的供应商评价方法

没有合理的评价方法，就不可能对供应商的合作效果进行评价，这将大大挫伤供应商的合作积极性和合作稳定性。因此，采购商应建立高效的供应商绩效评价体系，采用有效的手段和评价方法，对供应商进行合理评价，在评价过程中发现问题并及时与供应商一起探讨问题产生的根源，同时采取有效的改进措施。实际工作中，采购部门要定期按照建立起的评价体系对供应商进行绩效评价。根据评价结果，将优秀的供应商列入企业优秀供应商名录，并适当进行奖励，不合格的要进行处罚甚至淘汰。供应商绩效评价表如表 3－8 所示，优秀供应商评选表如表 3－9 所示。

表 3－8　　供应商绩效评价表

<table>
<tr><td colspan="4">一、基本信息</td></tr>
<tr><td>供应商名称</td><td></td><td>主要供货产品</td><td></td></tr>
<tr><td>开始供货日期</td><td></td><td>联系电话</td><td></td></tr>
<tr><td>考核日期</td><td></td><td>考核类型</td><td>□季度考核　□年度考核</td></tr>
<tr><td>考核项目</td><td>占总分比例</td><td>考核部门</td><td>备注</td></tr>
<tr><td>质量</td><td>40%</td><td>质检部门</td><td>质量得分小于 25 分时，视为 D 级不合格供应商</td></tr>
<tr><td>交期</td><td>30%</td><td>采购部门</td><td>交期准时满分，每迟 1 天扣 3%的分值</td></tr>
<tr><td rowspan="3">服务</td><td rowspan="3">30%</td><td rowspan="3">采购部门</td><td>态度积极，能及时解决问题：81 分及以上</td></tr>
<tr><td>态度一般，服务不太到位：61～80 分</td></tr>
<tr><td>服务差、不配合：60 分及以下</td></tr>
<tr><td colspan="4">二、分数计算</td></tr>
<tr><td colspan="4">（1）质量得分＝［1－（进料不合格批数÷总进料批数）］×40＝　　　分</td></tr>
<tr><td colspan="4">（2）交期得分＝［1－（进料逾期批数÷总进料批数）］×30＝　　　分</td></tr>
<tr><td colspan="4">（3）服务得分＝　　　分</td></tr>
<tr><td colspan="4">（4）总得分＝　　　分</td></tr>
<tr><td colspan="4">三、考评分级</td></tr>
<tr><td>A</td><td>85 分及以上</td><td colspan="2">优秀供应商，可加大采购量</td></tr>
<tr><td>B</td><td>70～84 分</td><td colspan="2">合格供应商，可正常采购</td></tr>
<tr><td>C</td><td>60～69 分</td><td colspan="2">合格供应商，但需向客户反映问题</td></tr>
<tr><td>D</td><td>59 分及以下</td><td colspan="2">不合格供应商，向客户建议淘汰该供应商</td></tr>
</table>

续　表

该供应商综合考评等级为：　　　级			
□继续纳入合格供应商名单 □从供应商名单中删除			
采购经理		总经理	

表 3－9　　　　　　　　　优秀供应商评选表

供应商名称		联系人		电话	
供应产品名称		产品执行标准			

序号	供应商自评	
1	质量体系	质量体系认证□　　无□
2	执行标准	能执行标准□　　无标生产□
3	企业注册资金	1000 万元及以上□　300 万元以上 1000 万元以下□　300 万元及以下□
4	生产方式	流水作业成批生产□　　单件生产□
5	设计能力	自行设计□　　能设计简单产品□　　不能设计□
6	企业年资	10 年及以上□　　5 年以上 10 年以下□　　5 年及以下□
7	企业人资条件	500～1000 人□　　100～499 人□　　0～99 人□
8	企业业绩	年产量 100%～200%□　年产量 60%～<100%□　年产量 60%以下□
序号	我司评审	
1	提供产品质量	优□　　良□　　一般□
2	服务情况	优□　　良□　　一般□
3	生产能力	超过历年最高销售量□　　基本满足□　　不满足□
4	按时交货情况	较好□　　一般□　　较差□

采购部门评审意见：

按照评审标准，对供应商资质、生产能力以及提供产品质量等进行评定，该供应商基本（符合/不符合）我公司对合格供应商的要求，建议将该供应商（列入/不列入）我公司优秀供应商名录。

评审人：　　　　　　　　　　　　　年　　月　　日

技术部门评审意见：

同意将该供应商（列入/不列入）我公司优秀供应商名录。

评审人：　　　　　　　　　　　　　年　　月　　日

评审结论：

同意将该供应商（列入/不列入）我公司优秀供应商名录。

分管领导：　　　　　　　　　　　　年　　月　　日

续 表

年度复评记录						
年度	是否继续列入优秀供应商名录		批准		日期	
年度	是否继续列入优秀供应商名录		批准		日期	
年度	是否继续列入优秀供应商名录		批准		日期	

三、供应商控制防范

随着供应商伙伴关系的发展和供应商体系的优化，许多企业的某些零部件可能会因为保密要求高、开发周期短、生产批量小，导致出现独家供应的情况。独家供应具有的优势包括：节省时间和精力，有助于企业与供应商之间加强交流、发展伙伴关系；更容易实施双方在产品开发、质量控制、降低成本等方面的改进，并取得积极成效。

但是，独家供应就是垄断供应，垄断必然带来低效。独家供应会使采购商对供应商产生依赖。供应商因为有了可靠的、稳定的客户，会失去竞争的动力，疏远市场，以致不能完全掌握市场的真正需求。有一些供应商甚至会左右价格，对采购商施加极大的压力，使采购商落入自身垄断供货的控制之中。当这种情况出现后，采购商完全可以根据自己所处的环境，选择恰当的方法防止被供应商控制。具体措施包括以下几种。

（一）扩大采购范围，增加供应商数量

独家供应有两种情况：一种是供应商不止一家，但仅向其中一家采购；另一种是供应商仅一家。在第一种情况下，只要增加供应商的数量，造成卖方的竞争，对方自然不会任意抬高价格。如西门子公司的一项重要采购政策就是：除非技术上不可能，每个产品会由两个或更多供应商供应，规避供应风险，保持供应商之间的良性竞争。在第二种情况下，破解之道在于扩大采购范围，开发新来源。

（二）提高供应商的市场集中度

采购商可以增加对一家供应商的采购量，增加其在该供应商的所有客户中的采购比重，提高供应商对采购商的依赖性。这样，该供应商为了维护自己的长期利益，就不会随意哄抬价格。例如，某家公司所需的元件只有一家货源，但后来发现自己在供应商仅有的三家客户中是采购量最大的一家，供应商离不开自己这家公司，结果在要求降价时，供应商作出了相当大的让步。

（三）注意业务经营的总成本

当供应商知道仅自己一家为采购商供货时，供应商可能会利用采购商对自己的依赖而制定较高的价格，但采购商可以说服供应商在其他非价格条件上作出一些让步，如送货数量和方式、延长保修期、付款条件等。采购商在供应商涨价时提出更加适合自己的送货数量和方式，比如要求供应商小批量高频率送货，甚至要求供应商直接将物品送到生产线上，这样可以降低仓储成本、运输成本及理货成本。采购商可以直接要求供应商延长保修期，或者要求从实际使用设备开始计算保修期。采购商也可以借涨价时机向供应商提出延长付款时间，也可以主动提出缩短付款时间而要求价格折扣。

（四）让最终客户参与

如果采购商能与最终客户合作并给予相关信息，摆脱供应商垄断的机会也会伴随而来。例如，最终客户只认一种零部件，这种零部件在采购的过程中正被供应商垄断控制。在这种情况下，采购商向最终客户解释只有一家货源的难处，并向最终客户解释他们所不了解的其他选择，最终客户往往可以让采购商采购其他可替代的零部件，从而就有可能摆脱供应商垄断。

（五）协商长期合同

如果采购商长期需要某种物品时，采购商可以考虑与供应商签订长期合同，保证供应商持续供应和实现对其价格的锁定，但注意一定要把保证持续供应和价格写入合同中。

（六）与其他企业联合采购

与其他具有同样产品需求的企业联合采购，由一方代表所有用户采购会惠及各方，即以形成采购市场的垄断来对供应商的垄断，从而获取在谈判中的主动权。

（七）未雨绸缪，化解垄断

如果采购商的供应商在市场上具有垄断地位，而采购商又不具备有效的手段与其讨价还价，最终结果势必是采购商在无奈中“俯首称臣”，轻则接受对方苛刻的价格和信用条款，重则自己的竞争策略备受掣肘，错失商机。其实，明智的采购商完全可以未雨绸缪，化解供应商的垄断力量。具体做法如下。

1. 虚实相间的采购策略

可以考虑通过一些策略性的举措，向垄断的供应商传递信息，使其意识到似乎采购商可以从别的渠道获取产品，从而让其在施加垄断力量时有所顾忌。例如，采购商可以和海外厂商联系，扶植弱小的供应商使其能与垄断的供应商一争高低，或促成海外厂商在垄断厂商的领域投资。

2. 多层接触，培养代言人

必须和供应商决策链的各个层次加强接触，这样可以掌握有关供应商更为全面的信息。同时，由于采购商享有直达其最高层的沟通渠道，供应商的直接决策人多多少少会有所收敛。而一旦采购商握有供应商较为完备的信息，在谈判和催货时便能游刃有余。另外，通过人际关系的打通和企业形象的渗透，可以在供应商内部培养对采购商心怀好感的“代言人”，无意识中为采购商的利益游说。

3. 采取后向一体化战略

对于有资金实力的采购商，可以通过资本运作，获得供应商的所有权或加强对他们的控制。后向一体化的目的是保证物资供应来源，以发展自己的产品。采用这种战略，一般是把原来属于后向的企业合并起来，组成联合企业或总厂，以利于统一规划，保证企业顺利发展。

采购商在考虑后向一体化时，通常需要将自行生产成本与对外采购成本进行比较，同时也需要考虑管理一个规模扩大的联合企业的成本。

本章小结

本章包括供应商寻找与调查、供应商审核与认证、供应商选择、供应商关系的维护与防范四部分内容。供应商开发的第一步是根据采购计划和预算寻找供应商。在寻找供应商之前，采购人员首先需要对供应市场进行竞争分析，然后将需要采购的物品按照物料成分、性能以及采购金额比重进行ABC分类，再通过各种途径寻找潜在的供应商。寻找到潜在供应商后需要进行供应商初步调查、资源市场调查和供应商深入调查。

在完成市场调研分析、对潜在的供应商已做初步筛选的基础上，对可能发展的供应商进行审核，以了解供应商的优缺点，控制供应过程，降低经营风险，保障持续供应。对于审核合格的，并且打算与之建立长期交易伙伴关系的供应商要按照提前制定好的指标体系，采取一定的程序对供应商进行认证，并选定供应商。对选定的供应商，还需要对其进行分类，既要维护好与其的关系，又要防范受其控制。

练习题

一、单项选择题

(1) 供应市场上存在许多供应商，各自提供的物品有差别，市场的进入门槛较低，供应商对价格有一定的控制能力。这样的市场属于（　　）。

A. 完全竞争市场　B. 垄断竞争市场　C. 寡头垄断市场　D. 垄断市场

(2) 中国目前的成品油供应商市场属于（　　）。

A. 完全竞争市场　B. 垄断竞争市场　C. 寡头垄断市场　D. 垄断市场

(3) 供应品价格较低的最有可能是供应市场上的（　　）。

A. 领导者　B. 挑战者　C. 追随者　D. 补缺者

(4) 某办公用品经销商对其供应商只需进行到（　　）层次的审核就可以了。

A. 产品　B. 工艺过程　C. 质量保证体系　D. 公司管理

(5) 以下不属于供应商的质量体系认证内容的是（　　）。

A. 工艺布置和设备可靠性　B. 质量体系

C. 质量改进情况　D. 产品质量水平

(6) 以下不属于供应商选择标准的是（　　）。

A. 质量　B. 价格

C. 服务　D. 公司法定代表人姓名

(7) 提供的产品或服务是属于低风险、高成本的产品或服务。这类产品或服务具有一定的价值，单个产品的采购成本降低对于企业利润的贡献较大，但供应风险不高。企业与这类供应商签订短期合同的供应商是（　　）。

A. 普通关系供应商　B. 优先关系供应商

C. 合作关系供应商　D. 战略关系供应商

二、多项选择题

(1) 轮胎是汽车整车制造厂的（　　）。

A. 生产性物料　B. 塑胶件　C. 软胶件　D. 非生产性物料

E. 辅助生产物料

(2) 一般来说，在出现以下（　　）情况的时候，才需要进行供应商深入调查。

A. 准备发展成紧密关系的供应商　B. 寻找重要、关键物品的供应商

C. A 类物品供应商　D. B 类物品供应商

E. C 类物品供应商

(3) 某农业企业需要采购大型农业机械，可以通过以下（　　）途径寻找供应商。

A. 网络　　B. 当地农机市场

C. 已经购买并正在使用的其他农业机械供应商

D. 其他同类农业企业　　E. 当地农机站

(4) 对重要物品的供应商的审核内容包括（　　）。

A. 经营的状况　　B. 生产能力　　C. 技术能力　　D. 质量检测与管理

E. 服务

(5) 在进行供应商认证之前，供应商至少要满足（　　）条件。

A. 供应商提交的样品已经测试通过　　B. 小批量供货合格

C. 供应商的报价能被接受　　D. 其他交货条件满足采购企业需要

E. 审核必须合格

(6) 供应商选择的原则包括（　　）。

A. 门当户对　　B. 择优录用　　C. 半数比例　　D. 优势互补

E. 共同发展

(7) 属于维护与供应商的关系的措施有（　　）。

A. 建立畅通的信息沟通渠道　　B. 让供应商参与产品开发设计

C. 建立供应商接待机制　　D. 互访

E. 长期合作

(8) 供应商控制防范的措施有（　　）。

A. 扩大采购范围，增加供应商数量　　B. 协商长期合同

C. 与其他企业联合采购　　D. 增加采购量

E. 让最终客户参与

三、判断题

(1) 供应商开发就是寻找新的供应商。（　　）

(2) 累计物品种类百分比为70%左右，而价值占总价值的5%～15%的物品属于A类物品。（　　）

(3) 对所有的供应商都要进行调查，才能掌握供应市场情况。（　　）

(4) 供应市场资源调查是与供应商初步调查同步进行的。（　　）

(5) 供应商深入调查只需要供应商填一份详细的调查表，不需要准备各种证明材料的复印件。（　　）

(6) 供应商认证可以根据供应商自评及供应商提供的证明材料进行评价。（　　）

(7) 供应商认证的内容多，指标体系复杂，需要深入供应商内部进行实地核实，工作量很大，因此认证结束后就不要再打扰供应商。（　　）

(8) 对于认证合格的供应商，采购人员以后只需要直接下订单就可以了，不需要

定期进行再次认证。（　　）

（9）采购方属于花钱的乙方，是供应商争取的对象，因此不需要维护与供应商的关系，重点防范供应商控制即可。（　　）

四、实践训练题

假定你是一家人才中介机构或用人单位的招聘人员，你所在的学校就是该机构或用人单位的人才重点供应商，请设计一套人才供应商审核与认证表格，并对自己所在的学校进行审核与认证。

第四章　采购谈判与合同签订

学习目标

1. 明确采购谈判的含义与分类，了解采购谈判的原则与内容，能做好采购谈判的准备工作并能选择适合的谈判策略与技巧完成采购业务谈判。

2. 了解采购合同的内容，会起草采购合同，并做好合同签订的准备工作。

采购部门在完成了供应商审核认证后，对于一些复杂的采购项目或采购批量大的物品需要与供应商进行谈判，确定供应的详细内容，协商一致后，签订合同予以确认。通过采购谈判，采供双方就采购物品的数量、质量、交付条件、付款方式、纠纷的处理方式等提前达成书面协议，有助于后期采购活动的顺利执行，并建立双方满意的购销关系。

第一节　采购谈判

在采购过程中遇到以下情况时，需要与供应商进行采购谈判：采购结构复杂、技术要求高的成套机器设备；多家供货厂商相互竞争，存在较大的议价空间；公开招标的开标结果在主要指标中没有一家供应商能满足企业要求；原采购合同期满，市场行情变化大；等等。

一、采购谈判相关知识

（一）采购谈判的含义与特点

采购谈判是指企业为采购商品，作为买方与卖方厂商对购销业务有关事项，如商品的品种、规格、技术标准、质量保证、订购数量、包装要求、售后服务、价格、交货日期与地点、运输方式、付款条件等进行反复磋商，谋求达成协议，建立双方都满意的购销关系。

采购谈判具有以下特点。

1. 合作性与冲突性并存

由于采购谈判是建立在双方利益既有共同点又有分歧点的基础上的，因此，采购谈判是合作性和冲突性并存的。合作性表明双方的利益有共同的一面，冲突性表明双方的利益有分歧的一面。谈判人员要尽可能地加强双方的合作性，减少双方的冲突性。但是，合作性和冲突性是可以相互转化的，如果合作性的比例加大，冲突性的比例将会减小，那么谈判成功的可能性就大。如果冲突的一面通过洽谈没有得到解决，那么谈判就有可能失败。谈判人员可以在事前将双方意见的共同点和分歧点分别列出，并按照其在谈判中的重要性分别给予不同的权重和分数，通过对比共同点方面的分数和分歧点方面的分数，预测谈判成功的概率，并决定如何消除彼此的分歧。

2. 原则性与可调整性并存

原则性是指谈判双方在谈判中最后退让的界限，即谈判的底线。通常谈判双方在弥合分歧方面彼此都会作出一些让步，但是，让步不是无休止的和任意的，而是有原则的，超过了原则性所要求的基本条件，让步就会给企业带来难以承受的损失。因此，谈判双方对重大原则问题通常是不会轻易让步的，退让是有一定限度的。

可调整性是指谈判双方在坚持彼此基本原则的基础上，可以向对方作出一定的让步和妥协。如果双方在所有的谈判条件上都坚持彼此的立场，不肯作出任何的让步，那么谈判是难以成功的。因此，在采购谈判中，原则性和可调整性是并存的。谈判人员要从谈判中分析双方原则的差距，并分析是否可以通过谈判调整双方的这种差距，使谈判成功。原则的差距越大，谈判的任务越艰巨。因为原则的调整和改变是非常困难的，所以，在原则的差距较大的情况下，谈判人员要有充分的心理准备，既要艰苦努力，采取各种手段来消除或缩小这种差距，也要做好谈判失败的应变措施。

3. 经济利益中心性

采购谈判是商务谈判的一种类型，在采购谈判中，双方主要以各自的经济利益为谈判中心。作为供应商，希望以较高的价格出售，使己方得到较多的利润；而作为采购商，则希望以较低的价格购买，使己方降低成本。因此，谈判的中心是各自的经济利益，而价格在谈判中作为调节和分配经济利益的主要杠杆就成为谈判的焦点。

经济利益中心性是所有商务谈判的共性，它不同于政治谈判、外交谈判等，在这些谈判中，需要在许多利益中进行平衡和做出选择，因而谈判更为艰难。当然，经济利益中心性并不意味着不考虑其他利益，而是说相对于其他利益，经济利益是首要的，是起支配作用的。

（二）采购谈判的分类

1. 按谈判的方式分类

按谈判的方式，采购谈判可分为横向式采购谈判和纵向式采购谈判。

（1）横向式采购谈判。

横向式采购谈判是指在确定谈判所涉及的主要问题后，开始逐个讨论预先确定的问题，在某个问题上出现矛盾或分歧时，就把这个问题放在后面，讨论其他问题，如此周而复始地讨论下去，直到所有内容都谈妥为止。一般来说，大型谈判、涉及两方以上人员参加的谈判都采用横向式采购谈判的形式。

横向式采购谈判的优点有：

①议程灵活，方法多样，不过分拘泥于议程所确定的谈判内容，只要有利于双方的沟通与交流，可以采取任何形式；

②多项议题同时讨论，有利于寻找变通的解决办法；

③有利于更好地发挥谈判人员的创造力、想象力，更好地运用谈判策略和谈判技巧。

横向式采购谈判的缺点有：

①加剧双方的讨价还价局势，容易作对等让步；

②容易使谈判人员纠缠在枝节问题上，而忽略了主要问题。

（2）纵向式采购谈判。

纵向式采购谈判是指在确定谈判的主要问题后，逐个讨论每个问题和条款。讨论一个问题，解决一个问题，一直到谈判结束。例如，一项产品交易谈判，双方确定出价格、质量、运输方式、保险、索赔等几项主要内容后，开始就价格进行磋商。如果价格确定不下来，就不谈其他条款。只有价格谈妥之后，才依次讨论其他问题。规模较小、业务简单，特别是双方已有过合作历史的谈判，则可采用纵向式采购谈判的方式。

纵向式采购谈判的优点有：

①程序明确，把复杂问题简单化；

②每次只谈一个问题，讨论详尽，解决彻底；

③避免多头牵制、议而不决的弊病；

④适用于原则性谈判。

纵向式采购谈判的缺点有：

①议程确定过于死板，不利于双方沟通交流；

②讨论问题时不能相互通融，当某个问题陷入僵局后，不利于其他问题的解决；

③不能充分发挥谈判人员的想象力、创造力，不能灵活、变通地处理谈判中的

问题。

2. 按谈判人员的态度分类

按谈判人员的态度，采购谈判可分为硬式谈判、软式谈判和价值式谈判。

（1）硬式谈判。

硬式谈判也称立场型谈判，是谈判者以意志力的较量为手段，很少顾及或根本不顾及对方的利益，以取得己方胜利为目的的立场坚定、主张强硬的谈判方法。这种谈判视对方为劲敌，强调谈判立场的坚定性，强调针锋相对；认为谈判是一场意志力的竞赛，只有按照己方的立场达成的协议才是谈判的胜利。硬式谈判适用于一次性交易或者谈判双方实力悬殊的情况。

硬式谈判具有如下特点：

①把谈判对手视为敌人；

②对人、对事均采取强硬态度；

③其目标是单纯满足自身需要，以取得对方让步、自身受益为达成协议、建立关系的条件；

④不惜手段对对方施加高压和威胁。

（2）软式谈判。

软式谈判也称关系型谈判，是一种为了保持同对方的某种关系所采取的退让与妥协的谈判方法。这种谈判不把对方当成敌人，而是当作朋友；强调的不是要占上风，而是要建立和维持良好的关系。

软式谈判具有如下特点：

①把对方当朋友；

②以追求某种虚假的名誉地位或维持某种单向的良好关系为目标；

③只提出自己的最低要求，怕刺痛对方和伤害与对方的感情；

④不敢固守自己的正当利益；

⑤屈服于对方的压力；

⑥达成协议的手段是向对方让利、让步，对方得寸进尺也不阻挡，无原则地满足对方的要求。

（3）价值式谈判。

价值式谈判又称原则式谈判，最早由美国哈佛大学谈判研究中心提出，故又称哈佛谈判术。价值式谈判的参加者把对方看作与自己并肩合作的同事，既非朋友更非敌人；他们不是只强调双方的关系而忽视己方利益的获取，也不是只坚持己方的立场，不兼顾双方的利益。价值式谈判是竭力寻求双方利益上的共同点，在此基础上设想各种使双方各有所获的方案。首先，价值式谈判要求谈判双方能够仔细地在冲突性立场的背后努力寻求共同的利益；其次，谈判双方处于平等的地位，没有咄咄逼人的优势，也没有软弱无力的退让。

价值式谈判具有如下特点：

①谈判中对人温和、对事强硬，把人与事分开；

②主张按照共同接受的具有客观公正性的原则和公平价值来取得协议，而不简单地就具体问题讨价还价；

③谈判中开诚布公而不施诡计，追求利益而不失风度；

④努力寻找共同点、消除分歧，争取共同满意的谈判结果。

价值式谈判是一种既理性又富有人情味的谈判方法。

3. 按谈判的结果分类

按谈判的结果，采购谈判可分为协议导向型谈判、单方有利型谈判和双输谈判。

(1) 协议导向型谈判。

协议导向型谈判是指在双方实力和谈判能力相当、彼此各有所求又希望坦诚合作的前提下，为找到满足双方需要的方案所进行的谈判。协议导向型谈判强调的是：通过谈判，不仅要找到最好的方法去满足双方的需要，而且要解决责任和任务的分配，如成本、风险和利润的分配。协议导向型谈判的结果是：你赢了，但我也没有输。

协议导向型谈判的特点如下：

①双方的谈判实力达到基本的平衡；

②谈判双方之间容易形成轻松愉快的气氛，直接提出交易条件，从心理情绪因素上降低谈判的难度；

③谈判双方不计小处得失，均以终极目标的实现为宗旨。

(2) 单方有利型谈判。

单方有利型谈判是指谈判双方实力悬殊或各有所强，一方企图使另一方做出重大让步，而后达成协议的谈判。单方有利型谈判的特点是：谈判中一方的实力明显强于对方的实力，在谈判中，实力强的一方相当多地考虑使谈判的每一步对自己有利，不断争取利益的同时，也尽量使对方感到满意。

(3) 双输谈判。

双输谈判是指谈判人员将谈判可能破裂、交易可能无结果作为谈判组织定位。

双输谈判具有如下特点。

①苛刻性。在谈判过程中谈判人员表现为高度刁钻、立场强硬、要价高。谈判人员不怕谈判破裂、交易丧失，在谈判中贯穿“极端利己主义”，造成一种极为苛刻的、让对方难以忍受的形势。这种形势趋向多为谈判破裂，从而完成双输定位。

②僵硬性。一时的苛刻，还会给谈判双方带来谈判的希望，如果苛刻的条件没有

更改的可能，谈判也就无意义了。双输定位的谈判人员，苛刻性和僵硬性是同时存在的，坚持苛刻的条件而不改变，甚至在苛刻之上再加强硬。

③偶然性。谈判组织中持双输定位也有合作的偶然性。通常，无论是双方还是单方持双输定位，其谈判结果多为破裂。但也有例外，当谈判人员以镇定定位为策略，置之死地而后生时，或在谈判出现一定程度的基础时，交易条件出现显著变化，有一方因故作出重大让步，该定位会发生变化，谈判结果会由“破”变“合”。

（三）采购谈判的原则

采购谈判应坚持如下原则。

1. 合作原则

供应方和采购方是两个对立的经济独立体，双方发生交易，必须本着合作的原则进行谈判。双方平等互利，协商所需，但非利益均衡。合作原则要求谈判双方以精练的语言表达充分、真实的信息，具体包括量、质、关系和方式四个准则。量的准则要求所说的话包括交谈所需要的信息，不应包含无关的信息。质的准则要求不要说自知是虚假的话，不要说缺乏足够证据的话。关系的准则要求所说的话的内容要关联并切题，不要漫无边际地胡说。方式的准则要求说话清楚明白，避免语言晦涩、有歧义，要简练、井井有条。在谈判中，不同的人在不同场合会有所侧重。比如当双方讨论到采购物品的品质、规格等时，双方会把质的准则放在首位，力求所说的话真实、有根据，同时也会顾忌其他准则，如方式准则，强调说话清楚、完整、避免引起歧义。

2. 诚信原则

精诚所至，金石为开。采购谈判可以通过给予对方心灵上的满足来增加谈判吸引力，如通过树立诚实可信、富于合作精神的个人形象，以促使谈判成功。

3. 信息原则

知彼知己，百战不殆。只有充分了解谈判对手的商业信息，才能有针对性地制定谈判策略。在谈判前，缜密的谈判信息的收集与分析工作是决定谈判成功的关键。在谈判中，切忌透漏自己的商业信息和企业面临的困难，而是想办法多获得有关对手的信息。

4. 求同存异原则

在采购谈判的过程中，如果发现双方谈判目标分歧巨大时，应发出反应信号，及时把信号传递给对手，以避免谈判成本增加。

5. 沉着冷静原则

谈判中要沉着冷静，多听多问，切忌急于求成，让自己陷入被动。多方谈判中，谈判人员多制造竞争氛围，同样有利于自己在谈判中的主导地位的巩固。

6. 让步原则

谈判让步要步步为营，小步实施。在谈判中，谈判双方站在各自的立场，处于对立的状态，为使谈判能够顺利进行，达到各自的谈判目标，双方应各让一步，以显示各自的谈判诚意，但要注意让步分寸，以避免发生意外损失。

7. 礼貌原则

采购谈判是正式的面对面的沟通，也是一种人际交往，要坚持礼貌原则。礼貌原则要求谈判人员要做到得体、慷慨、赞誉、谦逊、一致、同情。得体是指减少表达有损他人的观点。慷慨是指减少表达利己的观点。赞誉是指减少表达对他人的贬损。谦逊是指减少对自己的表扬。一致是指减少自己与别人在观点上的不一致。同情是指减少自己与他人在感情上的对立。

（四）采购谈判的内容

采购谈判主要包括以下内容。

1. 采购物品的数量条件

物品的数量条件是采购合同中的一项重要条件。物品数量的多少，是制定单价和计算总金额的重要依据，不仅关系到交易规模的大小，而且是影响价格和其他交易条件的重要依据。因此，谈判中首先要正确掌握成交数量；其次数量条款应当明确、具体。在规定成交物品数量时，应一并规定该物品的计量单位。对按重量计算的物品，应该规定计算重量的具体方法，有些物品还需规定数量机动幅度等，如含水量大的、容易散失的散装物品在物流中容易发生货损货差，必须规定数量的机动幅度或货损幅度。

2. 采购物品的质量条件

物品质量是一个综合性的概念，它涉及物品本身及物品流通过程中诸因素的影响。物品的质量就是物品的规格，包括标准名称、技术规格、构成规格、功能和性能规格，必要时可以提供样品来表明己方对交易物品的品质要求。

3. 采购物品的价格条件

在现代市场经济学中，价格是在供给与需求的互相影响和平衡中产生的。价格是物品同货币交换比例的指数，是价值的货币表现。价格是物品的交换价值在流通过程中所取得的转化形式。在经济学中，价格是一项以货币为表现形式，为物品、服务及资产所确定的价值数字。在微观经济学中，资源在需求者和供应者之间重新分配的过程中，价格是重要的变数之一。价格的高低涉及双方的根本利益，在国内采购谈判中主要就不同质量等级下的价格进行磋商；在国际采购谈判中，除了就价格进行磋商外，还要明确货币种类、计价单位以及交易术语。

4. 采购物品的交货条件

通常在买卖契约中，对于交货方面约定的事项包括交货地点、交货时期、交货方式和交货通知。卖方在何处交货在法律上很重要，因为很多法律关系及法律效果都有赖于此。诸如危险负担、费用负担、诉讼管辖、国际私法上法律行为都与交货地点有密切的关系。因此，买卖双方对于交货地点应有所约定。交货时期一经约定，卖方即有在约定时期交货的义务。在约定交货时期时，买方应考虑该物品的需要季节、运交用户的时期、市场的供需、办理输入手续的时间及其有效期限等；卖方则须考虑物品的存量、生产情况、市价的动向以及运输情况等。依据上述考虑约定双方皆适合的交货时期，才不致发生交货迟延或早交货的问题。常见的交货方式有工厂交货、货交承运人、船边交货、船上交货、成本加运费、运费付至、运费及保险费付至、边境交货、目的港船上交货、目的港码头交货、未完税交货、完税后交货，等等。交货方式不同，往往采购物品的价格也会不同。交货通知是指货物具体交付日期的通知，是在确定了货物抵达约定交货地点的日期和时间，并且决定了卸货计划和时间后，物流公司或其代理人将货物交付的时间通知给收货人的单据。采购双方需要约定交货通知由谁发出、发出的时间及主要内容等。

一般约定的交货时期，可分为即期交货和定期交货两种。即期交货的约定方式有随即装运、即速装运、已备装运、尽速装船、有船即装、优先装运六种方式。

定期交货是约定于某日以内、某月以前或连续于某几月以内装运。定期交货是进出口贸易较普遍的交货方式，具体有下列四种。

(1) 限定某月内装运。限定某月交货，买卖双方不致误解。但这种条件也非绝对精确。根据一般的解释，所谓某月交货，是指在该月中将货物装上船舶，并从运送人处取得证明此项装船日期在该月月底前的提单。不过，有些港口习惯上是由运送人出具收据（船方收据或备运提单），表明货物在某月中交船方，而与实际装船无关。在这种场合，除非契约上明文规定要求装船提单，否则卖方在契约装船月份将货物交送运送人，即应视为已履行其义务。

（2）限定某月中的一段时期内装运。约定在某月中的某一段时期，或跨越两个月中的某一段时期内装运，这些用语含义不甚明确，解释往往有出入，最好明确约定某日至某日较为妥当。

（3）限定于连续数月内装运。在这种条件下，卖方可于约定月份的任何一日装运，如未禁止分批交货，则可跨越月份分批装运。

（4）限定于某事后的一段时间内装运。

5. 货款的支付

货款的支付包括货款支付的时间和付款方式。付款方式分为现金支付、网银支付、支票、汇票、银行转账等，跨国采购还包括汇付、托收、信用证等方式。付款方式不同，采供双方面临的风险大小不同。货款支付的时间包括货到付款、预付款、收货后约定天数支付、定期结算等。付款时间越延后，对采购商越有利，越提前对供应商越有利。

6. 检验、索赔、不可抗力和仲裁条件

物品检验是对卖方交付给买方物品的质量、数量和包装等进行检验，以确定其是否符合买卖合同的规定。检验内容包括检验对象、检验数量、检测主体、检验方式、检验标准等方面。有时还对装运技术条件或物品在装卸运输过程中发生的残损、短缺进行检验或鉴定，以明确事故的起因和责任的归属。物品的检验还包括根据国家的法律或行政法规对某些进出口物品或有关的事项进行质量、数量、包装、卫生和安全的强制性检验或检疫。检验标准包括对买卖方具有法律约束力的标准，与贸易有关国家所制定的强制执行的法规标准，以及国际权威性标准。

索赔条款包括异议与索赔条款、索赔的依据、索赔的期限以及索赔办法。在合同中订立不可抗力条款事件是偶然和异常发生事件，是发生当事人无法预料和预防，又无法避免和控制的事故，以致不能履行合同或不能如期履行合同。发生不可抗力事件导致无法履行合同的一方，必须及时通知另一方，否则需要承担违约责任。不可抗力条款处理办法包括解除合同和变更合同。不可抗力争议的解决办法包括协商、调解、仲裁和诉讼。

二、采购谈判准备

（一）组建采购谈判队伍

采购谈判队伍的组建要根据谈判的内容、重要性和难易程度来组织，根据对方的具体情况来组队。所谓谈判队伍，是指由参加一场采购谈判的全体人员所组成的群体，

也称为谈判班子。组织好一支谈判队伍，是进行一场成功谈判的根本保证。

1. 谈判队伍组建的原则

（1）知识互补。谈判人员各自具有自己擅长的领域，都是处理不同问题的专家，在知识方面相互补充，形成整体的优势。例如，谈判人员分别精通外贸、金融、法律等专业技术与知识，就会组成一支知识全面的谈判队伍。另外，谈判人员理论知识与实践经验要互补。谈判队伍中既有高学历的青年知识学者，也有身经百战、具有丰富实践经验的谈判老手。高学历的青年知识学者可以发挥理论知识和专业技术特长，有实践经验的谈判老手可以发挥见多识广、成熟老练的优势，这样知识与经验互补，才能提高谈判队伍的整体战斗力。

（2）性格协调。谈判人员的性格也要互补协调，这样可以将不同性格的人的优势发挥出来，弥补其不足，以发挥队伍的集体优势。性格活泼开朗的人，善于表达、反应敏捷、处事果断，但是性情可能比较急躁，看待问题也可能不够深刻，甚至会疏忽大意；性格稳重沉静的人，办事认真细致，说话比较谨慎，原则性较强，看问题比较深刻，善于观察和思考，理性思维比较明显，但是他们不够热情，不善于表达，反应相对比较迟钝，处理问题不够果断，灵活性较差。如果这两类性格的人组合在一起，分别担任不同的角色，就可以发挥出各自的性格特长，优势互补，协调作战，增强谈判力。

（3）分工明确。谈判队伍中的每一个人都要有明确的任务，分别承担不同的工作，扮演不同的角色。谈判过程中不能工作越位，角色混淆；要有主角和配角，要有中心和外围，要有台上和台下。因此，一方面，谈判队伍要分工明确、纪律严明；另一方面，所有成员都要有团队精神，为共同实现谈判目标而通力合作。

2. 谈判队伍的人员构成

谈判队伍中的每一个谈判人员都有自身的主攻方向，精通自己专业方面的知识，同时也了解相关领域的知识，只有这样才能彼此沟通、密切配合。如商务人员懂得一些法律、金融方面的知识，法律人员懂得一些技术方面知识，而技术人员懂得商务和贸易方面的知识等。一般来说，一个专业的谈判队伍应该包括谈判队伍领导人、商务人员、技术人员、财务人员、法律人员、辅助人员等，如果是国际采购，还需要配备一名翻译人员。

谈判队伍领导人负责整个谈判工作，领导谈判队伍，有领导权和决策权。有时谈判队伍领导人也是首席谈判代表，是谈判小组的灵魂，全权负责谈判的组织与实施，贯彻落实谈判计划，表述己方的意图、说服对方，及时处理突发问题。谈判队伍领导人应当根据谈判的具体内容、参与谈判人员的数量和级别等从企业内部进行挑选，可以是某一个部门的主管，也可以是企业最高领导人，其地位一般与对方谈判负责人相当。谈判队伍领导人并不一定是己方主谈人员，但他是直接领导和管理谈判队伍的人。谈判队伍领导人是带领成员走向谈判成功的核心，在选用时应重点考察以下几方面。

(1) 知识层面。谈判队伍领导人除应具有较高的思想素质、业务素质和身体素质之外，还必须掌握整个谈判所涉及的多方面知识。只有这样才能针对谈判中出现的问题提出正确的见解，制定正确的策略，使谈判朝着预定的方向发展。

(2) 决策能力。当谈判遇到机遇时，绝不放过机会；当谈判遇到障碍时，能够迅速地摆脱困境。总之，无论是战略决策还是战术运用，在谈判中，谈判队伍领导人都要嗅觉灵敏、判断准确、决策果断。

(3) 管理能力。谈判队伍领导人必须知人善用，具有较强的组织协调能力、沟通交往能力、团队合作能力和激励能力。

(4) 威望。谈判队伍领导人要具备权威性，拥有较大的权力，也善于使用这些权力，如决策权、用人权、否决权、签字权等；有高度的领导威信，能胜任对谈判队伍的管理。

商务人员由熟悉商业贸易、市场行情、价格形势的专家担任，负责商务方面的工作。

技术人员由熟悉生产技术、产品标准和科技发展动态的工程师担任，在谈判中负责对有关生产技术、产品性能、质量标准、产品验收、技术服务等问题的谈判，也可为商务谈判中的价格决策做技术顾问。

财务人员由熟悉财务会计业务和金融知识的财会人员或经济师担任，主要职责是对谈判中的价格核算、支付条件、支付方式、结算货币等与财务相关的问题把关。

法律人员由精通经济贸易各种法律条款和法律执行事宜的专职律师、法律顾问或本企业熟悉法律的人员担任，职责是做好合同条款的合法性、完整性、严谨性的把关工作，也负责涉及法律方面的谈判。

翻译人员由精通外语、熟悉业务的专职或兼职翻译担任，主要负责口头与文字翻译工作，沟通双方意图，配合谈判运用语言策略。

除以上几类人员之外，还可配备少量的辅助人员，主要是承担一些辅助工作，但是人员数量要适当，要与谈判规模、谈判内容相适应。

3. 谈判人员的分工与配合

谈判人员的分工是指每一个谈判人员都有明确的分工，都有自己适当的角色，各司其职。谈判人员的配合是指谈判人员之间思路、语言、策略的互相协调，步调一致，确定各类人员之间的主从关系、呼应关系和配合关系。

(1) 主谈与辅谈的分工与配合。所谓主谈是指在谈判的某一阶段或针对某些方面的议题时的主要发言人。除主谈以外的小组其他成员处于辅助配合的位置，故称为辅谈。主谈是谈判工作能否达到预期目标的关键性人物，其主要职责是将确定的谈判目标、谈判战略和谈判计划在谈判中加以贯彻实施。因为主谈的地位和作用较高，所以对其提出了以下要求：深刻理解各项方针政策和法律规范，深刻理解本企业的谈判目标、战略和策略，具备熟练的专业技术知识和较广泛的相关知识，有较丰富的商务谈判经验，思维敏捷，善于分析和决断，有较强的表达能力和驾驭谈判进程的能力，有权威气度和大将胸怀，并能与谈判队伍中的其他成员团结协作、默契配合，统领谈判队伍共同为实现谈判目标而努力。

主谈必须与谈判队伍的其他各类人员密切配合。在谈判中，己方一切重要的观点和意见都应由主谈来表达，尤其是谈判调子、关键的评价和结论。辅谈决不能随意发表个人观点，也不能陈述与主谈不一致的观点。

辅谈要配合主谈起到参谋和支持作用。例如，在主谈发言时，自始至终都应得到辅谈的支持。辅谈可以通过口头语言或肢体语言给予支持，并随时拿出相关证据证明主谈观点的正确性。当对方集中火力，多人、多角度刁难主谈时，辅谈要善于使主谈摆脱困境，从不同角度反驳对方的攻击，加强团队的谈判力。当主谈讲到涉及辅谈所熟知的专业问题时，辅谈应给予主谈更详尽、更充足的证据支持。例如在商务条款谈判时，商务人员为主谈，其他人员处于辅谈地位。但是进行合同商务条款谈判时，专业技术人员和法律人员应从技术的角度和法律的角度对谈判问题进行论证，提供依据，给予主谈有力的配合。当然，在谈判合同的商务条款时，有关商务条件的提出和对方条件的接受与否都应以商务人员为主。

(2) 台前和幕后的分工与配合。在比较复杂的谈判中，为了提高谈判的效果，可组织台前和幕后两个小组。台前人员是直接在谈判桌上谈判的人员，幕后人员是不直接与对方面对面地谈判，而是为台前人员出谋划策或准备各种必需的资料和证据的人员。

当负责该项谈判业务的主管领导位于幕后时，台前人员在大的原则和总体目标上接受幕后人员的指挥，敲定谈判成交时必须征得幕后人员认可；幕后人员往往是台前人员的幕后操纵者，负责指导、监督台前人员按既定目标和准则行事，但是台前人员在谈判过程中仍然具有随机应变的战术权力。

当幕后小组是由具有各种专业水平的专家组成的智团时，如法律专家、贸易专家、技术专家等，他们主要起参谋作用，向台前人员提供专业方面的参谋建议，台前人员有权对其意见进行取舍或选择。

幕后人员不能过多、过滥，也不能过多地干预台前人员，要充分发挥台前人员的职责权力和主观能动性，及时地、创造性地处理好一些问题，争取实现谈判目标。

4. 谈判队伍的规模

谈判队伍的规模不是绝对的，必须根据具体情况来确定。谈判队伍既可以是一个人，也可是若干人。谈判人员多一些，有助于集思广益，在谈判桌上也会给对手造成心理上的压力，但由此也增加了谈判组长协调和控制的难度；谈判人员少一些，则显得精明强干，也便于统一行动，但对于非常规、涉及面广、耗费时日的谈判，却显得谈判队伍负担过重。因此，谈判人员的选择只有根据项目的实际需要和谈判性质来决定。英国谈判专家比尔·斯科特认为，谈判队伍的最佳人数是 4 人，最多不超过 12 人。其具体观点如下。

(1) 在对谈判对象情况以及谈判环境等诸因素充分分析研究的基础上，应根据谈判的内容、难易程度来确定谈判队伍的构成。

(2) 根据谈判主题的大小、重要性等因素来确定谈判的人员和人数。对于小型的谈判，谈判队伍可由 2～3 人组成，甚至 1 人；而对于内容复杂且比较重要的大型谈判，由于工作量大，在摸清对方谈判人员的特点和作风后，宜配备与对方相对等的人员结构和数量。

(3) 如果谈判涉及的内容较广、较复杂，需有各方面的专家参加，可以考虑把谈判小组分为两部分：一部分主要从事背景资料的准备，人数可以适当多一些；另一部分直接上谈判第一线，人数与对方相当为宜。

(4) 确定主谈与辅谈。在谈判的某项议题上，要做出具体的分工，确定主谈和辅谈。谈判桌上，以主谈的观点为核心阐述己方的观点和立场，辅谈予以配合。

5. 谈判队伍的管理

要实现谈判目标，不仅要组建一支优秀的谈判队伍，还要通过有效的管理，提高谈判队伍的战斗力和凝聚力，使整个团队朝着预定的目标高效、有序地开展工作。谈判队伍的管理包括谈判队伍领导人对谈判团队的直接管理和高层领导对谈判过程的宏观管理。

(1) 谈判队伍领导人对谈判团队的直接管理。

①挑选谈判人员。组建谈判团队，并就谈判过程中的人员变动与上层领导进行协调。

②管理谈判队伍。调整好谈判队伍各成员的心理状态和精神状态，处理好成员间的人际关系，齐心合力，增强队伍凝聚力，努力实现谈判目标。

③领导整个队伍。领导谈判团队成员一起制定谈判总体目标、战略和计划，并根据谈判的实际进展情况调整谈判目标或谈判方案。

④实施谈判策略。掌握和控制谈判过程中具体的让步时间、幅度和节奏，稳步推

进谈判进程。

⑤报告进展情况。负责向上级或者有关的利益各方及时汇报进展，获取并领会上级的指示精神，贯彻执行上级的决策方案，圆满完成谈判使命。

（2）高层领导对谈判过程的宏观管理。

①确定谈判的基本方针和要求。在谈判开始前，高层领导人应向谈判队伍领导人和其他谈判人员指出明确的谈判方针和要求，使谈判人员有明确的方向和工作目标。高层领导必须使谈判人员明确这次谈判的使命和责任，谈判的成功或失败将会给企业带来怎样的影响，谈判的必达目标是什么，满意目标是什么，谈判的期限是什么，谈判中哪些问题可以由谈判人员根据实际情况自行裁决，哪些问题必须请示上级才可以决定。以上问题要做到每个谈判人员胸中有数、目标明确。

②对谈判人员进行指导和调控。高层领导应与参加谈判的人员保持密切联系，随时给予谈判人员指导和调控。一般来说，在遇到下述情况时，就有关问题与谈判人员进行联系是十分必要的。

第一，谈判桌上出现重大变化，与预计的情况有较大的出入，交易条件变化已超出授权界限时，高层领导应及时做出调整，确定新的战略和策略。

第二，企业本部或谈判人员获得某些重要的新信息，需要对谈判目标、策略做重大调整时，高层领导应及时根据新信息作出决定，授权谈判人员执行。

第三，谈判队伍发生变动时，尤其是谈判队伍领导人发生变动时，高层领导要及时任命新的负责人，并明确调整后的分工职责。

③关键时刻适当干预谈判。当谈判陷入僵局时，高层领导可以主动出面干预。如会见谈判对方高层领导或谈判人员，表达友好合作意愿。

（二）明确内部需求

采购谈判前，首先，谈判人员要清楚本次谈判要采购的物品、需要的数量、到货时间、质量要求等，最好能够列出企业物料需求分析清单，相关内容及表格见第二章。其次，谈判人员要正确理解上级领导有关这次谈判的总体要求、方针和重要条款的可接受范围，以及领导给谈判人员的授权范围等。最后，谈判人员要清楚本企业在采购市场中的地位，采购量在整个市场中的占比，明确自己企业在谈判中的优势与劣势。

（三）掌握采购资源市场供求状况

在分析了采购需求之后，就要对资源市场进行一番调查分析，获得市场上有关物资的供给、需求等信息资料，为采购谈判的下一步决策提供依据。

（1）所需原材料在市场上的总体供求状况。原材料市场上的总体供求状况包括：该市场上的总体供应量、供应商数量与分布情况、供应商之间的力量对比，该原材料的市场总体需求量、需求企业的数量与分布情况、采购企业在市场竞争中的地位等。

谈判人员了解该原材料目前在市场上的供求情况后，可以根据市场供求关系变化，制定不同的采购谈判方案。例如，当该原材料在市场供大于求时，买方采购谈判筹码就多，议价能力就强。

（2）原材料的详细信息。采购方在调查原材料市场供求情况时要了解的信息包括该类原材料各种型号在过去几年的供求及价格波动情况，该类原材料的需求程度及潜在的供应渠道，其他购买者对此类新、老原材料的评价及对价格走势的预期，替代原材料的种类、差异性、质量、价格、交货期等。

（四）分析采购谈判对手

1. 收集采购谈判对手的信息

（1）谈判对方企业的资信信息。

调查对方企业的资信情况包括两个方面：一要调查对方企业是否具有签订合同的合法资格，在对对方企业的合法资格进行调查时，可以要求对方企业提供有关的证明文件，如成立地、注册证明、法人资格等，也可以通过其他的途径进行了解和验证。二要调查对方企业的资本、信用和履约能力。对对方企业的资产、信用和履约能力的调查，资料的来源可以是公共会计组织对该企业的年度审计报告，也可以是银行、资信征询机构出具的证明文件或其他渠道提供的资料。

（2）谈判对手的个人相关信息。

谈对对手的个人信息包括：人员组成情况，即对方谈判人员的人数、主要负责人及他们之间的相互关系等；每个谈判人员的年龄、学识、能力、爱好、家庭情况、个人品质、人格类型和理想信念等；谈判对手对于此次谈判的重视程度、合作欲望、目标、底线和最后期限等；谈判对手对己方的了解程度和信任程度及评价等。

2. 采购谈判对手信息资料的整理与分析

在通过各种渠道收集到以上有关信息资料以后，还必须对它们进行整理和分析。这里主要做两个方面的工作。

（1）鉴别资料的真实性和可靠性，即去伪存真。在实际工作中，由于各种各样的原因和限制因素，收集到的资料中往往存在一些比较片面、不完全，甚至是虚假、伪造的资料。因而，谈判人员必须对这些初步收集到的资料做进一步的整理和筛选。

（2）鉴别资料的相关性和有用性，即去粗取精。在资料具备真实性和可靠性的基础上，结合谈判项目的具体内容与实际情况，分析各种因素与该谈判项目的关系，并根据它们对谈判的相关性、重要性和影响程度进行比较分析，并依此制定出具体的、切实可行的谈判策略。

3. 分析采购谈判对手的谈判作风

采购谈判作风实质是采购谈判者在多次谈判中表现出来的一贯风格。了解采购谈判对手的谈判作风，可为预测谈判的发展趋势和谈判对手可能采取的方式以及制定己方的谈判方式提供重要的依据。

（1）根据谈判中对利益和关系的重视和追求程度，可以将谈判活动中谈判者的类型分为关系型、权力型、原则型和消极型四种。

①关系型谈判者。关系型谈判者在谈判中注重建立和维系与对方的个人关系，生怕得罪对方，引起对方的不满，因此在谈判中往往表现出比较温和、友好的一面，不轻易向对方施加压力；为了维系关系，往往作出较大的让步，他们谈判的首要目标是达成合作，而不是争取己方利益的最大化。这类谈判者在谈判中往往实力弱于对手，或地位、经验、年龄等低于对手。

面对关系型谈判者时，一方面要善于建立与对方的人际关系，并利用对方的关系情结，以关系、感情等因素影响对手；另一方面要适当给对方施加压力，争取己方利益的最大化。

②权力型谈判者。权力型谈判者与关系型谈判者恰好相反，谈判中他们不太在乎与对方的个人关系，而是追求己方利益的最大化。为此，他们在谈判中往往以自我为中心，追求自己在谈判中的地位与权力，不断给对手施加压力，迫使对手作出让步，因此，往往表现出比较强硬、霸道的一面。这类谈判者往往谈判实力比较强，或者自认为优于对手。

面对权力型谈判者时，一般不可硬碰硬，而是要善于以柔克刚，靠耐性、韧性取胜。一方面要表现出尊重之意，仔细倾听，给对方戴高帽，但不轻易附和；另一方面要不惧对方的压力，维护己方的合理利益，并适当展示己方的谈判实力，使对手不至于轻视自己；同时，要善于提出一些有价值的信息和建议，构思新的谈判方案诱导对手，使其作出对己方有利的决策。

③原则型谈判者。原则型谈判者是比较理性、高明的谈判者，追求谈判的效率，讲究原则，他们一方面注重与对方建立良好的人际关系，另一方面也尽力争取己方利益的最大化。在谈判中，他们风格比较灵活，既懂得作出合理、必要的让步，同时也善于给对手施加压力，软硬兼施。他们不会因为对方的赞美或攻击而轻易放弃自己的原则，也不会因惧怕谈判的破裂而作出无原则的让步。

面对原则型谈判者时，最佳的方式是坦诚相待，以原则对原则，双方充分沟通，畅所欲言，发现问题，积极探索，共同寻求对双方都有利的双赢谈判方案。

④消极型谈判者。消极型谈判者在谈判中往往表现出对谈判兴趣不大的情绪，既不关心与对方的关系，对己方的利益和要求也不过多提及，甚至认为谈判可有可无，

常常给对方以强烈的挫败感。消极型谈判者往往有两种情况：一种情况是谈判前双方的沟通不充分，对方的谈判意愿还没有充分激发出来，因此在谈判中表现消极；另一种情况是谈判者有意为之，以消极对积极，以期降低对方的期望值，从而获得谈判的主动权。

面对消极型谈判者时，要区别对待。如果是前者，双方需加强非正式的沟通，加深了解，建立起必要的信任，激发双方的合作意愿；如果是后者，则要心里有数，注意防范被对方利用，要有耐心，要经得起磨，并设法建立自然或高调的谈判气氛，化解对方的心理防线。

（2）根据谈判者的情绪特点，可将谈判者分为实用型、外向型、亲切型、分析型四类。

①实用型谈判者。实用型谈判者也称确定/非情绪型谈判者，他们是非常理性、讲究实际的人，没有废话，有极强的求胜欲，唯一的目标就是获胜。所以在谈判中，他们表现非常强硬，经常咄咄逼人，不在乎与你的感情，喜欢吓唬人，似乎随时会表现敌意。为了找到获胜的感觉，他们必须看到对方的失败。

面对实用型谈判者时，不要跟他们谈什么感情或“双赢”，一定要向他们大倒苦水，告诉他们你受到了多大的损失，满足其心理需求；同时，要设法改变对方的立场，使其看到双方合作的根本利益所在，创造出双方都能获利的解决方案。

②外向型谈判者。外向型谈判者也被称为确定/情绪型谈判者，他们通常非常友好和开放，比较直率、容易激动。他们的目标是影响对手，喜欢改变别人。他们会先激发对方的情绪，然后逐渐说服对方。他们喜欢你的热情，会经常为眼前的事激动不已，以至于忘了自己的真正目标。同时，他们也会毫不顾忌地拒绝你的条件，虽然非常容易接近，但也极具确定性。

与外向型谈判者打交道，一定要向他们描绘交易后的美好前景，先让他们激动起来，聊聊他们感兴趣的话题。他们往往会根据自己对该项目的兴奋程度而迅速作出决定。

③亲切型谈判者。亲切型谈判者也被称为非确定/情绪型谈判者，他们看重交往时的人际关系，希望建立良好的感情，注重与你谈判时的感受，也常常为你的热情所感染；他们不希望得罪人，也不善于拒绝人，因此经常会变成和事佬；目标是达成共识，相信只要大家在某个问题上达成共识，所有问题都会迎刃而解。

在与亲切型谈判者谈判时，一定要放慢节奏，耐心等待，直到得到对方的信任。要让对方感觉你非常注重人情，同时要礼貌谨慎，因为他们会非常在乎那些小的细节。不要给他们太大压力，他们不喜欢被迫作出决定；一定要有耐心，直到对方感觉与你合作很舒服时，再开始进入正题。他们需要你的热情、主动，非常在乎与你的交往感受；同时也愿意作出让步，因为他们相信，只要自己肯让步，对方也会作出同样的让步。

④分析型谈判者。分析型谈判者也被称为非确定/非情绪型谈判者，他们往往拥有工科或会计背景，好奇心非常强，喜欢收集信息；他们的时间观念非常强，对数字有非常精确的要求；他们不会受你的热情影响，不会根据情感来作出决定，在收集到足够多的信息之前，他们不会作出任何决定；他们在谈判中表现出明显的执行官风格，不喜欢含糊其词，不在乎双方的人际关系，会严格根据事实来谈判。

在与分析型谈判者谈判时，一定要有数字概念并保证精确，分析要深入，证据要确凿，一定要用数据和事实去说服他们；不要跟他们谈什么人际关系，只要你的分析严谨，符合行业规则和实际，他们就会比较容易被说服。

（五）确定采购谈判目标

谈判目标是指谈判要达到的具体目标，它指明谈判的方向、要达到的目的和企业对本次谈判的期望水平。确定正确的谈判目标是保证谈判成功的基础。谈判目标是一种在主观分析基础上的预期与决策，是谈判所要争取和追求的根本因素。

谈判目标按层次可分为以下四种。

1. 最优目标

最优目标是对谈判者最有利的理想目标，是单方面可望而不可即的，是谈判进程开始的话题。

2. 实际需求目标

实际需求目标是谈判双方根据主客观因素，经过科学的预测和核算，纳入谈判计划的目标，关系到谈判双方主要或全部的经济利益。实际需求目标属于内部机密，一般只在谈判过程中的某个微妙阶段才提出；是谈判者的最后防线，如果达不成这一目标，谈判可能陷入僵局或暂停。谈判目标在谈判中一般由谈判对手提出，采购人员可适当作出决策。

3. 可接受目标

可接受目标就是可交易目标，是谈判者根据各种主客观因素，经过科学论证、预测和核算之后所确定的能满足谈判方部分需求的谈判目标，对谈判双方都有较强的驱动力。在谈判实战中，可接受目标具有一定的弹性，是经过努力可以实现的目标。但要注意，不要过早暴露，被对方否定。该目标实现意味着谈判成功。

4. 最低目标

最低目标是通常所说的底线，是最低要求，也是谈判方必定要达到的目标。如果达不到，一般会放弃谈判。

谈判目标的确定是一个非常关键的工作，在确定谈判目标的过程中要注意以下几点。

首先，不能盲目乐观地将全部精力放在争取最高期望目标上，而很少考虑谈判过程中会出现的种种困难，造成束手无策的被动局面。谈判目标要有一点弹性，谈判者应定出上、中、下限目标，根据谈判实际情况随机应变、调整目标。

其次，所谓最高期望目标不能仅有一个，可同时有几个。在这种情况下就要将各个目标进行排序，抓住最重要的目标努力实现，而其他次要目标可让步，降低要求。

最后，己方最低目标要严格保密，除参加谈判的己方人员之外，绝对不可透露给谈判对手，这是商业机密。如果一旦疏忽大意透露出己方最低目标，就会使对方主动出击，使己方陷于被动。

（六）安排采购谈判议程

1. 采购谈判地点的选择

采购谈判地点可以选择在己方所在地，也可以选择在对方所在地，还可以选择在双方之外的第三地。

采购谈判地点选择在己方所在地的优点有：无须熟悉环境，可以根据谈判形势的发展随时调整谈判计划、人员、目标等；创造氛围，通过真诚关心对方促使谈判成功。

采购谈判地点选择在己方所在地的缺点有：要承担烦琐的接待工作，谈判可能常受己方领导的制约，不能使谈判小组独立工作。

采购谈判地点选择在对方所在地的优点有：不必承担接待工作，全心投入谈判；可以顺便考察对方的生产经营状况，获得第一手资料；遇到敏感性问题，可以推说资料不全委婉拒绝答复。

采购谈判地点选择在对方所在地的缺点有：要有一个适应对方环境的过程，谈判中遇到困难容易产生不稳定情绪，影响谈判结果。

采购谈判地点选择在双方之外的第三地的优点有：对双方来说都感到较为公平合理，有利于缓和双方的关系。

采购谈判地点选择在双方之外的第三地的缺点有：因为都远离自己的所在地，在谈判准备上会有所欠缺，难免产生争论，影响效率。

2. 采购谈判时间的安排

采购谈判的准备要充分，要注意给谈判人员留有准备时间，以防仓促上阵。不要把谈判安排到对对方明显不利的时间进行。要考虑谈判人员的身体和情绪状况，要避免在身体不适、情绪不佳时进行谈判。

3. 采购谈判现场的布置与安排

最好准备三个房间，一个作为主谈判室，另两间为双方的休息室。主谈判室不能临街或临马路，也不能在施工场地附近，门窗的隔音效果要好，保持室内的宁静，使谈判顺利进行。

（1）谈判会议室外部环境布置。

谈判会议室外的大门口或大堂内挂上欢迎对方谈判人员的横幅或在 LED 显示屏上打上欢迎词。从大门口以及谈判人员住的房间到谈判会议室的线路中的岔路口设置路线指示牌，方便谈判人员及时找到谈判会议室。

（2）谈判会议室布置。

①谈判会议室内的投影屏幕上方或对方人员对面墙的上方悬挂“祝谈判成功”的横幅，提醒对方取得谈判成功是我们共同的目标。

②谈判会议室的色彩选择。谈判会议室的总体色调应该以暗色、暖色为主。这是因为，明亮的色调容易使人情绪过于活跃，在谈判中使双方产生急躁情绪，但是也不能过于暗淡，否则会给人以压抑的感觉，不利于最后的签约。暖色容易使双方建立信任感，冷色容易产生心理上的距离感。一般谈判会议室的总体色调采用暗红色、褐色、暗黑色或赭石色。如果谈判会议室的总体色调过于暗淡，可以引入一些亮色进行调整，如绿色、浅红色、蓝色、银白色等。具体方法有：用鲜花均匀点缀会议室；使用白色或银白色的茶具；利用灯光进行调节，但灯光不能太亮，否则容易使人眼睛疲劳，不利于谈判的进行。如果谈判会议室采用自然光源时，要备有窗纱，以防强光刺目。

③谈判桌椅的选择。谈判桌要宽大，座椅、沙发要舒服，环境布置要有商业气氛，没必要为了高雅而故弄玄虚，将谈判会议室弄得像个艺术陈列室。

在采购谈判中，双方的主谈应该居中坐在谈判桌平等而相对的位子上，其他谈判人员一般分列坐在谈判桌两侧。

如果是多边谈判，则各方的主谈应该围坐于圆桌相应的位子。圆桌通常较大，也可分段而置。翻译人员及其他谈判工作人员一般围绕各自的主谈分列坐在两侧，也可坐在主谈的身后。

无论是双边谈判还是多边谈判，桌子和椅子的大小应当与环境和谈判相适应，任何不协调与别扭的安排都会给谈判人员带来压抑感。

④座位安排。无论是方桌还是圆桌，都应注意座位的朝向。通常人们总是认为面对门口的座位最具影响力，西方人一般觉得这个座位具有权力感，中国人则习惯称此座位为“上座”；而背朝门口的座位最不具影响力，西方人一般觉得这个座位具有从属感，中国人习惯称此座位为“下座”。因此，在安排就座时要充分考虑这方面的心理习惯，避免发生不愉快。

如果在谈判中想通过座位的安排暗示影响力，最好的办法是在座位上摆名牌，指明某人应当就座于某处，这样就可对每个人形成某种影响力。按照双方各自团体中地位高低的顺序来排座，也是比较符合社交礼仪规范的。

⑤谈判会议室设备准备与调试。根据谈判需要，提前准备并调试好麦克风、音响、投影仪、灯光、电源、计算机、空调等设备。

⑥辅助文具准备。工作人员要为每个谈判人员提前准备好至少两支削好的铅笔、足够的纸张、计算器等文具。如果谈判中涉及画图，还需要准备画图工具。

⑦茶水、饮品安排。谈判进行中的饮品一般情况下选择茶水、矿泉水或咖啡。

（七）撰写采购谈判方案

采购谈判方案的内容一般包括参加谈判的人员、谈判目标、谈判项目、谈判双方的优劣势分析、谈判时间与地点、谈判过程中的策略与方法。采购谈判方案的具体内容与格式如下。

范文 4-1

××企业采购谈判方案

一、谈判主题与谈判目标

（一）谈判主题

本次谈判的主题是以合理的价格从××公司采购××，以满足本公司××需要，同时与××公司建立起长期的合作关系。

（二）本次谈判的目标（见表 4-1）

表 4-1　　谈判目标明细表

层次	项目						
	价格	支付方式	交货条件	运输费用	产品规格	质量标准	服务标准
最优目标							
实际需求目标							
可接受目标							
最低目标							

二、谈判项目

（一）物品的质量保证

物品的质量需要满足企业需求，附有合格说明书、检验合格证书及物品的有效使用年限。

（二）包装

包装包括本批次物品要求采用的内包装和外包装，可根据谈判价格确定具体的包装形式，以确保采购物品无折损。

（三）价格

明确合理的采购价格可以给供应商带来销售量的增加、销售费用的减少、库存量的减少等利好因素。明确的价格折扣可降低采购总成本。本次谈判可以争取的价格折扣主要有数量折扣、现金折扣、无退料折扣、季节性折扣及新品折扣等。

（四）订购量

根据本公司的生产进度和仓储能力确定每月的订购数量为××。（可插入物料采购计划表）

（五）付款方式

付款方式包括一次性付款、月结付款和其他付款方式，应综合分析比较，选择最有利的付款方式。

（六）交货时间

交货时间的确定以不影响企业的正常生产为前提，结合企业物品存放的成本，尽量选择分批交货。

（七）售后服务事项

售后服务事项包括维修保证、品质保证、退换货等内容。

三、双方优势与劣势分析

（一）我方的优势与劣势

1. 我方的优势

(1) 采购数量。

(2) 主要原材料。

(3) 标准化或没有差异化。

(4) 利润的大小。

(5) 对行业的把握程度。

2. 我方的劣势

(1) 采购数量。

(2) 主要原材料。

(3) 标准化或没有差异化。

（二）对方的优势与劣势

1. 对方优势

(1) 是否独家供应或独占市场。

(2) 是否拥有复杂性或差异化很大的物品。

(3) 物品转换成本的大小。

2. 对方的劣势

（1）是否独家供应或独占市场。

（2）是否拥有复杂性或差异化很大的物品。

（3）物品转换成本的大小。

（三）替代品分析

1. 替代品可选的种类

2. 替代品的差异

3. 转换成本

（四）竞争者分析

1. 所处的行业的成长性

2. 竞争的激烈程度

3. 行业的资本密集程度

4. 双方在市场中的竞争地位

（五）新供应商的开发

1. 资金需求

2. 供应物品的差异性

3. 采购渠道的建立成本等

四、双方采购谈判参与人员分析

（一）我方谈判人员

（1）首席谈判代表××，是我方主谈，是本次谈判的最终决策者。

（2）辅助谈判××，是我方辅谈，负责根据公司需要进行交涉，并为我公司争取最大利益。

（3）财务顾问××，负责对本次谈判中的价格核算、支付条件、支付方式、结算货币等与财务相关的问题把关。

（4）技术顾问××，负责与对方进行专业技术方面的磋商，为最后决策提供佐证。

（5）法律顾问××，负责本次谈判合同条款的合法性、完整性、严谨性的把关工作，也负责涉及法律方面的谈判。

（6）记录员××，负责准确、完整、及时地记录谈判内容，草拟文件及相关条款。

（二）对方谈判人员

（1）首席谈判代表××，是对方主谈，是本次谈判的最终决策者，其职务为××，个人特点为××。

（2）辅助谈判××，是对方辅谈，职务为××，个人专长为××，个性特点为××。

（3）财务顾问××，职务为××，专长为××，性格特点为××。

（4）技术顾问××，职务为××，专长为××，性格特点为××。

(5) 法律顾问××，职务为××，专长为××，性格特点为××。

五、谈判议程

(一) 谈判时间

时间：××××年××月××日—××××年××月××日

每日上午：8：30—11：30；下午2：00—5：00

(二) 谈判地点

××市××宾馆××会议室

地址：××

六、谈判过程中的方法及策略

(一) 谈判方法

本次谈判采用横向式/纵向式谈判和原则式/硬式/软式谈判相结合，在谈判过程中将价格、质量、交货等议题横向/纵向展开，多项议题交叉/顺序讨论，在谈判中对人要温和、对事要较强硬。在价格底线上可以软硬兼施（或其他策略）。

(二) 谈判各阶段的策略

1. 角色策略

首席谈判代表××和××扮演红脸，技术顾问扮演强硬派，法律顾问扮演清道夫，记录员扮演白脸。

2. 开局阶段

方案一：感情交流式开局

通过谈及双方合作情况形成感情上的共鸣，把对方引入较融洽的谈判七分钟。如称赞对方漂亮有气质等，使对方心理上得到满足，感觉自己受到谈判方的重视。

方案二：一致式开局

我方与乙方本着利益双赢的原则，在谈判开局阶段以互惠互利的谈判意识，相互协调双方之间的利益关系，向对方传递合作的信息，促成谈判顺利进行。

3. 报价阶段

(1) 报价内容。

报价内容包括不同型号的报价、运输方式和付款方式。

(2) 优势情景下的策略。

至少准备两套策略，并阐明如何实施。

(3) 劣势情景下的策略。

至少准备两套策略，并阐明如何实施。

(4) 均势情境下的策略。

至少准备两套策略，并阐明如何实施。

(5) 打破谈判僵局的策略。

至少准备两套策略，并阐明如何实施。

4. 成交阶段的策略

至少准备两套策略，并阐明如何实施。

七、谈判特殊情况的处理

(1) 材料设备经理根据采购谈判的具体情况从总体上把握谈判的进程，并在自己的权限范围内灵活处理采购谈判中出现的新情况和新问题。

(2) 对材料设备经理无法决定的谈判内容，应报请主管领导进行审核批准。

(八) 准备好谈判所需表格

采购谈判过程需要使用的工作表格根据采购的类型及内容不同有所差异，一般情况下需要用到采购谈判记录表（见表4-2）、价格谈判记录表（见表4-3）、比选采购谈判记录表（见表4-4）、定向谈判评议表（见表4-5）与谈判会议纪要（见表4-6）。

表4-2　　采购谈判记录表

<table>
<tr><td colspan="2">采购项目</td><td colspan="4"></td></tr>
<tr><td colspan="2">实施方式</td><td colspan="4">谈判采购</td></tr>
<tr><td colspan="2">谈判时间</td><td colspan="4"></td></tr>
<tr><td colspan="2">谈判地点</td><td colspan="4"></td></tr>
<tr><td colspan="2">主持人</td><td colspan="4"></td></tr>
<tr><td colspan="2">供应商</td><td>含税报价</td><td>谈判价格</td><td colspan="2">供应商签字</td></tr>
<tr><td colspan="2"></td><td></td><td></td><td colspan="2"></td></tr>
<tr><td rowspan="5">谈判内容</td><td>交货时间</td><td colspan="4"></td></tr>
<tr><td>售后服务</td><td colspan="4"></td></tr>
<tr><td>付款方式</td><td colspan="4"></td></tr>
<tr><td>运输方式</td><td colspan="4"></td></tr>
<tr><td>……</td><td colspan="4"></td></tr>
<tr><td rowspan="2">谈判小组成员签字</td><td>总经理</td><td>部门</td><td>部门</td><td>部门</td><td>法事办</td></tr>
<tr><td></td><td></td><td></td><td></td><td></td></tr>
<tr><td>监审组签字</td><td colspan="5"></td></tr>
<tr><td>董事长审批</td><td colspan="5"></td></tr>
</table>

表 4－3　　价格谈判记录表

<table>
<tr><td>编号</td><td colspan="6"></td><td>日期</td><td colspan="3"></td></tr>
<tr><td>谈判时间</td><td colspan="3"></td><td>谈判地点</td><td colspan="3"></td><td>供应商</td><td colspan="2"></td></tr>
<tr><td rowspan="2">采购项目</td><td rowspan="2">规格</td><td rowspan="2">询价价格</td><td rowspan="2">谈判后价格</td><td rowspan="2">单次采购数量</td><td rowspan="2">总价</td><td colspan="2">付款条件</td><td rowspan="2">交货时间</td><td rowspan="2">交运方式</td><td rowspan="2">备注</td></tr>
<tr><td>方式</td><td>时间</td></tr>
<tr><td></td><td></td><td></td><td></td><td></td><td></td><td></td><td></td><td></td><td></td><td></td></tr>
<tr><td></td><td></td><td></td><td></td><td></td><td></td><td></td><td></td><td></td><td></td><td></td></tr>
<tr><td></td><td></td><td></td><td></td><td></td><td></td><td></td><td></td><td></td><td></td><td></td></tr>
<tr><td></td><td></td><td></td><td></td><td></td><td></td><td></td><td></td><td></td><td></td><td></td></tr>
<tr><td></td><td></td><td></td><td></td><td></td><td></td><td></td><td></td><td></td><td></td><td></td></tr>
<tr><td colspan="2">谈判争议点</td><td colspan="9"></td></tr>
<tr><td colspan="2">谈判结果</td><td colspan="9"></td></tr>
<tr><td colspan="2">谈判参与人员</td><td colspan="9"></td></tr>
<tr><td colspan="2">谈判负责人意见</td><td colspan="9"></td></tr>
<tr><td colspan="2">总经理意见</td><td colspan="9"></td></tr>
</table>

表 4－4　　比选采购谈判记录表

<table>
<tr><td>采购项目名称</td><td colspan="4"></td></tr>
<tr><td>采购项目单位</td><td colspan="4"></td></tr>
<tr><td>比选时间及地点</td><td colspan="4"></td></tr>
<tr><td rowspan="4">采购方评审代表</td><td>姓　名</td><td>部　门</td><td>姓　名</td><td>部　门</td></tr>
<tr><td></td><td></td><td></td><td></td></tr>
<tr><td></td><td></td><td></td><td></td></tr>
<tr><td></td><td></td><td></td><td></td></tr>
<tr><td rowspan="5">供应商代表</td><td>姓　名</td><td colspan="3">供应商名称</td></tr>
<tr><td></td><td colspan="3"></td></tr>
<tr><td></td><td colspan="3"></td></tr>
<tr><td></td><td colspan="3"></td></tr>
<tr><td></td><td colspan="3"></td></tr>
<tr><td>比选过程记录</td><td colspan="4"></td></tr>
</table>

续　表

比选结果	中选供应商： 成交报价：
采购方评审代表签字	
采购项目单位负责人	签字：　　　　　　　　　单位盖章

表 4－5　　定向谈判评议表

采购项目名称		项目编号	
谈判方			

1. 基本情况

供应商名称	
定向谈判原因说明	
评比方法及评比标准	
项目预算	

2. 谈判情况

序号	谈判时间	谈判地点	谈判情况
1			
2			
3			
4			

3. 采购结果建议

序号	建议
1	
2	
3	
4	
5	

采购小组签字：　　　　　　　　　　　见证人签字：

表4-6　　谈判会议纪要

<table>
<tr><td>会议时间</td><td colspan="2"></td><td>会议地点</td><td></td></tr>
<tr><td>会议主题</td><td colspan="4"></td></tr>
<tr><td rowspan="2">谈判人员</td><td>采购方</td><td colspan="3"></td></tr>
<tr><td>供应方</td><td colspan="3"></td></tr>
<tr><td colspan="5">会议内容</td></tr>
<tr><td colspan="5">××××年××月××日，××部门组织与供应商××进行了采购谈判。双方就以下内容达成了一致意见。
1. 价格

2. 采购数量及单价
优惠的项目和金额，增项（数量单价），减项（数量单价）
3. 质量

4. 交货条件

5. 付款方式

6. 售后服务

</td></tr>
<tr><td colspan="5">签字：</td></tr>
</table>

三、采购谈判开局

（一）采购谈判开局阶段的主要工作

在采购谈判准备阶段之后，采购谈判双方进入面对面谈判的开始阶段，即谈判的开局阶段。在这一阶段中，谈判双方对谈判尚无实质性的感知认识，各项工作千头万绪，免不了会遇到新情况，碰到新问题。因此，在这个阶段一般不进行实质性谈判，而只是进行见面、介绍、寒暄以及谈判一些不是很关键的问题。这一阶段虽然只占整个谈判程序中很小的部分，但是很重要。在采购谈判开局阶段，需要做好以下几项工作。

1. 创造和谐的采购谈判气氛

（1）谈判者要在采购谈判气氛形成过程中起主导作用。

（2）谈判者应心平气和，坦诚相见。

(3) 不要在一开始就设计有分歧的议题。

(4) 不要刚一见面就提出要求。

2. 正确处理采购谈判开局阶段的“破冰”期

(1) 行为、举止和言语不要太生硬，感情自然流露。

(2) 不要紧张。

(3) 说话不要唠叨。

(4) 不要急于进入正题。

(5) 不要与采购谈判对手较劲。

(6) 不要举止轻狂。

3. 探测采购谈判对手情况

(1) 最好要采购谈判对手先谈看法。

(2) 当采购谈判对手在谈判开局发言时，要懂得察言观色。

(3) 绝不要一开始便透露谈判底线。

(4) 绝不能接受采购谈判对手的起始要求。

(5) 绝不在获得同等报酬之前作出让步。

(6) 绝不暴露自已的弱点，但要设法发现采购谈判对手的弱点。

(7) 绝不泄露过多信息，而应让他们不断猜测。

(8) 尽早在采购谈判中抢占先机，并且维持这个地位。

最初提出的要求要高一些，给自己留出回旋的余地。在经过让步之后，你所处的地位一定比低起点要好得多。

(二) 采购谈判开局技巧

1. 入题技巧

谈判双方在刚进入谈判场所时，难免会感到拘谨，尤其是谈判新手，在重要谈判中，往往会产生忐忑不安的心理。为此，必须讲求入题技巧，采用恰当的入题方法。

(1) 迂回入题。为避免谈判时单刀直入、过于直露，影响谈判的融洽气氛，谈判时可用迂回入题的方法。如先从题外话入题，介绍一下季节或天气情况；也可以从介绍己方谈判人员入题，简略介绍己方人员的职务、学历、经历、年龄等，既打开了话题，消除了对方的忐忑心理，又充分显示了己方强大的阵容，使对方不敢轻举妄动；还可以从“自谦”入题，如果双方是在我方所在地谈判，可谦虚地表示各方面照顾不周，也可称赞对方的到来使我处蓬荜生辉，或者谦称自己才疏学浅、缺乏经验，希望通过谈判建立友谊等；或者是从介绍己方的生产、经营、财务状况入题，可先声夺人，提供给对方一些必要资料，充分显示己方雄厚的财力、良好的信誉和质优价廉的产品等基本情况，从而坚定对方谈判的信心。总之，迂回入题要做到新颖、巧妙、不落俗套。

（2）先谈细节，后谈原则性问题。围绕谈判的主题，先从洽谈细节问题入题，条分缕析，丝丝入扣，谈妥各项细节问题之后，也就自然而然地达成原则性的协议。

（3）先谈一般原则，后谈细节问题。一些大型的经贸谈判，由于需要洽谈的问题千头万绪，双方高级谈判人员不应该也不可能介入全部谈判，往往要分成若干等级，进行多次谈判，这就需要采取先谈原则问题、再谈细节问题的方法入题。一旦双方就原则问题达成一致，也就可以洽谈细节问题了。

（4）从具体议题入手。大型商务谈判总是由具体的一次次谈判组成的。在具体的每一次谈判会议上，双方可以首先确定本会议的商谈议题，然后从这一具体议题入手进行洽谈。

2. 开场阐述技巧

谈判入题后，接下来就是双方进行开场阐述，这是谈判的一个重要环节。开场阐述主要包括以下要点：一是明确本次谈判所要解决的问题，以集中双方的注意力，统一双方的认识；二是表明己方通过洽谈应当得到的利益；三是表明己方的基本立场，可以回顾双方以前合作的成果，说明己方在对方所享有的信誉，也可以展望或预测今后双方合作中可能出现的机遇和障碍；四是开场阐述的应是原则，而不是具体的事项，应尽可能简明扼要；五是开场阐述的目的是让对方明白己方的意图，创造协调的洽谈气氛，因此，阐述应以诚挚而轻松的方式来表达。

开场阐述的技巧主要有以下两种。

（1）让对方先开口。在商务谈判中，当你不是很了解市场情况或者产品的定价，或者当你尚未确定购买何种产品，或者你无权直接决定购买与否的时候，你一定要坚持让对方首先说明可提供何种产品、产品的性能如何、产品的价格如何等，然后你再审慎地表达意见。有时即使你对市场态势和产品定价比较了解，也不妨让对方阐述利益要求、报价和介绍产品，然后你在此基础上提出自己的要求。这种后发制人的方式，常能收到奇效。

（2）坦诚相见。谈判中应当提倡坦诚相见，不但将对方想知道的情况坦诚相告，而且可以适当透露己方的某些动机和想法。坦诚相见是获得对方同情和信赖的好方法，人们往往对坦率诚恳的人有好感。不过，应当注意，与对方坦诚相见，难免要冒风险。对方可能利用你的坦诚，逼你让步，你可能因为坦诚而处于被动地位。因此，坦诚相见是有限度的，并不是将一切和盘托出，应以赢得对方信赖，又不使自己陷于被动、丧失利益为度。

四、采购内容的谈判

（一）采购内容的磋商过程

采购谈判双方都渴望通过谈判实现自己的既定目标。这就需要谈判双方认真分析和研究对方的优势和弱点，善于利用矛盾，寻找对自己最有利的谈判条件。采购内容的谈判阶段就是磋商阶段，一般分为询盘、发盘、还盘、接受四个阶段。

1. 询盘阶段

此阶段为谈判的初级阶段，谈判双方彼此应充分沟通各自的利益需要，申明能够满足对方需要的方法与优势所在。此阶段的关键是弄清对方的真正需求，因此要多向对方提出问题，探询对方的实际需要。

2. 发盘阶段

要根据情况申明我方的利益所在，提出我方的条件，按照提出的条件继续磋商。

3. 还盘阶段

此阶段为谈判的中级阶段，谈判双方已申明了各自的利益所在，了解了对方的实际需要。谈判中，双方需要想方设法去寻求更佳的方案。

4. 接受阶段

此阶段往往是谈判的攻坚阶段。谈判的障碍一般来自两个方面：一个是谈判双方彼此利益存在冲突；另一个是谈判者自身在决策程序上存在障碍。前一种障碍是需要双方按照公平、合理的原则来协调利益；后一种障碍就需要谈判无障碍的一方主动去帮助另一方顺利决策。

（二）磋商的注意事项

1. 应当在谈判桌上保持风度

（1）讲究礼貌。在谈判过程中切不可意气用事、举止粗鲁、表情冷漠、语言放肆、不懂得尊重谈判对手。在任何情况下，谈判者都应该待人谦和、彬彬有礼，对谈判对手友善相待。

（2）争取双赢。谈判往往是一种利益之争，因此谈判各方无不希望在谈判中最大限度地维护或者争取自身的利益。然而从本质上来讲，真正成功的谈判，应当以有关各方的相互让步为结局，使有关各方互有所得，实现双赢。

2. 有效掌控谈判时间

为了有效掌控谈判时间，谈判者可以提前拟定一个时间表，以此来规范对方，避免为自己带来时间压力。谈判者可以用制定的时间表随时提醒自己“我们该做什么”，同时要保证谈判的进度能比时间底线稍微提前一点。掌控谈判时间还要做好时间成本的管理，要考虑以下问题：最后期限是否不能逾越；如果逾期，后果如何；需付出何种代价；我方可以承担的风险成本底线是什么。

（三）磋商的技巧

1. 提问技巧

要用提问摸清对方的真实需要，掌握对方的心理状态，表达自己的意见和观点。

（1）提问的方式。提问的方式有很多种，包括封闭式提问、开放式提问、婉转式提问、澄清式提问、探索式提问、借助式提问、强迫选择式提问、引导式提问、协商式提问等。

封闭式提问是指提出的问题的答案有唯一性，范围较小。提问时，给对方一个框架，让对方在可选的几个答案中进行选择。这样的提问能够让回答者按照指定的思路去回答问题，而不至于跑题。封闭式提问是可以用“是”或者“不是”，“有”或者“没有”，“对”或者“不对”等简单词语来作答的提问。如“你现在心情好吗”“你感到紧张，对不对”，这类问题通常用“对不对”“会不会”“要不要”等形式提出，旨在缩小讨论范围，获得特定信息，澄清事实，或使会谈集中于某个特定问题。其特点是对方可能的回答都包括在问题之中，易于回答，节省时间，但难以得到问题以外更多的信息材料，且具有较强的暗示性，不利于真实情况的获得。在会谈中，封闭式提问是必要的，但不宜多用。因为它限制了对方自由表达，使会谈趋于非个人化。而且，一连串的封闭式提问会使对方变得被动、疑惑、沉默。

开放式提问是指提出比较概括、广泛、范围较大的问题，对回答的内容限制不严格，给对方以充分自由发挥的余地。这样的提问比较宽松，不唐突，也非常得体。常用于谈判的开头，可缩短双方心理、感情距离，但由于问题松散和自由，难以深挖。

婉转式提问是指因为有了某种忌讳，或是表示尊敬对方，或是在没有摸清对方虚实的情况下，采用婉转的语气或方法，在适宜的时机向对方提问。这种提问，既可避免被对方拒绝而出现难堪局面，又可以自然地探出对方的虚实，达到提问的目的。

澄清式提问是指针对对方的答复重新措辞，使对方证实或补充原先答复的一种提问。不仅能确保谈判双方在同一语言层面上沟通，而且可以从对方处得到确认的反馈。

探索式提问是指针对谈判对手的答复要求引申举例说明的一种提问。不仅可以探测到对方对某一问题的进一步的意见，而且可以发掘更多的信息。

借助式提问是指借助权威人士的观点和意见影响谈判对手的一种提问。应当注意，所借助的人应是对方所了解并且能对对方产生积极影响的，如果对方不了解被借助人，或对他有看法，就可能引起反感，效果适得其反。

强迫选择式提问是指将自己的意志强加给对手，并迫使对方在狭小范围内进行选择的提问。运用这种提问方式要特别慎重，一般应在己方掌握充分主动权的情况下使用。否则，很容易使谈判出现僵局，甚至出现破裂。

引导式提问具有强烈的暗示性。这类提问几乎使对方毫无选择余地地按自己所设计的提问作答。

协商式提问是指为使对方同意自己的观点，采用商量的口吻向对方发出的一种提问。这种提问语气平和，对方容易接受。而且即使对方没有接受你的条件，但是谈判的气氛仍能保持融洽，双方仍有继续合作的可能。

（2）提问的时机。提问时也要把握时机，可以在对方发言完毕时提问，在对方发言停顿、间歇时提问，在自己发言前后提问，在议程规定的辩论时间提问。

（3）提问时的其他注意事项如下：一是注意提问的速度；二是提问后给对方足够的答复时间；三是提问时尽量保持问题的连续性；四是注意对方的心境。

2. 答复技巧

谈判中的回答是一个证明、解释、反驳或推销己方观点的过程。通常，在谈判中应当针对对方提出的问题实事求是地正面作答，但是，由于商务谈判中对方提出的问题往往千奇百怪、五花八门，多是对方处心积虑、精心设计之后才提出的，因此，如果对所有的问题都正面作答，并不一定是最好的答复。所以，答复也必须运用一定的技巧。

（1）回答问题之前，要给自己留有思考的时间。在谈判过程中，回答问题的速度绝不是越快越好。有些人在对方提问的声音刚落，就急着回答问题。这些人通常有这样一种心理，就是如果对方问话与己方回答之间所空的时间越长，就会让对方感觉己方对此问题缺少准备，或以为己方几乎被问住了；如果回答得很迅速，就显示出己方已有充分的准备，也显示了己方的实力。其实不然，谈判经验告诉我们，在对方提出问题之后，可通过喝水、调整一下自己的坐姿和椅子、整理一下桌上的资料、翻一翻笔记本等动作来延缓时间，考虑一下对方的问题。这样做既显得自然、得体，又可以让对方看得见，从而减轻或消除对方对己方的错误感觉。

（2）针对提问者的真实心理答复。谈判者在谈判桌上提出问题的目的往往是多样的，动机也往往是复杂的，如果我们在没有深思熟虑、弄清对方的动机之前，就按照常规来作出回答，效果往往不佳。如果我们经过周密思考，准确判断对方的用意，便可作出一个高水准的回答。

(3) 不要彻底地回答问题，因为有些问题不必回答。谈判中并非任何问题都要回答，有些问题并不值得回答。在谈判中，对方提出问题的目的或是想了解己方的观点、立场和态度，或是想确认某些事情。对此，我们应视情况而定，对于应该让对方了解或者需要表明己方态度的问题要认真回答，而对那些可能会有损己方形象、泄密的问题，不予理睬就是最好的回答，但要注意礼貌。

(4) 逃避问题的方法是避正答偏、顾左右而言他。有时，对方提出的某个问题己方可能很难直接从正面回答，但又不能拒绝回答。这时，谈判高手往往用避正答偏的办法，即在回答这类问题时，故意避开问题的实质，而将话题引向歧路，借以破解对方的进攻。

(5) 对于不知道的问题不要回答。参与谈判的所有人都非全能。谈判中尽管我们准备得很充分，也经常会遇到难解的问题，这时，谈判者切不可为了维护自己的面子而强作答复，因为这样有可能损害己方的利益。经验和教训一再告诫我们，谈判者对不懂的问题，应坦率地告诉对方不能回答，或暂不回答，以避免不应付出的代价。

(6) 有些问题可以答非所问。答非所问在知识考试或学术研究中是一大忌，然而从谈判技巧角度来研究，却是一种对不能答的问题的一种行之有效的答复方法。有些问题可以通过答非所问来给自己解围。

(7) 以问代答。以问代答是用来应付谈判中那些一时难以回答或不想回答的问题的方式。此法如同把对方踢过来的球又踢了回去，请对方在自己的领域内反思后寻找答案。比如，在商务谈判进展不是很顺利的情况下，其中一方问对方“你对合作的前景怎样看”，这个问题在此时可谓难以回答，善于处理这类问题的对方可以采取以问代答的方式，如“那么，你对双方合作的前景又是怎样看呢”，这时双方自然会在各自的脑海中加以思考和重视，对于打破窘境起到良好的作用。商务谈判中运用以问代答的方法应对一些不便回答的问题是非常有效的。

(8) 有时可以采取推卸责任的方法。谈判者面对毫无准备的问题，往往不知所措，或者即使能够回答，但鉴于某种原因而不愿意回答。对这类问题通常可以如此回答：“对这个问题，我虽没有调查过，但曾经听说过”或“贵方××先生的问题提得很好，我曾经在某一份资料上看过有关这一问题的记载，就记忆所及，大概是……”。

(9) 重申和打岔有时也十分有效。谈判中，要求对方再次阐明其所问的问题，实际上是为自己争取思考问题的时间。在对方再次阐述其问题时，我们可以根本不去听，而只是考虑如何作出回答。当然，这种心理不应让对方有所察觉，以防其加大进攻的力度。有人打岔那将是件好事，因为这可为我们赢得更多的时间来思考。有些富有谈判经验的谈判人员预测谈判中会碰到某些自己一时难以回答而又必须回答的、出乎意料的棘手问题，于是，为了赢得更多的时间，就事先在本组内部安排好某个人，专门在关键时间打岔。打岔的方式多种多样，比如借口外面谈判人员的电话、有紧急的文件需要谈判人员出来签字等。有时，回答问题的人自己可以借口去洗手间或去打个电话等，以此来争取时间。

3. 说服技巧

谈判中能否说服对方接受自己的观点是谈判能否成功的一个关键。谈判中的说服，就是综合运用听、问、叙等各种技巧，改变对方的起初想法而心甘情愿地接受己方的意见。

(1) 创造说服对方的条件。

①要说服对方改变初衷，应当首先改善与对方的人际关系。当对方考虑是否接受说服之前，他会先衡量说服者与他熟悉的程度与亲善的程度。对方在情绪上如果与你是对立的，则不可能接受你的劝说。

②在进行说服时，还要注意向对方讲你之所以选择他为说服对象的理由，使对方重视与你交谈的机会。

③把握说服的时机。在对方情绪激动或不稳定时，在对方喜欢或敬重的人在场时，在对方的思维方式极端定式时，暂时不要进行说服。这时你首先应当设法安定对方的情绪，避免让对方失面子。

(2) 说服的一般技巧。

①努力寻求双方的共同点。谈判者要说服对方，应努力寻求并强调与对方立场一致的地方，这样可以赢得对方的信任，消除对方的对抗情绪，用双方立场的一致性为跳板，因势利导地解开对方思想的纽结。

②强调彼此利益的一致性。说服工作要立足于强调双方利益的一致性，淡化相互间的矛盾性，这样对方就较容易接受你的观点。

③要诚挚地向对方说明，如果接受了你的意见将会有什么利弊得失。既要讲明接受你的意见后对方将会得到什么样的益处，己方将会得到什么样的益处，也要讲明接受你的意见后，对方的损失是什么，己方的损失是什么。这样做的好处有两个：一方面使人感觉到你的客观、符合情理；另一方面当对方接受你的意见后，如果出现了恶劣的情况，你也可以进行适当的解释。

④说服要耐心。说服必须耐心细致，不厌其烦地动之以情，晓之以理，把接受你的意见的好处和不接受你的意见的害处讲深、讲透，不怕挫折，一直坚持到对方能够听取你的意见为止。在谈判实践中，常遇到对方的工作已经做通，但对方基于面子或其他原因，一时还下不了台，这时谈判者不能心急，要给对方一定的时间，直到瓜熟蒂落。

⑤说服要由浅入深，从易到难。谈判中的说服实际就是做思想工作，因此也应遵照循序渐进的方针。开始时，要避开重要的问题，选择容易说服的问题，打开缺口，

逐步扩展。一时难以解决的问题可以暂时抛开，等待适当的时机再进行说服。

⑥不可用胁迫或欺诈的方法说服。说服不是压服，也不是骗服，而要体现双方的真实意见。

4. 采购谈判的议价技巧

（1）报价的技巧。在谈判中，报价不仅仅是在价格方面提出自己的想法，还泛指谈判双方在洽谈项目中的利益要求，也就是想要达到的目的。谈判双方在经过摸底，明确了具体内容和范围之后，提出各自的交易条件，表明自己的立场和利益。但是，任何一方在阐述自己要求的时候，都不会一下子就把自己的底线透露给对方，而是要打个“埋伏”，给自己留下讨论协商、讨价还价的空间；或者以优于底价的条件成交；或者超过既定目标完成谈判；或者以不低于底价的条件成交，完成谈判的既定目标。所以报价是有技巧性的，具体如下。

①报价要果断。报价应该坚定、明确、完整，且不加任何解释和说明。开盘价的报价要坚定、果断，不保留任何余地。这样做能够给对方留下己方是认真而诚实的印象。任何欲言又止、吞吞吐吐的行为必然会使对方产生不良感觉，甚至会产生不信任感。开盘价要明确、清晰和完整，以便对方能够准确了解己方的期望。开盘报价的内容通常包括价格、交货条件、支付手段、质量标准等。开价时，要把开盘的几个要件一一讲清楚。

开价时，不要对己方所报价格做过多的解释说明，因为，不管我方如何报价，对方都会质疑。如果在对方还没有提出问题之前，己方便主动加以说明，会让对方意识到己方最关心的问题，而这种问题有可能是对方尚未考虑过的问题。因此，有时过多的说明和解释，会使对方从中找到破绽或突破口，向己方猛烈反击。

②开价低于实价。这种报价方式是指采购方先提出一个低于自己实际要求的谈判起点，试图击败对手，然后再与其进行真正的谈判，迫使对方让步，达到自己的目的。在谈判过程中应根据具体情况看能否运用“低开”策略，同时也要防止对手运用这一策略。当卖方提供的价格高出实际很多时，应该识破这种计策，唤起公平意识，用请示上级或者黑脸/白脸的策略。卖方在实施开价高于实价策略时，应切记以下方面：要的比想得到的多；卖方的目标是提高自己的最大可信价；对对方了解得越少，要得越多。如果对方开价低于己方实价，则需要确认对应的质量标准及交货、付款等条件。在谈判时不要低估对手，不要有轻易占便宜的心理，要知道占小便宜有时会吃大亏。

③影子报价。影子价格是指一方说谎或有意误导对方。比如，买方可以告诉卖方说，他收到了另一个供应商的报价，每单位低于 10 元。如果卖方不对该价格作出相应的变动，说明他是不想和买方做生意了。卖方也可以使用这种方法。卖方可以通知买方 A，说买方 B 准备以更高的价格采购这些物料。显然这是一个不道德的、冒险的方

式，但如果对方担心丢掉这笔生意，就会在自己期望的成交位置作出相应的让步；反之，对方如果对这种威胁性的报价没有反应，就意味着自己的这一方式失效。

④探知临界价格。在谈判中，厂家想知道供应商的最低出让价，供应商想知道厂家的最高接受价，以便判断出一个双方都能接受的临界价格，所以要运用一些技巧从对方口中探听出来。下面一些技巧能有效地帮助厂家准确地探知临界价格。

一是以假设试探。假设要购买更多或额外的东西，价格是否能降低一些。

二是低姿态试探。厂家先告诉供应商自己没有那么多钱来购买某些贵重的物料。

三是派别人试探。先让另一个人出低价来试探供应商的反应，然后厂家再出现。

四是规模购买试探。对于只卖少量物料的供应商，厂家可以提议成批购买，供应商会认为太荒谬而说出许多不该说的话，使厂家知道供应商真正愿意接受的价格。

五是低级购买试探。厂家先提出购买品质较差的物料，再设法以低价购买品质较好的物料。

六是装可怜试探。厂家表现出对供应商的产品很感兴趣，但资金有限买不起，看供应商能否出个最低价。

七是威胁试探。告诉供应商，要卖就是这个价，否则就算了。

八是让步试探。厂家提议以让步来交换对方的让步，然后以此为起点继续商谈。

九是合买试探。厂家先问供应商两种物料多少钱，再问其中一种多少钱，然后以这个差价为基础确定另一种物料的价钱。

⑤灵活把握先报价或后报价方式。先报价的优点是：在了解行情的情况下，先报价可以降低对方的期望值，缩短谈判进程；先报价，将为以后的讨价还价和谈判结果设定一个界碑，这个界碑把对手的期望限制在一个特定的范围内，并对谈判全过程中的所有磋商持续发挥作用，有利于己方达到谈判的目标。先报价的缺点是：在不了解对方实际成本的情况下，先报价暴露了自己的理想目标，便于对方计算审定，若价格解释缺乏说服力，便给对方提供了突破口。

采购方在以下情况可以先报价：全面掌握交易商品的价格信息、货源数量、分布及市场行情变化趋势；处于货源充足的买方市场，卖方急于脱手；货源紧缺、供不应求、卖方价格合理；采购方采购量迅速增加；有新的竞争对手出现。

（2）还价的技巧。

在报价结束后，双方就会进入讨价还价的胶着状态，开始一场价格和其他问题的拉锯战。这个过程是漫长而重要的，要求谈判者必须始终要保持谈判的高昂热情与冷静的头脑，当然还要掌握相应的还价技巧。

①还价要有弹性。在价格谈判中，还价要讲究弹性。对于采购人员来说，切忌漫天还价，乱还价，也不要一开始就还出了最低价。

②集零为整。采购人员在还价时可以将价格集中起来，集零为整，这样可以在供

应商心理上造成相对的价格昂贵感，以收到比用小数目进行报价更好的效果。另外，由于将零碎的采购集中化，在大的采购批量面前，迫使供方调整价格。

③化整为零。采购方对涉及供应商承包和分包的采购项目时，采用分项还价，压缩分项保价中的“水分”，从而达到降低总价的目的。

④过关斩将。所谓“过关斩将”，即采购人员应善用上级主管的议价能力。通常供应商不会自动降价，必须由采购人员据理力争，但是，供应商的降价意愿与幅度，常会因供应商议价层次而异。当采购人员提高议价者的层次，供应商有受到敬重的感觉，可能同意提高降价的幅度。若采购金额巨大，采购人员甚至可进而请求更高层的主管面谈，或直接由本方的高层主管与对方的高层主管对话，此举通常效果不错。因为，高层主管不但议价技巧与谈判能力高超，而且社会关系广、地位高，甚至与供应商有相互投资或事业合作的关系，因此，通常只要招呼一声，就可获得令人料想不到的议价效果。

⑤压迫降价。所谓压迫降价，是在买方占优势的情况下，以“胁迫”的方式要求供应商降低价格，并不征询供应商的意见。这通常是在卖方处于产品销路欠佳或竞争十分激烈，以致发生亏损和利润微薄的情况下，为改善其获利能力而使出的“撒手锏”。压迫降价在以下情况下更有效：新厂商原料开发成功时；有代用品开发成功时；采购量增加时；行情变化价格看跌时；汇率变动有利于厂商时；厂商有超量库存或存货时；规格要求变更，采用价廉材质时；新机种引进，增加交易机会时。

⑥敲山震虎。在价格谈判中，巧妙地暗示对方存在的危机，可以迫使对方降价。通过暗示对方不利的因素，从而使对方在价格问题上处于被动，有利于己方提出的价格获得认同。但必须“点到为止”，而且要给人一种“雪中送炭”的感觉，让供应商觉得你并非在幸灾乐祸、趁火打劫，而是真心诚意地想合作、想给予帮助。

（四）采购谈判的策略

在采购谈判中会碰到各种各样的谈判情况，采取何种谈判策略也因人、事、地的不同而不同，具有很大的灵活性。在采购谈判中要恰当运用谈判策略才能避免陷入利益冲突而使谈判陷入僵局。常用的采购谈判的策略有以下几种。

1. 避免争论策略

谈判中出现分歧是很正常的事。出现分歧时应始终保持冷静，防止感情冲动，尽可能地避免争论。

（1）冷静倾听对方的意见。当对方说出你不愿意听或对你很不利的话时，不要立即打断以及反驳对方，应耐心听完对方的发言，必要时还可承认自己某方面的疏忽。

（2）婉转地提出不同意见。不应直截了当地提出自己的否定意见，这样会使对方在心理上产生抵触情绪，迫使对方千方百计维护自己的意见；而应先同意对方的意见，然后再提出探索性的提议。

（3）谈判无法继续时应马上休会。如果某个问题成了彼此继续谈判的绊脚石，使谈判无法再顺利进行，应在双方对立起来之前及时休会，从而避免引起更进一步的僵持和争论。休会的策略为固执型的谈判人员提供了请示上级的机会，也可借机调整双方思绪，以利于问题在心平气和的友好氛围中得以圆满解决。

2. 抛砖引玉策略

抛砖引玉策略是指在谈判中，一方主动提出各种问题，但不提供解决的办法，让对方来解决。这一策略不仅能尊重对方，而且又可摸清对方的底细，争取主动。这种策略在以下两种情况下不适用：

（1）谈判出现分歧时，对方会误认为你是故意在给他出难题。

（2）若对方是一个自私自利、寸利必争的人，就会乘机抓住对他有利的因素，使己方处于被动地位。

3. 留有余地策略

在实际谈判中，不管你是否留有余地或真的没留什么余地，对方总认为你是有余地的，所以，在供应商最看重的方面作了让步，可在其他条款上争取最大利益。例如，你的报价已经较高，对方却还是觉得太低，你不作让步，对方便不会签约。因此在价格上适当的作些让步，你就有可能为自己争取到最好的付款条件。在以下两种情况下尤其需要这种策略：

（1）谈判方寸利必争的情况下。

（2）在不了解对方的情况下。

4. 避实就虚策略

避实就虚策略是指己方为达到某种目的，有意识地将洽谈的议题引导到相对次要的问题上，借此来转移对方的注意力，以求实现己方的谈判目标。例如，对方最关心的是价格问题，而己方最关心的是交货问题。这时，谈判的焦点不宜直接放到价格和交货时间上，而是放到运输方式上。在讨价还价时，己方可以在运输方式上作出让步，而作为双方让步的交换条件，要求对方在交货时间上作出较大的让步。这样，对方感到满意，己方的目的也达到了。

5. 保持沉默策略

保持沉默是处于被动地位的谈判人员常用的一种策略，是为了给对方造成心理压力，同时也起缓冲作用。但是如果运用不当，易于适得其反。例如在还价中沉默常被认为是默认，沉默时间太短常意味着你被慑服。在对方咄咄逼人时，己方适当地运用沉默可缩小双方的差距。在沉默中，行为语言是唯一的反应信号，是对方十分关注的内容，所以应特别加以运用，以达到保持沉默的真正目的。

6. 忍气吞声策略

谈判中占主动地位的一方有时会以一种咄咄逼人的姿态表现自己。这时如果表示坚决反对或不满，对方会更加骄横甚至退出谈判。这时己方可对对方的态度不作任何反应，采取忍耐的策略，挫其锐气，以柔克刚，反而能变弱为强。因为被动方忍耐下来，对方得到默认的满足之后，反而可能会因此而通情达理，公平合理地与你谈判。

7. 多听少讲策略

多听少讲是忍耐的一种具体表现方式，也就是让对方尽可能多地发言，充分表明他的观点，这样做既能表示尊重对方，也可使己方根据对方的要求，确定对付对方的具体策略。例如，卖方为了说明自己产品的优越性而滔滔不绝地夸夸其谈，结果让买方觉得是自卖自夸，产生逆反心理。如果让买方先讲，以满足对方需求为前提，卖方再做恰当的介绍，重在说明该产品能给买方带来哪些好处和方便，这样就可大大减少买方的逆反和戒备心理，有助于促成交易。

8. 情感沟通策略

人有七情六欲，满足人的感情和欲望是人的一种基本需求。在谈判中可充分利用感情因素去影响对方。例如可利用空闲时间，主动与谈判对方一起聊天，讨论对方感兴趣的话题，也可馈赠小礼品，请客吃饭，还可通过帮助解决一些私人问题，从而达到增进了解、联系感情、建立友谊的目的，从侧面促进谈判的顺利进行。

9. 先苦后甜策略

例如供应商想要在价格上有多些余地，己方可先在包装、运输、交货、付款方式等多方面提出较为苛刻的方案来作为交换条件。在讨价还价过程中，再逐步地作出让步。供应商鉴于己方的慷慨表现，往往会同意适当地降价。而事实上这些“让步”是己方本来就打算给供应商的。但要注意的是，这一策略只有在谈判中处于主动地位的一方才有资格使用。

10. 最后期限策略

处于被动地位的谈判者，总有希望谈判成功、达成协议的心理。当谈判双方各持己见、争执不下时，处于主动地位的谈判者就可利用这一心理，提出解决问题的最后期限和解决条件。期限是一种时间通牒，给对方造成一种心理压力——谈判不成损失最大的还是他自己。使用该策略时还应注意：

（1）切记不可激怒对方，而要语气委婉、措辞恰当。

（2）要给对方一定的时间进行考虑，让对方感到你不是在强迫他，而是向他提供了一个解决问题的方案，并由他自己决定具体时间。

（3）提出最后期限时最好还能对原有条件也有所让步，给人以安慰。

五、结束采购谈判

经过上述阶段的谈判，双方的交易条件达成一致，然后以书面的方式将双方达成一致的交易条件、双方的权利和义务明文规定下来，最后派代表在协议书上签字。谈判后期的处理技巧对谈判双方来说都很重要，这些技巧的良好应用可以帮助己方获得一个圆满的谈判结果，赢得一种长期的合作关系。

（一）谈判后期的策略

最后的时刻可能会颠倒乾坤。谈判的高手知道如何有条不紊地控制进程直到终点。

1. 黑脸/白脸策略

黑脸/白脸策略是著名的谈判策略之一。当别人用黑脸/白脸策略对付你的时候，试试下面的策略。

（1）揭穿它。如果你看出对方运用此计，你应该微笑着说："接下来你是不是要用黑脸/白脸策略？来来来，坐下来，咱们解决解决这个问题。"通常他们会感到不好意思而偃旗息鼓。

（2）你可以创造一个自己的黑脸来回击。你总是可以虚构一个比谈判桌前在场的黑脸更加强硬的黑脸来。

（3）你可以向他们的上级核对此事。

2. 蚕食策略

这是谈判后期的一个重要策略，因为它完成了两件事情：一是使已经达成的交易锦上添花；二是可以用它使对方同意他先前不愿意同意的事情。

策略：

（1）要明确写出任何外加的让步需要他们付出的代价。

（2）不要给自己作出让步的权力。

（3）当供应商试图蚕食你的时候，你要体贴地让其感觉简单。

3. 让步的方式

在谈判中，常用以下四种让步的方式：

（1）平均幅度。

（2）最后作个大让步。

（3）一下子都让出去。

（4）首先作出小小的让步试试深浅。

策略：

（1）谈判的时候，应该小心谨慎。

（2）细心观察对方对你作出的让步，并把它们写下来。然而，不要因为对方让步的幅度越来越小就认为他已经让到底了，那可能只是一种诡计。

4. 反悔

策略：坚持要求对方首先解决好他们自己的内部问题。

5. 小恩小惠的安慰

这主要有以下几种方式：

（1）提供如何操纵机器的培训课程。

（2）如果是卖办公设备，会开列存货清单，并列入自动重新订购系统。

（3）保持 90 天内价格不变。

（4）30 天期限延长到 45 天。

（5）以该价格成交则三年中有两年可以提供附加服务担保。

策略：如果卖方作出象征性的让步来宽慰己方，己方就诱使对方摊牌。

（二）谈判后期的处理技巧

首先，要感谢与肯定对方的努力，充分肯定对方为谈判做出的贡献；其次，要恭喜对方获得极大的利益，同时表明我方所得利益很小，用这样的方法让对方充分感觉到自己的成功，同时也能深刻体会我方为此次谈判所做的牺牲及我方的合作诚意；最后，在让对方感觉良好的情况下，要提出让对方下次弥补的要求，为下次合作埋下伏笔。

第二节　采购合同的签订

采购企业与供应商经过谈判，就采购谈判内容达成一致后，就需要根据谈判记录和谈判会议纪要草拟合同，进入合同签订的程序。采购人员在准备内容完备的采购合同时，还要对供应商签订合同的资格进行审查。资格审查合格后择机签订合同，必要时还要对合同进行公证或鉴证。

一、采购合同的相关知识

采购合同是确定供采双方意愿的书面文件，是双方以后履行条款的依据。

（一）采购合同的含义与特征

采购合同是指出卖人转移标的物的所有权于买受人，买受人支付价款的合同。采购合同属于买卖合同的一种，是社会经济生活中普遍存在的合同之一，是明确平等主体的自然人、法人、其他组织之间设立、变更、终止在采购物品过程中的权利义务关系的协议，是确立物品采购关系的法律形式。采购合同具有以下特征。

1. 采购合同是转移标的物所有权或经营权的合同

采购合同的基本内容是出卖人向买受人转移合同标的物的所有权或经营权，买受人向出卖人支付相应货款。

2. 采购合同是一种典型的双务有偿合同

所谓双务合同是指合同的双方当事人相互享有权利，互相负有义务的合同。在采购合同中，买卖双方的权利和义务在法律上是对等的，一方的权利，正是另一方的义务，反之亦然。所谓有偿合同，是指双方当事人要按照等价有偿的原则，一方须给予另一方相应的利益方可取得自己的利益。如果一方不给予另一方相应的利益，就无法取得另一方的相应利益。在采购合同中，买方需向卖方支付一定价款，这是取得标的物所有权或经营权的代价。买卖双方之间关于不以支付价款为代价取得另一方标的物所有权或经营权的协议，不属于采购合同。例如，以赠与方式取得标的物所有权或经营权，或以易货贸易方式取得标的物所有权或经营权的协议，都不是严格意义上的采购合同。

3. 采购合同是诺成合同

所谓诺成合同是指双方当事人意思表示一致即告成立的合同。也就是说，双方当事人就采购合同的主要条款，通过协商取得一致意见，合同即告成立。此外，根据法律法规或当事人约定，须经鉴证、公证或主管机关核准登记，才能产生法律效力的合同，通常也被认为是诺成合同。

4. 采购合同是当事人之间的合法行为

只有在符合国家的法律、法令和有关政策的前提下，采购合同才有法律效力，受到国家法律的保护。同时采购合同的签订也必须建立在合同双方平等、自愿的基础上。合同一旦签订，合同的履行受到法律的保护，任何一方擅自变更或解除合同，都要承担违约责任。

5. 采购合同的主体比较广泛

从国家对物品流通市场的管理和物品采购的实践来看，除生产企业外，流通企业也是物品采购合同的重要主体，其他社会组织和具有法律资格的自然人也是物品采购合同的主体。

6. 采购合同与流通过程密切相关

流通是社会再生产的重要环节之一，对国民经济和社会发展有着重大影响，重要的工业品生产资料的采购关系始终是国家调控的重要方面。采购合同是采购关系的一种法律形式，它以采购这一客观经济关系作为设立的基础，直接反映采购的具体内容，与流通过程密切相关。

（二）采购合同的分类

买卖交易所订立的合同，大多因采购物品的性质而订立不同的合约条款。通常采购合同的种类如下。

1. 按采购合同规定的采购次数分类

按采购合同规定的采购次数分为现货合同和定期采购合同。

（1）现货合同。现货合同是采购中最常使用的合同。这种合同是独立的合同，即每次采购分别订立一个合同。在现货采购中，采购方将处于相对有利的地位。不过一旦合同订立后，供应商可能只履行合同所约定的直接义务，而不会再履行其他非合同义务。供应商之所以没有动力去履行其他非合同义务，是因为这些现货采购合同不会带来其他后续业务。

（2）定期采购合同。定期采购合同是指在合同约定的时期内采购方多次向供应商采购物品的合同。定期采购常被看作从一个供应商或多个供应商处反复进行的现货采购。在合同期限内，每次采购需要依据采购企业发出的订单来执行。

2. 按采购合同中采购双方对采购物品的数量与价格的约定分类

按采购合同中采购双方对采购物品的数量与价格的约定分为定额合同和无定额合同。

（1）定额合同。采购方对一定时期内采购物品的数量作出了承诺或供应商承诺了在一定时期内采购价格不变的合同称为定额合同。前者一般是因为采购物品属于时间性很强的一次性物品，如报纸。若印刷厂印刷出来的报纸的数量超过报社采购量，则剩余的部分就是废纸，没有任何库存的价值。因此需要采购方就采购数量作一个最低的承诺。后者是采购方在合同约定期限内需要多批次大量采购。为了控制成本，供应商必须承诺每次采购的价格固定不变。

(2) 无定额合同。无定额合同是指在合同中对采购数量和采购价格都没有固定，最后采购货款以实际采购数量和约定的基准价格和变动规则计算的合同。

对于采购商，签订长期的定额合同、定价格合同有利于稳定原材料的供应和成本控制。

3. 按合同订立的形式分类

按合同订立的形式可分为口头合同、书面合同和其他形式合同。

(1) 口头合同。口头合同是指合同双方当事人只是通过语言表达合同内容的合同。也就是买卖双方当事人通过面对面的谈话或者通过电话交谈达成协议，比如商场买衣服、电话订购等。采用口头形式订立采购合同的优点是当事人建立合同关系简便、迅速，缔约成本低；缺点是如果这类合同发生纠纷，当事人举证困难，不易分清责任。

(2) 书面合同。书面合同是以文字为表现形式的合同。口头合同只有当事人内心知道合同内容，如果不告知，外界无法知道合同内容；而书面合同不同，人们只要看到书面载体，就会了解合同的内容。书面合同的优点是有据可查、权利义务记载清楚，便于履行，发生纠纷时容易举证和分清责任。在我国目前市场经济制度尚未完善之际，当事人订立物品采购合同，适宜采用书面合同。

(3) 其他形式合同。其他形式合同是指除口头合同与书面合同以外的其他形式的合同，主要包括默示形式合同和推定形式合同。

默示形式合同是指当事人用沉默不语的方式进行意思表示（有时候沉默也是一种意思表示）的合同。如在试用买卖合同中，试用人可以在试用期限内购买标的物，也可以拒绝购买，但是在试用期满时，不表示是否购买的，视为购买。还有，收到标的物，不在约定的期间提出数量或者质量异议，视为数量或质量符合合同约定。

推定形式合同是指当事人不直接用书面形式或者口头形式进行意思表示，而是通过某种行为来进行意思表示的合同。例如，在房屋租赁合同中，期满后，双方都未提出终止合同，而且承租人继续支付租金，出租人继续收取租金。这就是双方以行为延长了房屋租赁期（但租赁期限成为不定期的）。再如，乘客乘上公共汽车并到达目的地时，尽管乘车人与承运人之间没有明示协议，但可以当事人的行为推定运输合同成立。

(三）采购合同订立的原则

1. 法人原则

合同的当事人必须具备法人资格。这里的法人是指有一定的组织机构和独立支配的财产，能够独立从事商品流通活动或其他经济活动，享有权利和承担义务，依照法定程序成立的企业。当事人应当以自己的名义签订经济合同。委托别人代签必须要有委托证明。

2. 合法原则

当事人必须遵照国家的法律、法令、方针和政策签订合同，其内容和手续应符合有关合同管理的具体条例和实施细则的规定。

3. 平等原则

签订合同的当事人的法律地位是平等的，双方必须坚持平等互利、充分协商的原则签订合同，一方不得将自己的意志强加给另一方。

4. 书面原则

买卖双方当事人签订采购合同时，应当采用书面形式。采用书面形式更便于合同的履行。

二、准备采购合同

采购谈判达成一致意见后，就需要将谈判内容固定到书面合同中，即将双方谈判的细节、权利义务以书面的形式记载下来，以取得法律保障。采购企业要争取由己方草拟合同，以便将有利于己方的内容写进合同。

(一）采购合同的构成

采购合同并无一定的标准格式，其内容通常根据采购物品的性质与类别而定。不过，无论是哪类物品的采购合同，一般都是由首部、正文与尾部三部分内容组成。

1. 首部

采购合同的首部主要包括合同名称、合同编号、合同签订的日期、合同签订的地点、买卖双方的名称及合同序言等内容。

2. 正文

采购合同的正文是买卖双方议定的主要内容，是采购合同的必备条款，是买卖双方履行合同的基本依据。采购合同的正文主要包括以下内容。

（1）商品名称。商品名称是指所要采购物品的名称。按照国际惯例，合同中的品名条款通常是在“商品名称”或“品名”的标题下，列明交易双方成交的物品名称，或在合同中直接写明双方交易物品的具体名称。

（2）品质规格。品质是指物品所具有的内在质量与外观形态的结合，包括各种性能指标和外观造型。该条款的主要内容有技术规范、质量标准、规格和品牌以及品质机动幅度和品质公差。为了避免交货品质与采购合同不符，可以在合同的品质条款中做一些变通的规定，常见的做法是规定品质机动幅度和品质公差。

在采购作业中，物品的规格应包括规定颜色、式样、尺码和牌号等。对于质量，也应以最明确的方式去界定物品可接受的质量标准，一般包括：用图纸或技术文件界定的质量标准，用国际标准、国家标准和行业标准来界定物品的质量标准，用样品来界定的质量标准。

在订立品质条款时应注意以下问题。第一，根据物品特性确定表示品质的方法；第二，要准确具体地描述品质要求，既忌笼统含糊，又忌绝对化；第三，重视品质机动幅度和品质公差表示品质方面的作用，凡是能采用和应该采用品质机动幅度和品质公差表示的物品，一般都要注明具体的机动幅度或公差允许值，以免以后产生争议。

（3）数量。数量是指用一定的度量制度来确定买卖物品的重量、个数、长度、面积、容积等。该条款的主要内容有交货数量、计量单位、计量方法以及允许范围内的正负尾差、合理磅差、超欠幅度、自然损耗等。

（4）价格。采购合同中应该确定价格，包括单价和总价两项基本内容。单价是指交易物品每一计量单位的货币数值。物品的单价由计量单位、单位价格金额、计价货币和贸易术语四个部分组成。总价是指全部物品价值的总和，即单价与成交物品数量的乘积。在确定价格条款时，原则上遵守国家的有关价格政策，但在国家和地方没有规定统一价格的情况下，买卖双方可以协商确定合理的价格。而价格条款中还要注意货币单位，如果涉及国际采购，则要注意汇率的变化，同时考虑汇率变化对合同的影响。

（5）包装。包装是为了有效地保护物品在运输存放过程中的质量和数量，并有利于分拣把物品装进适当容器的操作。该条款主要涉及有关包装种类、包装材料和包装方式、包装费用、运输标志等方面的规定。

①包装种类。包装包括外包装和内包装。外包装包括单件运输包装和集合运输包装两类。单件运输包装常用的有箱、桶、袋、筐、篓、坛、瓶等。集合运输包装常用的有集装包装、集装箱运输包装、托盘运输包装。

②包装材料和包装方式。对于包装材料和包装方式的约定要明确、具体，不宜笼统地规定“适合海运包装”“习惯包装”之类的术语，因为这些术语含义模糊，容易引

发争议。

③包装费用。包装费用一般包括在货价之内，不另计价。但如果采购方提出特殊要求，则额外的包装费用由采购方负担。在合同中要注明对包装的特殊要求和费用标准。

④运输标志。运输标志俗称唛头。按照国际交易习惯，唛头一般由供方决定，而不必在合同中具体规定，但如果采购方要求使用其指定的唛头，则应在合同中明确规定唛头的具体式样和内容，或规定采购方提供唛头式样和内容的期限，以免延误供方按时交货。

(6) 装运。装运是指把货物装上运输工具，并运到交货地点。该条款的主要内容有运输方式、装运时间、装运地点与目的地、装运方式（一次装运还是分批装运、直达还是中转）和装运通知等。运输方式包括海洋运输（班轮运输、租船运输）、铁路运输（国内铁路运输、国际铁路运输）、航空运输及国际多式联运等。装运时间又叫装货期，是指供方按购销合同规定将货物交付给采购方或承运人的期限。这是合同的主要条款，如果供方违反这一条款，采购方有权撤销合同并要求供方赔偿损失。

(7) 到货期限。到货期限是指约定的最晚到货时间，以不延误企业生产经营为标准，但也不可提前太多，否则将增加采购方的库存费用。

(8) 到货地点。到货地点是指物品到达的目的地，即供应商将采购方采购的物品最终交付给用户的地点。到货地点的确定并不一定总是以企业的生产所在地为标准，有时为了节约运输费用，在不影响企业生产的前提下，也可以选择交通便利的港口等。

(9) 检验。在一般的物品交易过程中，物品的检验是按照合同条件对交货进行检查和验收，涉及质量、数量、包装等条款，主要包括检验项目、检验时间、检验机构、检验标准及方法、检验工具、检验费用、检验不合格品处理等。在国际采购中，检验指由物品检验机构对进出口物品的质量、数量、包装、残损、环保等进行检验、分析与公证并出具检验证明。进出口合同中的检验条款包括：有关检验权的规定；检验或复验的时间、地点；检验机构；检验、检疫证书等。

(10) 付款方式。付款方式是指采用一定的手段，在指定的时间、地点，使用确定的方式支付货款。付款条款的主要内容有支付工具、付款方式、支付时间、支付地点。

①支付工具。常用的支付工具有货币和票据两种，但货币作为一种支付工具较少使用，在国际贸易中主要的支付工具是票据。票据是各国通行的结算工具和信用工具，它主要包括汇票、本票和支票。

②付款方式。付款方式主要有两种，即银行提供信用方式（如信用证），或银行不提供信用但可作为代理方式（如直接付款和托收）。

③支付时间。支付时间分预付款、即期付款和延期付款三种。

④支付地点。一般由付款人指定银行所在地。

(11) 违约责任。违约责任指当事人没有执行或者没有完全执行合同约定的义务时应承担的法律后果。签约一方不执行合同必然影响另一方经济活动的进行。违约责任的承担方式包括支付违约金、继续执行和损害赔偿等，其中损害赔偿是违约责任中使用最广泛的一种救济方式，可以和其他的救济方式并用。

(12) 保险。保险是指企业向保险公司投保并缴纳保险费，货物在运输过程中受到损失时，保险公司向企业提供经济上的补偿。该条款的主要内容是确定保险类别及其保险金额，指明投保人并支付保险费。

(13) 仲裁。仲裁是指发生争议的双方当事人，根据其在争议发生时或争议发生后所达成的协议，自愿将该争议提交中立的第三者进行裁判的争议解决制度和方式。仲裁条款的主要内容包括仲裁机构、适用的仲裁程序、仲裁地点、裁决效力、仲裁费用等。

(14) 不可抗力。不可抗力是指合同执行过程中发生的不可预见的、人力难以控制的意外事故，如台风、洪水、地震、战争等，致使合同执行被迫中断。遭遇不可抗力的一方可因此免除合同责任。不可抗力条款包括的主要内容有不可抗力的含义、适用范围、法律后果、双方的权利和义务等。

3. 尾部

采购合同的尾部包括合同的份数、使用语言及效力、附件、合同的生效日期、双方的签字盖章。

(二) 采购合同范本

采购人员可以根据采购谈判内容和采购合同的格式，自己起草采购合同，也可以从网络上下载合同范本，然后根据谈判会议纪要和谈判记录表，将相关内容填入合同范本中。下面就是由北京市工商行政管理局制定的《工业品买卖合同》。《北京市商品购销合同（商超进货类）》见教材附录。起草完成或填好的格式合同，需要提交企业法务人员进行审核，审核合格后才能正式打印装订成册，以备签字时使用。

范文 4-2

工业品买卖合同

合同编号：________________

出卖人：________________　　签订地点：________________

买受人：________________　　签订时间：________________

第一条　标的物　　（注：空格如不够用，可以另接）

标的物名称	商标	规格型号	生产厂家	计量单位	数量	价款	
						单价	总价
合计人民币金额（大写）：				￥：			

第二条　质量要求：______________________________。

第三条　包装标准、包装物的提供与回收：______________________________。

第四条　随附必备品、配件、工具的数量及提供办法：____________________。

第五条　合理损耗标准及计算方法：______________________________。

第六条　标的物所有权自（交付/______________________）时起转移，但买受人未履行（支付价款/__________________）义务的，标的物仍属于出卖人所有；标的物毁损、灭失的风险自交付时起由买受人承担。

第七条　交付（提取）标的物或提取标的物单证的方式、时间、地点：________。

第八条　运输方式及到达站（港）和费用负担：______________________________。

第九条　验收标准、方法、地点及期限：______________________________。

第十条　成套设备的安装与调试：______________________________。

第十一条　出卖人对标的物质量负责的条件及期限：______________________。

第十二条　结算方式、时间及地点：______________________________。

第十三条　担保方式（也可另立担保合同）：______________________________。

第十四条　本合同解除的条件：______________________________。

第十五条　出卖人违约责任：______________________________。

买受人违约责任：______________________________。

第十六条　合同争议的解决方式：本合同项下发生的争议，由双方当事人协商解决或申请调解解决；协商或调解不成的，按下列第__________种方式解决。（只能选择一种）

（一）提交__________仲裁委员会仲裁；（二）依法向__________人民法院起诉。

第十七条　本合同自______________________________起生效。

第十八条　其他约定事项：____
____。

出　卖　人		买　受　人	
出卖人（章）：	营业执照号码：	买受人（章）：	营业执照号码：
住所：		住所：	
法定代表人：	委托代理人：	法定代表人：	委托代理人：
电话：	传真：	电话：	传真：
开户银行：	账号：	开户银行：	账号：
税号：	邮政编码：	税号：	邮政编码：

三、签订采购合同

采购合同的签订是指双方当事人依据法律的规定就合同所规定的各项条款达到意思表示一致而确立合同关系的法律行为。采购人员在签订采购合同之前，必须审查卖方当事人的合同资格、资信及履约能力，按经济合同法的要求，逐条审查订立采购合同的各项必备条款。

（一）审查供应商的合同资格

为了避免和减少采购合同执行过程中的纠纷，在正式签订合同之前，采购人员首先应审查供应商作为合同主体的资格。所谓合同资格，是指订立合同的当事人及其经办人必须具有法定的订立经济合同的权利。审查供应商的合同资格的目的在于确定对方是否具有合法的签约能力，它直接关系到所签订的合同是否具有法律效力。对供应商的合同资格审查主要包括以下两个方面。

1. 法人资格审查

法人资格审查主要是指审查供应商是否属于经国家规定的审批程序成立的法人组织。判断供应商是否具有法人资格，主要看其是否持有工商行政管理局颁发的营业执照。经工商登记的国有企业、集体企业、私营企业、各种经济联合体，实行独立核算的国家机关、事业单位和社会团体，都具有法人资格，都可以成为合法的签约对象。

2. 法人能力审查

法人能力审查主要是指审查供应商的经营活动是否超出营业执照批准的业务范围。超越业务范围的经济合同，属无效合同。法人能力审查还包括对签约具体经办人的审查。采购合同必须由法人的代表人或法定代表人授权证明的承办人签订。法人的代表人在签订采购合同时，应出示身份证明、营业执照或副本；法人的代表人也可授权业务人员如推销员、采购员作为承办人，以法人的名义订立采购合同。承办人必须有正式授权证明书，方可对外签订采购合同。

（二）审查供应商的资信和履约能力

对于未经过审核和认证的供应商，在签订合同前还要审查供应商的资信情况，了解供应商对采购合同的履行能力。

1. 资信审查

资信，即资金和信用。应确认供应商是否具有固定的生产经营场所、生产设备和与生产经营规模相适应的资金，特别是其是否拥有一定比例的自有资金。同时，还要注意审查供应商在历史上的资信情况，在历史上是否信守承诺，是否有过对采购商不诚信的行为。在准备签订采购合同时，采购人员在向供应商提供自己的资信情况说明的同时，要认真审查供应商的资信情况，从而建立起相互依赖的关系。

2. 履约能力审查

履约能力是指供应商除资信以外的技术和生产能力、原材料与能源供应能力、加工能力等方面的综合情况。审查供应商履约能力就是要了解其有没有履行采购合同所必需的人力、物力、财力和信誉保证。

如果发现供应商存在资金短缺、技术落后、加工能力不足，无履约供货能力或信誉不佳等问题，采购商不能与其签订采购合同。只有在对供应商的履约能力充分了解的基础上签订采购合同，才能有可靠的供货保障。

3. 审查供应商的资信和履约能力的主要方法

（1）通过卖方的开户银行，了解其债权、债务情况和资金情况。

（2）通过卖方的主管部门，了解其生产经营情况、资产情况、技术装备情况、产品质量情况。

（3）通过卖方的其他用户，可以直接了解其产品质量、供货情况、维修情况。

（4）通过卖方所在地的工商行政管理部门，了解其是否具有法人资格，了解其注册资本、经营范围和核算形式。

（5）通过有关的消费者协会和法院、仲裁机构，了解卖方的产品是否经常遭到消费者投诉，是否曾经牵涉诉讼。

（6）对于大批量的性能复杂、质量要求高的产品或巨额的机器设备的采购，还可以由采购人员、技术人员、财务人员组成考察小组，到卖方的经营加工场所实地考察，以确知卖方的资信和履约能力。

总之，采购人员在日常工作中，应当注意收集有关企业的履约情况和有关商情，作为以后签订合同的参考依据。

（三）采购合同的正式签订

合同主要条款协商确定后，双方可以先草签合同，待其他次要条款约定后，再正式签订合同。正式签订合同需要选择好时间和地点，并举办签约仪式。

1. 签约仪式的准备工作

（1）准备待签合同。要准备两份内容完全一致，并且经过对方确认的待签合同。

（2）布置场地。签约场地包括签字区域和会场嘉宾区域。签字区域要设置长桌，场地布置的总体要求是庄重、整洁、干净。

（3）出席签约仪式的人员确认。出席签约仪式的人员包括双方的签字人员、邀请的嘉宾及媒体人员。在签约仪式的时间和地点确定后，在仪式前一定要与出席人员一一确认。

（4）准备签约用品。签约用品包括桌子、桌布、桌签、签字笔、合同夹、酒杯、酒水、水果等。

2. 签约仪式的程序

（1）仪式开始。主持人宣布签约仪式开始，并简要介绍合作经过；主持人介绍参加本次签约仪式的代表和到场的嘉宾；双方领导人讲话。签约仪式正式开始后，双方参加签约仪式的人员步入签约厅。签字人员入座。双方的助签人员分别站立于签字人员的外侧，协助翻揭文本及指明签字处。其他人员按身份顺序站立于后排，客方人员按身份由高到低从中向右边排，主方人员按身份高低由中向左边排。当一行站不完时，可以按照以上顺序并遵照“前高后低”的惯例，排成两行、三行或四行。

（2）签字人员正式签署合同文本。通常的做法是先签署己方保存的合同文本，再接着签署他方保存的合同文本。每个签字人在由己方保留的合同文本上签字时，按惯例应当名列首位。因此，每个签字人均应先签署己方保存的合同文本，然后交由他方签字人员签字（由助签人员交换）。其含义是在位次排列上，轮流使有关各方有机会居于首位一次，以显示机会均等、各方平等。

（3）签字人员正式交换经有关各方正式签署的合同文本。此时，各方签字人员应热烈握手，互致祝贺，并可相互交换各自方才使用过的签字笔，以示纪念。全场人员应鼓掌，表示祝贺。

（4）饮香槟酒。交换已签的合同文本后，有关人员，尤其是签字人员当场干上一杯香槟酒，是国际上通行的用以增添喜庆色彩的做法。

在一般情况下，商务合同在正式签署后，应提交有关方面进行公证才正式生效。

（四）采购合同的公证与鉴证

1. 采购合同的公证

为了确保合同的真实性与合法性，采购合同一般应予公证。所谓采购合同的公证，就是国家公证机关（公证处）代表国家行使公证职能，根据当事人的申请和法律的规定，依照法律程序，证明采购合同真实性和合法性的活动。采购合同公证的意义在于：通过公证对合同进行法律审查，明确哪些内容是合法的，哪些是不合法的，避免合同的违法，有利于防止经济犯罪现象，维护合同当事人的合法权益；通过合同的公证，可以使合同规范化，对一些不明确或不具体的条款予以修改、完善，预防纠纷和减少诉讼。

采购合同的公证主要审查合同是否具备下列条件：①当事人必须具有行为能力；②合同的订立必须贯彻平等互利、协商一致、等价有偿的原则；③合同内容不得违反国家的政策、法律法规、公共利益和社会主义道德准则；④合同的内容必须清楚、具体、齐全。

采购合同的公证实行自愿原则。但规定合同必须是公证的，公证后合同才有法律效力。公证时，双方当事人应先到公证处提出公证申请，公证员受理审查，认为符合公证条件且合同真实、合法，然后制作公证书，发给当事人。如要变更、解除已经过公证的合同，则变更或解除仍应至公证处办理证明。公证处还可办理强制执行合同的公证，债权人可凭此直接向法院申请强制执行。

2. 采购合同的鉴证

采购合同的鉴证是合同监督管理机关根据双方当事人的申请，依法证明合同的真实性和合法性的一项制度。采购合同的鉴证有以下特点。①鉴证行为主体是合同监督管理机关，其他机关和单位无权鉴证合同。②鉴证依据合同双方当事人的自愿申请实施。这里包括两层含义：一是合同监督管理机关不是主动鉴证，而是依据当事人的申请；二是双方当事人都申请，只有一方当事人申请不能予以鉴证。③鉴证的内容是审查合同的真实性和合法性。所谓真实性，是指合同双方当事人意思表示真实，合同主要条款完备，文字表述准确。所谓合法性，是指合同双方当事人具有合法的主体资格，合同的内容符合国家的法律、政策和计划的要求。

除法律法规特别规定外，采购合同的鉴证一般采取自愿原则。采购合同鉴证的意义在于：通过合同鉴证，可以及时发现和纠正在合同订立过程中出现的不合理、不合法现象，提醒当事人对合同中缺少的必备条款予以补充，对明显有失公平的内容予以修改，对利用合同进行违法活动的予以制止和制裁，对约定义务超过承担能力的予以消减，从而减少和避免许多不必要的纠纷，为合同的履行奠定基础。

采购合同的鉴证一般由合同签订地或履行地的工商行政管理局办理。其收费标准为采购合同价款的万分之二。

本章小结

本章包括采购谈判和采购合同的签订两部分内容。重要或复杂项目的采购，采购人员需要与供应商进行谈判。采购谈判具有合作性与冲突性、原则性与可调整性并存，以经济利益为中心的特点，可以按照不同的标准将谈判分成不同类别，每种谈判各有优缺点。采购谈判应坚持合作、诚信、信息、求同存异、沉着冷静、让步、礼貌等原则。采购谈判主要针对采购物品的数量、质量、价格、交货、支付、检验、索赔、不可抗力和仲裁条件等内容进行。

采购谈判首先要按照知识互补、性格协调、分工明确的原则组建采购谈判队伍。采购谈判前，谈判人员要清楚本次谈判要采购物品、需要的数量、到货时间、对产品的质量要求等，同时要掌握采购资源市场供求状况，分析采购谈判对手，确定采购谈判目标，安排好采购谈判议程（地点和时间），撰写采购谈判方案，准备好谈判所需表格。采购谈判分为开局、磋商和结束三个阶段，每个阶段有主要的议题和需要采取的技巧和策略。

采购谈判成功后，采购人员要根据采购谈判记录或会议纪要准备采购合同，并对供应商签订合同的资格进行审查。资格审查合格后选择好时间和地点，举办签约仪式正式签订合同，必要时还要对签约的合同进行公证或鉴证。

练习题

一、单项选择题

（1）采购谈判是建立在双方利益既有共同点，又有分歧点这样的基础上的，因此，采购谈判具有（　　）的特点。

A. 合作性与冲突性并存　　B. 原则性与可调整性并存

C. 以经济利益为中心　　D. 以上全对

（2）在确定谈判所涉及的主要问题后，开始逐个讨论预先确定的问题，在某个问题上出现矛盾或分歧时，就把这个问题放在后面，讨论其他问题。这种谈判是（　　）。

A. 纵向式谈判　　B. 横向式谈判　　C. 软式谈判　　D. 硬式谈判

E. 价值式谈判

（3）在确定谈判的主要问题后，逐个讨论每个问题和条款。讨论一个问题，解决一个问题，一直到谈判结束。这种谈判是（　　）。

A. 纵向式谈判　　B. 横向式谈判　　C. 软式谈判　　D. 硬式谈判

E. 价值式谈判

（4）谈判者以意志力的较量为手段，很少顾及或根本不顾及对方的利益，以取得己方胜利为目的的谈判方法是（　　）。

A. 纵向式谈判　　B. 横向式谈判　　C. 软式谈判　　D. 硬式谈判

E. 价值式谈判

（5）不把对方当成敌人，而是当作朋友；强调的不是要占上风，而是要建立和维持良好的关系的谈判是（　　）。

A. 纵向式谈判　　B. 横向式谈判　　C. 软式谈判　　D. 硬式谈判

E. 价值式谈判

（6）谈判者把对方看作与自己并肩合作的同事，既非朋友更非敌人，竭力寻求双方利益上的共同点，在此基础上设想各种使双方各有所获的方案，谈判双方处于平等的地位，没有咄咄逼人的优势，也没有软弱无力的退让的谈判是（　　）。

A. 纵向式谈判　　B. 横向式谈判　　C. 软式谈判　　D. 硬式谈判

E. 价值式谈判

（7）谈判队伍的最佳人数是（　　）。

A. 3 人　　B. 4 人　　C. 5 人　　D. 6 人

（8）装可怜策略适用于（　　）谈判对手。

A. 实用型　　B. 亲切型　　C. 外向型　　D. 分析型

（9）通过描绘交易后的美好前景，先让对方激动起来，聊聊对方感兴趣的话题，兴奋起来就容易作决定的谈判对手是（　　）。

A. 实用型　　B. 亲切型　　C. 外向型　　D. 分析型

（10）需要放慢节奏，礼貌谨慎，耐心等待，不要给他们太大压力，需要你的热情、主动，愿意适当作出让步的谈判对手是（　　）。

A. 实用型　　B. 亲切型　　C. 外向型　　D. 分析型

（11）谈判中如果对方最关心的是价格问题，而采购方最关心的是交货问题。这时采购方把谈判的焦点放到运输方式上。这是（　　）策略。

A. 抛砖引玉　　B. 避实就虚　　C. 先苦后甜　　D. 留有余地

二、多项选择题

（1）企业遇到（　　）情况，需要与供应商进行采购谈判。

A. 采购结构复杂、技术要求高的成套机器设备

B. 多家供货厂商相互竞争，存在较大的议价空间

C. 公开招标的开标结果在主要指标中没有一家供应商能满足企业要求

D. 原采购合同期满，市场行情变化大

E. 新选择的合作供应商

(2) 采购谈判应该坚持（　　）原则。

A. 合作性　　B. 诚信　　C. 信息　　D. 求同存异

E. 礼貌

(3) 采购谈判中，交货方面约定的事项包括（　　）。

A. 交货地点　　B. 交货时期　　C. 交货方法　　D. 交货数量

E. 交货通知

(4) 当谈判队伍遇到（　　）情况时，采购企业高层领导需要适当介入进行指导和调控。

A. 谈判桌上出现重大变化需要高层领导及时做出目标调整，确定新的战略和策略

B. 交易条件变化已超出授权界限

C. 企业本部或谈判班子获得某些重要的新信息，需要对谈判目标、策略做重大调整

D. 谈判队伍人员发生变动

E. 谈判陷入僵局

(5) 谈判中注重与对方建立良好的人际关系的谈判对手有（　　）。

A. 关系型　　B. 权力型　　C. 原则型　　D. 消极型

E. 实用型

(6) 谈判中需要保密的目标是（　　）。

A. 最优目标　　B. 可接受目标　　C. 实际需求目标　　D. 最低目标

E. 需要努力争取的目标

(7) 采购谈判现场布置包括（　　）。

A. 会场外布置　　B. 会议室内的色彩选择

C. 谈判桌椅准备与座位安排　　D. 设备与文具准备

E. 饮品准备

(8) 谈判开局阶段的主要工作任务是（　　）。

A. 认识谈判对手

B. 创造和谐的采购谈判气氛

C. 正确处理采购谈判开局阶段的“破冰”期

D. 探测采购谈判对手的情况

E. 让对方了解己方的需求

(9) 开题技巧包括（　　）。

A. 开门见山，直接让对方报底价　　B. 迂回入题

C. 先谈细节，后谈原则性问题　　D. 先谈一般原则，后谈细节问题

E. 从具体议题入手

(10) 谈判中避免争论的策略有（　　）。

A. 冷静倾听对方的意见　　B. 婉转地提出不同意见

C. 马上休会　　D. 采取比对方更强硬的态度

E. 抛砖引玉

(11) 只要是双方意愿的一致表示，并且没有违背法律的（　　）都是具有法律效力的。

A. 口头合同　　B. 书面合同　　C. 电子合同　　D. 默认形式合同

E. 推定形式合同

(12) 采购合同中的检验条款包括（　　）。

A. 检验项目　　B. 检验时间与机构

C. 检验标准及方法、工具　　D. 检验费用

E. 检验不合格品处理

(13) 签订合同时，对方签字人员在签字前必须提供（　　）。

A. 工商营业执照或副本　　B. 签字人员的身份证

C. 法人委托书　　D. 银行资信证明

E. 公司最近一年度的资产负债表

三、判断题

(1) 谈判具有合作性和冲突性并存的特点，因此单方有利型和双输型谈判都不可能取得成功。（　　）

(2) 为了便于采购合同的履行，采购谈判中不能规定采购物品数量的变动幅度。（　　）

(3) 物品的质量就是物品的规格，包括标准名称、技术规格、构成规格、功能和性能规格，必要时可以提供样品来表明己方对交易物品的品质要求。（　　）

(4) 谈判中当辅谈人员发现主谈人员发言与预案不一致时，要及时当面纠正，以免对己方造成损失。（　　）

(5) 谈判组织负责人是直接领导和管理谈判队伍的人，一定是己方主谈人员。（　　）

(6) 在谈判中，己方一切重要的观点和意见都应主要由主谈人员来表达，辅谈人员决不能随意发表个人观点，也不能陈述与主谈人员不一致的观点。（　　）

(7) 谈判过程中可以根据谈判内容和专业的不同更换主谈人员。（　　）

(8) 当负责谈判业务的主管领导是位于幕后时，台前人员在大的原则和总体目标上接受幕后班子的指挥，敲定谈判成交时不必征得幕后人员认可。(　　)

(9) 要用数据和事实去说服，不需要跟他谈人际关系的谈判对手是实用型。(　　)

(10) 为了节省采购费用，采购谈判都应该在供应商处进行。(　　)

(11) 己方先进行开场阐述更容易控制谈判进程。(　　)

(12) 谈判中为了控制谈判，提问时，应该多采用封闭式提问。(　　)

(13) 谈判中，当对方提出问题后，为了显示出己方已有充分的准备和己方的实力，要迅速答复。(　　)

(14) 采购谈判中任何时候都不能保持沉默或忍气吞声。(　　)

(15) 在谈判的结束阶段一切都已尘埃落定，因此没必要采取蚕食策略了。(　　)

(16) 采购合同必须是书面形式才有法律效力。(　　)

(17) 所有的采购合同都必须经过公证或鉴证后才具有法律效力。(　　)

四、简答题

1. 采购谈判中如何说服对方？

2. 采购谈判中答复对方提问的常用技巧有哪些？

3. 采购谈判中，采购方应该如何报价？

4. 采购谈判中如何探知双方都能接受的临界价格？

5. 采购谈判中如何还价？

五、实践训练题

1. 采购谈判会场布置。

2. 签约仪式的策划。

第五章　采购订单跟踪

学习目标

1. 明确订单跟踪与催单的目的，能根据采购进度控制表向供应商发出订单。

2. 了解订单跟踪的内容，能根据交货期的需要进行订单跟进管理并向供应商发出催货通知单。

3. 了解采购物品验收与入库的操作内容，能完成从采购物品接运到入库的所有操作。

4. 了解采购财务处理的内容，能办理采购订单完成后的财务报销工作，计算出订单作业成本。

采购部门在与供应商签订了采购合同之后，就进入了采购合同执行阶段。采购人员要对采购合同执行进行跟踪，必要时还要向供应商催单，保证按期交货。物品通过合同约定的运输方式送达企业后，采购人员还要协助仓库管理人员对物品进行验收入库，最后准备好采购过程中的所有财务单证到财务部门办理财务结算，并给供应商付款，才算是完成了一次完整的物品采购过程。

第一节　订单跟踪与催单

如果采购企业与供应商签订的是一次性采购的现货合同，则只需按合同执行，采购人员直接进入合同执行的跟踪阶段；如果采购企业与供应商签订的是长期多次采购合作合同，采购人员还需要根据企业采购订单计划表填写并发出订单，待对方确认订单后，再跟单与催单，保证准时交货。

一、订单的编制与发出

企业需要的重要物品采购，在采购计划编制完成后，会进行供应商的寻找、调查、审核与认证，最终选出潜在供应商进行谈判，并签订采购合同，采购人员需根据采购订单计划表和采购合同向供应商直接发出订单采购。对于未与供应商签订合同的一般物品采购，其采购订单发出前还需要简要地走一遍供应商的选择流程，以保证采购订单的准确性与可执行性。

1. 确定需要订单操作的采购物品需求信息

采购部门在填写采购订单前需要查询采购订单计划表，确认本次需要采购的物品的名称、规格、数量、价格、交货地点、包装要求、验收方式和付款方式等信息。有采购合同的，可直接查询该物品的采购价格；没有采购合同的，还需要查询该采购物品以前的采购单价，并预估本次采购单价。采购人员可以通过网络平台或直接与供应商的销售部门联系，发送询价单或索要报价单，以确认本次预估采购单价。

2. 确定供应商剩余订单容量

如果本次采购的物品还没有供应商，就需要寻找供应商，并对供应商进行初步调查与审核。对于审核合格的供应商或者已经签订了合同的供应商，还需要判断该供应商的剩余订单容量是否能满足本次采购数量需求。如果该供应商的剩余订单容量大于本次的采购量，则可以直接填写采购订单；如果该供应商的剩余订单容量小于本次采购量，则需要决定是向新供应商采购全部数量的物品，还是将本次采购物品数量分拆后分别向原供应商和新供应商发出订单。

3. 确定采购物品的订货提前期

采购物品的订货提前期是指从采购订单编制之日开始到供应商送货入库完成的时间。订货提前期具体包括以下几个部分。

(1) 行政作业前置时间。行政作业前置时间是采购部门与供应商为完成采购行为所进行的准备工作时间，具体是指从编制采购订单开始到收到供应商确认采购订单回执这段时间。

(2) 供应商的原材料采购前置时间。供应商的原材料采购前置时间是指供应商为了完成客户的订单，向其供应商采购必要的原材料所花费的时间。

(3) 供应商生产制造前置时间。供应商生产制造前置时间是指供应商内部的生产线制造出订单上物品所花费的时间。

(4) 运输前置时间。运输前置时间是指供应商将物品从供应商生产地送达客户指定交货地点所花费的时间。

(5) 验收检验前置时间。验收检验前置时间是指到货后卸货及对物品质量、数量、种类、规格等的检验和入库所花费的时间。

(6) 安全缓冲前置时间。安全缓冲前置时间是指那些不可预计的外部或内部因素所造成的延误时间以及供应商预留的缓冲时间。安全缓冲前置时间的设定可以依据经验确定，也可以通过历史延迟交货平均天数及其标准差、要求的到货准时率对应的标准差倍数计算。

4. 采购订单的填写

在确认好本次采购物品的数量、质量、供应商后，在订货提前期到来之日就可以开始填写采购订单，如表 5－1 所示。

表 5－1　　采购订单

<table>
<tr><td colspan="2">填制日期</td><td colspan="5">年　　月　　日</td><td colspan="2">订单合同编号</td><td></td></tr>
<tr><td colspan="2">采购企业名称</td><td colspan="2"></td><td>地址</td><td colspan="2"></td><td>电话</td><td colspan="2"></td></tr>
<tr><td colspan="2">供应商名称</td><td colspan="2"></td><td>地址</td><td colspan="2"></td><td>电话</td><td colspan="2"></td></tr>
<tr><td>序号</td><td>物料编码</td><td>名称</td><td>型号/描述</td><td>需求数量</td><td>单位</td><td>单价</td><td>金额</td><td>交货日期</td><td>备注</td></tr>
<tr><td>1</td><td></td><td></td><td></td><td></td><td></td><td></td><td></td><td></td><td></td></tr>
<tr><td>2</td><td></td><td></td><td></td><td></td><td></td><td></td><td></td><td></td><td></td></tr>
<tr><td>3</td><td></td><td></td><td></td><td></td><td></td><td></td><td></td><td></td><td></td></tr>
<tr><td>4</td><td></td><td></td><td></td><td></td><td></td><td></td><td></td><td></td><td></td></tr>
<tr><td>5</td><td></td><td></td><td></td><td></td><td></td><td></td><td></td><td></td><td></td></tr>
<tr><td>6</td><td></td><td></td><td></td><td></td><td></td><td></td><td></td><td></td><td></td></tr>
<tr><td>7</td><td></td><td></td><td></td><td></td><td></td><td></td><td></td><td></td><td></td></tr>
<tr><td>8</td><td></td><td></td><td></td><td></td><td></td><td></td><td></td><td></td><td></td></tr>
<tr><td colspan="4">合　　计</td><td></td><td></td><td></td><td></td><td colspan="2"></td></tr>
<tr><td colspan="10">总金额（大写）：</td></tr>
<tr><td colspan="10">交货地点：</td></tr>
<tr><td colspan="10">包装要求：</td></tr>
<tr><td colspan="10">验收方式：</td></tr>
<tr><td colspan="10">其他说明：</td></tr>
<tr><td colspan="5">采购企业签字盖章：
采购人员：</td><td colspan="5">供应商签字盖章：
业务主办：</td></tr>
<tr><td>制单</td><td></td><td>日期</td><td></td><td>审核</td><td></td><td>日期</td><td></td><td>批准</td><td></td></tr>
</table>

5. 采购订单的审核与发出

采购订单编制好后，需要审核人员核单，对订单的各个项目进行复核，重点是采购物品的规格和数量。审核无误后提交领导审批并签字盖章后通过邮箱或传真发给供应商，如果供应商需要原件的则可以让供应商上门取件、采购员送件或快递送达。

二、订单跟踪

采购人员向供应商发出订单后，要及时跟踪确定供应商是否确认接受订单，待收到供应商确认订单的信息后，就进入订单执行的跟踪阶段。其主要目的就是保证采购物品准时送达企业，既不能延期，也不能提前交货。

（一）采购交货期异常对企业的影响

采购交货期异常包括交货期延迟和提前，这两种情况都会对企业产生不良影响。

1. 交货期延迟的不良影响

（1）生产中断。采购物品的交货期延迟会导致生产部门因断料而影响生产效率，若断料频繁，易导致互相配合的部门人员士气受挫。

（2）企业产成品交货延迟。由于采购物品的交货期延迟，会间接导致企业的产成品交货期延迟，轻者赔偿客户损失，重则会导致客户减少或取消订单，致使所采购的物品囤积，给企业带来其他损失。

（3）预算外加班。采购物品延迟导致正常的生产中断，物品达到后，为了保证下游客户的交货，需要增加工作时间，从而导致生产成本的增加。

（4）使用替代品。由于采购物品的延迟，有时需要采用替代物品进行生产，可能会导致成本增加或质量下降。

（5）调整采购、运输、检验等计划。本批次采购物品的延迟，可能导致提前安排好的运输、检验等设备与人员闲置，甚至会赔偿损失。到货后又需要重新安排，必然增加采购、运输、检验等环节的成本。

2. 交货期提前的不良影响

（1）库存成本增加。采购物品提前到库，必然导致库存成本增加。如果交货期经常提前，会导致库存积压、空间不足、流动资金周转率下降。

（2）供应商调整生产计划。如果企业允许供应商提前交货，会导致供应商优先生产高单价的物品而忽略低单价的物品的准时生产。

（3）供应商懈怠。如果交货期频繁提前，会使供应商对交货期的管理松懈，导致下次或多次交货期提前。

（二）订单跟踪的主要工作内容

1. 适时了解供应商的供应能力

采购人员在订单执行过程中，要先了解供应商的生产能力，如生产设备、检验设备与工具、原材料供应等状况。如有需要，则提供必要的材料、模具、技术等支援供应商。

2. 随时了解供应商的生产效率及进度

采购人员在订单执行过程中，可以定期要求供应商提供生产进度计划及交货计划，必要时，向供应商施加压力，以获取更多的注意，适时考虑向替代供应商下单的必要性。

3. 及时告知供应商订单变更信息

如果采购物品的交货期和数量有变更，应及时通知供应商，以维护供应商的利益，确保其配合本企业的需求。如果出现技术变更，应立即联系供应商停止原规格物品的生产，并妥善处理遗留问题。

4. 选择运输方式和规划运输路线

采购人员应根据采购物品的数量及性质、距离远近和交通条件等因素选择合适的运输方式。如果是供应商负责运输，采购人员要考虑合理的运输路线，以节省运输费用和运输时间，并向供应商提出建议。

5. 安排质量管控人员对供应商进行指导

采购人员在订单执行过程中，还要及时安排技术人员、品管人员对供应商进行指导，必要时可以考虑到供应商处进行验货，以降低因进料检验不合格导致断料发生的概率。

（三）订单跟踪管理表格

在订单跟踪过程中，需要记录和汇总重要的跟单信息，以便于日常管理。订单跟踪工作中常用的表格有采购进度控制表（见表 5 - 2）、采购订单交期管理表（见表 5 - 3）和采购物料跟进表（见表 5 - 4）。

表 5 - 2　　采购进度控制表

编号：　　　　共　页

　　　　　　　第　页

请购日期	请购单号	供应商	地区	代理商	订购信息				付款条件	需求日期	交货记录
					日期	数量	单价	金额			

续 表

请购日期	请购单号	供应商	地区	代理商	订购信息				付款条件	需求日期	交货记录
					日期	数量	单价	金额			

表 5-3　　　　采购订单交期管理表

年　月　日

项目	内容记录	处理时间	权重			说明
			紧急	重要	一般	
采购跟催管理						
采购交期延迟管理						
采购交期改善管理						
备注						

表 5-4　　　　采购物料跟进表

供应商名称：

供应商编号：　　　　日期：　年　月　日

序号	物料名称	料号	规格	订购量	详情	日期	日期	日期	日期	日期	在途量	备注
					需求							
					交量							
					差异							
					需求							
					交量							
					差异							
					需求							
					交量							
					差异							

三、催单

催单，即催促供应商尽快交货，完成订单。采购订单在执行过程中，发生了交货期延迟后，需要分析采购交货期延迟的原因，如果是供应商造成的，则需要向供应商发出催货通知单。

（一）采购订单交货期延迟的原因分析

根据订货提前期的构成看，本企业内部、供应商的供应商、供应商、物流企业等都可能引起采购订单交货期的延迟。要分清责任后采取针对性的措施催单。采购订单交货期延迟的原因解析表如表5－5所示。

表5－5　　采购订单交货期延迟的原因解析表

序号	交货期延迟的原因	具体表现
1	供应商责任	（1）接单量超过供应商的产能； （2）供应商技术、工艺能力不足； （3）供应商生产管理、品质管理不当； （4）供应商对时间估计错误； （5）供应商的生产材料出现货源危机； （6）供应商的客户服务理念不佳，欠缺采购交货期管理能力； （7）不可抗力； （8）其他因供应商所致的情形
2	采购部门责任	（1）事先对供应商的供货能力等评估不准，选错供应商； （2）经验不足导致业务手续不完整、下单延误、进度掌握与督促不力； （3）价格决定不合理或勉强； （4）下单量超过供应商的产能； （5）更换供应商； （6）付款条件过于严苛或未能及时付款； （7）缺乏采购交货期管理意识； （8）其他因采购原因所致的情形
3	其他部门责任	（1）请购前置时间不足或请购错误； （2）技术资料不齐备； （3）紧急订货或生产计划变更； （4）设计变更或标准调整； （5）订货数量太少； （6）供应商品质辅导不足； （7）点收、检验等工作延误； （8）未按合同规定支付货款； （9）其他因本企业人员原因所致的情形

续 表

序号	交货期延迟的原因	具体表现
4	沟通不良	(1) 未能掌握一方或双方的产能变化; (2) 指示、联络的内容不明确; (3) 技术资料交接不充分; (4) 品质标准沟通不一致; (5) 单方面确定交货期或对交货期理解出现偏差; (6) 首次合作出现偏差; (7) 未达成有关交货期、单价、付款等问题的共识; (8) 其他因双方沟通不良所致的情形

(二) 催货通知单的填写与发送

经过交货期延迟原因分析，如果本次订单交货期延迟是供应商造成的，采购人员则需要根据物品订购跟催表（见表 5-6）向供应商发送催货通知单（见表 5-7）。

表 5-6　　物品订购跟催表

分类：　　　　　　　　　　　　　　　　　　　　跟催员：

订购日期	订购单号	料号（规格）	数量	单价	金额	供应商	计划交货日	实际交货日		
								日期	日期	日期

表 5-7　　催货通知单

编制人：　　　　　　　　　　　　　　　　　　日期：　　年　月　日

________：

贵公司与本公司签订的采购订单（合同）已到期，至今尚未交货，请于收到本通知起一周内办理为荷！

此致

________________公司

续　表

到期未交货的物料一览表						
订购日期	订单编号	物料名称与规格	数量	单位	约定交货时间	备注

第二节　采购物品验收

采购物品送达订单或合同指定的地点后，采购部门要协助仓储管理人员进行物品的验收与入库工作。具体包括物品接运、核对凭证、大数点收、办理交接手续、物品验收、办理物品入库手续等。

一、物品接运

物品接运人员要根据不同的接运方式，处理接运中的各种问题。

（一）采购物品接运方式

1. 铁路专用线接运

这是一种铁路部门将转运的物品直接送到仓库内部专用线的一种接运方式，在操作时主要从以下几个方面考虑。

（1）卸车前的检查。卸车前应核对车号，检查车门、车窗、货封有无异样，核对物品名称、箱件数是否与铁路货物运输清单（见表 5－8）相符。对盖有篷布的敞车，应检查覆盖状况是否严密完好，尤其要查看有无雨水渗漏的痕迹和破损、散捆等情况。

表 5-8　　铁路货物运输清单

发站：　　　　　　　　　　货票第＿＿＿＿＿号

<table>
<tr><td rowspan="2">编号</td><td rowspan="2">包装</td><td colspan="3">详细内容</td><td rowspan="2">件数或尺寸</td><td rowspan="2">重量</td><td rowspan="2">价格</td></tr>
<tr><td>物品名称</td><td>材质</td><td>新旧程度</td></tr>
<tr><td></td><td></td><td></td><td></td><td></td><td></td><td></td><td></td></tr>
<tr><td></td><td></td><td></td><td></td><td></td><td></td><td></td><td></td></tr>
<tr><td></td><td></td><td></td><td></td><td></td><td></td><td></td><td></td></tr>
<tr><td></td><td></td><td></td><td></td><td></td><td></td><td></td><td></td></tr>
</table>

托运人（签字或盖章）：　　　　　　　　　　　　年　　月　　日

（2）卸车过程中的注意事项。物品要按车号、品名、规格分别堆码，做到层次分明，便于清点，并标明车号和卸车日期。注意外包装的指示标志，妥善处理苫盖，防止受潮和污损，与保管人员一同监卸，争取卸车时将物品件数一次点清。卸货后货垛之间要留有通道，与消防、电力设施保持一定距离，与专用线铁轨外侧距离要在 1.5 米以上。正确使用装卸机具和安全防护用具，确保人身和物品安全。

（3）卸车后的清理。检查车内物品是否卸净，关好车门、车窗，通知车站取车。做好卸车记录，办理内部交接手续。

2. 车站、码头提货

到车站提货，应向车站出示汽车运输货物运单，如表 5-9 所示。若汽车运输货物运单发货人没有寄到，也可以凭单位证明或加盖单位提货专用章的货票存查联将货物提回。

表 5-9　　汽车运输货物运单

<table>
<tr><td>起运时间</td><td colspan="2"></td><td>约定到达时间</td><td colspan="2"></td><td>运单编号</td><td></td></tr>
<tr><td rowspan="2">发运人
（单位）</td><td colspan="2" rowspan="2"></td><td>承运单位</td><td colspan="2"></td><td>电话</td><td></td></tr>
<tr><td>承运车辆号</td><td colspan="2"></td><td>司机</td><td></td></tr>
<tr><td>发货人</td><td></td><td>地址</td><td></td><td>电话</td><td></td><td>装货地点</td><td></td></tr>
<tr><td>收货人</td><td></td><td>到站地址</td><td></td><td>电话</td><td></td><td>卸货地点</td><td></td></tr>
<tr><td>货物名称</td><td>批次或规格</td><td>包装</td><td>件数</td><td>毛重</td><td>运输单价</td><td colspan="2" rowspan="4">备注：</td></tr>
<tr><td></td><td></td><td></td><td></td><td></td><td></td></tr>
<tr><td></td><td></td><td></td><td></td><td></td><td></td></tr>
<tr><td></td><td></td><td></td><td></td><td></td><td></td></tr>
<tr><td rowspan="2">到站
仓库签章</td><td colspan="4" rowspan="2"></td><td>到达时间</td><td colspan="2"></td></tr>
<tr><td>收货数量</td><td colspan="2"></td></tr>
<tr><td>发运人
签字</td><td></td><td>付款人</td><td colspan="2"></td><td>承运人
签字</td><td colspan="2"></td></tr>
</table>

到码头提货的手续稍有不同，提货人要事先在水路运输货物运单（见表 5－10）上签名并加盖公章或附单位提货证明，在港口换取货运单后，就可到指定的库房提取货物。

表 5－10　　水路运输货物运单

<table>
<tr><td>船名
航次</td><td colspan="2"></td><td colspan="2">起运港</td><td></td><td colspan="2">到达港</td><td colspan="2"></td><td colspan="2" rowspan="5">承运人
（盖章）</td><td colspan="3" rowspan="5">收货人
（盖章）</td></tr>
<tr><td rowspan="4">托运人</td><td colspan="2">全称</td><td colspan="2"></td><td rowspan="4">收货人</td><td colspan="2">全称</td><td colspan="2"></td></tr>
<tr><td colspan="2">地址</td><td colspan="2"></td><td colspan="2">地址</td><td colspan="2"></td></tr>
<tr><td colspan="2">电话</td><td colspan="2"></td><td colspan="2">电话</td><td colspan="2"></td></tr>
<tr><td colspan="2">银行账号</td><td colspan="2"></td><td colspan="2">银行账号</td><td colspan="2"></td></tr>
<tr><td rowspan="2">发货
符号</td><td rowspan="2">货号</td><td rowspan="2">件数</td><td rowspan="2">包装</td><td rowspan="2">价值</td><td colspan="2">托运人确定</td><td colspan="2">计费重量</td><td rowspan="2">等级</td><td rowspan="2">费率</td><td rowspan="2">金额</td><td colspan="3">应收费用</td></tr>
<tr><td>重量</td><td>体积</td><td>重量</td><td>体积</td><td>项目</td><td>费率</td><td>金额</td></tr>
<tr><td></td><td></td><td></td><td></td><td></td><td></td><td></td><td></td><td></td><td></td><td></td><td></td><td></td><td></td><td></td></tr>
<tr><td></td><td></td><td></td><td></td><td></td><td></td><td></td><td></td><td></td><td></td><td></td><td></td><td></td><td></td><td></td></tr>
<tr><td></td><td></td><td></td><td></td><td></td><td></td><td></td><td></td><td></td><td></td><td></td><td></td><td></td><td></td><td></td></tr>
<tr><td></td><td></td><td></td><td></td><td></td><td></td><td></td><td></td><td></td><td></td><td></td><td></td><td></td><td></td><td></td></tr>
<tr><td></td><td></td><td></td><td></td><td></td><td></td><td></td><td></td><td></td><td></td><td></td><td></td><td></td><td></td><td></td></tr>
<tr><td>合计</td><td></td><td></td><td></td><td></td><td></td><td></td><td></td><td></td><td></td><td></td><td></td><td></td><td></td><td></td></tr>
<tr><td colspan="2" rowspan="3">运到期限
（或约定）</td><td colspan="7" rowspan="3"></td><td colspan="3" rowspan="3">托运人（盖章）

年　月　日</td><td></td><td></td><td></td></tr>
<tr><td colspan="2">总计</td><td></td></tr>
<tr><td colspan="2">核算员</td><td></td></tr>
<tr><td colspan="2">特约事项</td><td></td><td></td><td></td><td></td><td></td><td></td><td></td><td colspan="3">承运人（盖章）</td><td colspan="2">复核员</td><td></td></tr>
</table>

提货时要根据货运单和有关资料认真核对检查，并做好货运记录。

货到库后，接运人员应及时将货运单连同提取的货物向保管人员当面交点清楚，然后双方共同办理交接手续。

3. 自提

采购企业仓库人员或采购人员直接到供货单位提货的方式叫自提。这种方式的特点是提货与验收同时进行。提货人员根据提货通知，要了解所提货物的性质、规格、数量，准备好提货所需的设备、工具、人员，到供货单位当场进行验收，清点数量，查看外观质量，做好验收记录。提货回到仓库后，交给验收员或保管员复验。

4. 送料

供货单位直接将物品送达采购企业仓库的方式叫送料。当物品到达后，保管或验收员直接与送货人员进行接收工作，当面验收并办理交接手续。如果有差错要立即记录，让送货人员签章。

（二）接运中的差错处理

在接运过程中，如果发生差错，除了由于不可抗力或物品本身性质引起的以外，所有差错的损失都要向责任者提出索赔。因此，差错的记录就显得尤为重要。差错事故记录主要有以下几种。

1. 货运记录单

货运记录单是表明承运单位负有责任事故，收货单位据此索赔的基本文件。物品在运输过程中均填写货运记录单。货运记录单内容包括物品名称、件数与运单记载不符，物品被盗、丢失或损坏，物品污损、受潮、生锈、霉变等。在收货人卸车或提货前，认真检查发现问题，经承运单位复查确认后，承运单位填写货运记录单，并交给收货单位。

2. 普通记录单

这是承运单位开的一般性证明文件，不具备索赔的效力，仅作为收货单位向有关部门交涉处理的依据。遇到下述情况并发生货损货差时，填写普通记录单。第一，铁路专用线自装自卸物品；第二，棚车的铅封印纹不清或没有按规定施封；第三，施封的车门、车窗关闭不严，或者门窗有损坏；第四，篷布苫盖不严；第五，责任判明为承运单位负责的其他事故。以上情况的发生，责任一般在承运单位，收货单位可以凭普通记录单向承运单位交涉处理，必要时向承运单位索赔。

3. 接运记录单

在完成物品接运过程的同时，每一个步骤应有详细的记录。接运记录单要详细列明接运物品到达、接运、交接等各个环节的情况，具体可参照接运记录单，如表 5－11 所示。

详细记录物品接运过程的目的是：检查接运工作各个环节的效率；分清责任，追踪有关资料，促进验收、索赔、交涉等工作的顺利进行；有利于清理在途物品。

接运工作全部完成后，所有的接运资料，如接运记录单、货运单、普通记录单、货运记录单、损耗报告单、交接证、索赔单、提货通知单以及其他有关文件资料分类输入计算机系统以备复查，同时要保管好原始资料。

表 5 - 11　　　　接运记录单

序号	到达记录									接运记录					交接记录			
	通知到达时间	运输方式	发货站	发货人	运单号	车号	货物名称	件数	重量	日期	件数	重量	缺损情况	接货人	日期	接货通知单编号	附件	收货人

二、核对凭证

物品运抵仓库后，收货人员首先要检验物品入库凭证，然后按物品入库凭证所列的收货单位、货物名称、规格数量等具体内容与物品的各项标志核对，如发现有错误，应当做好记录。经复核无误后可进行下一道工序。

物品交货后，企业内部的检验人员要在规定的时间内对物品及其质量证书进行全面的核查，在核查质量证书时要注意以下两点。第一，检验人员要对物品质量证书上的印章进行核查，查看是否与供应商的公司名称一致，是否清晰。同时，物品质量证书上的相关参数必须符合相关标准以及合同规定的要求。第二，检验人员核查的物品质量证书必须是原件，如果供应商只能提供复印件，那么复印件上必须具有公司的印章、经办人姓名、经办日期等，并且不能存在任何的涂改现象，否则视为无效。

三、大数点收

大数点收是按照物品的大件包装（运输包装）进行数量清点。点收的方法有两种：一是逐件点数汇总；二是集中堆码点数。大数点收应注意以下事项。

1. 件数不符

在大数点收过程中，如件数与通知单据所列不符，经复点确认后，应立即在送货单各联上批注清楚，按实际数字签收，由收货人员和承运人共同签章。经验收核对后，由保管人员将查明短少物品的品名、规格、数量通知采购部门、运输部门、发货单位和供应商。

2. 包装异状

在大数点收的同时，对每件物品的包装和标志要进行认真查看。检查包装是否完整、牢固，有无破损、受潮、水渍、油污等异状。物品包装的异状，往往是物品受到损害的一种外在现象。逐一查看包装标志，目的在于防止不同物品混入，避免差错，并根据标志指示操作，确保入库储存安全。

收货中发现物品包装有异状时，收货人员应会同送货人员开箱、拆包检查，查明确有残损或细数短少情况，由送货人员出具入库物品异状记录，或在送货单据上注明。同时，要通知保管人员另行存放，不要与同类物品混杂在一起。如入库物品包装损毁严重，仓库不能修复，且因此无法保证储存物品的安全，应联系货主或供货单位派人协助整理。

3. 物品串库

在点收本地入库物品时，如发现货与单不符，有部分物品错送来库的情况（俗称串库），收货人员应将这部分与单不符的物品另行堆放，交由送货人员带回，并在签收时如数减除。

4. 物品异状损失

接货时发现物品异状或损失，经双方共同清点，确有异状损失情况，应按章索赔。同时要妥善保管有关凭证。

四、办理交接手续

入库物品经过上述工序，就可以与接货人员办理物品交接手续。交接手续通常由仓库收货人员在送货回单上签名盖章，表示物品收讫。如果上述程序发现差错、破损等情况，必须在送货单上详细注明或由接货人员出具差错、异状记录，详细写明差错的数量、破损情况等，以便与运输部门分清责任。

五、物品验收

在办完交接手续后，仓库管理人员会同质检人员对入库的物品做全面的、认真细致的验收，包括开箱、拆包、检验物品的质量和细数。

物品验收应注意以下问题。

1. 细数不符

在细数时，如发现数量增加，应在入库通知单上按实签收，并通知供应商，不能当作溢余处理；如发现数量减少，应按实际数量签收，同时联系供应商，不能以其他规格的溢余物品作抵充数，或以其他批次余额抵补。

2. 质量问题

开箱、拆包验收时，如发现物品有残损、变质情况，质检人员应将残损物品另列，好坏分开。签收的单据则根据货主的规定办理，可同时在一份物品入库单上分完好物品、残损物品签收，也可另设残损物品入库单签收。残损物品签收后，也应及时通知供应商，并分开堆存，保持原状（如玻璃制品的破损原件等），以便货主检查处理。

3. 查询处理

这是仓库将物品验收中的具体问题用书面形式通知供应商，并要求其查明情况进行处理的一种方式。一般分别按溢余、短少、残损、变质等情况填写不同的表式并发送给供应商。

有时仓库只提供验收中存在问题的记录材料，由采购部门填送表式并发送给供应商。一般采用的表式有物料验收记录表（见表 5－12）、物品检验报告单（见表 5－13）、采购物品验收表（见表 5－14）、收货清点溢余、短少表（见表 5－15）等，其联数多少由业务需要而定。查询单不可作入库原始凭证用于登记物品账。

表 5－12　　物料验收记录表

供应商名称		物料名称	
规格型号		送货数量	
品牌（产地）		收货日期	
序号	检验/实验项目	标准要求	检查情况
1	包装检查	合同要求	□是　□否
2	外观是否破损	合同要求	□是　□否
3	颜色是否符合要求	合同要求	□是　□否
4	规格型号、外观尺寸是否符合要求	合同要求	□是　□否
5	基本参数是否符合要求	行业标准/合同要求	□是　□否
6	送到数量是否符合要求	合同约定	□是　□否
7	是否满足其他要求	合同约定	□是　□否

综合评定结果：

□合格　　□不合格

质检员：　　物料部门：　　质量部门：

表 5－13　　　　　　　　　　　　**物品检验报告单**

编号：　　　　　　　　　　　　　　　　　　　　日期：　　年　月　日

订单编号			商号				供应商代码		验收日期		
借方科目				贷方科目			入库单位	需求日期		交货日期	
件号	品名规格	厂牌	单位	收货数量	单价	金额	拒收数量	拒收物品现状	本订单未交量	再交	不交
合计											
人民币（大写）金额：								发票号码			
使用部门						用途					
备注					收货主管		验收人	检查人		编制人	

表 5－14　　　　　　　　　　　　**采购物品验收表**

编码：　　　　　　　　　　　　　　　　　　　　　　　　编号：

使用部门负责人		材料员/保管员		验收时间	
物品名称	验收内容	数量	验收人签字	不合格情况	解决意见

表 5－15　　　　　　　　收货清点溢余、短少表

到货时间：　　年　月　日　　　　　　　　　　　车单编号：

验收时间：　　年　月　日　　　　　　　　　　　材料单编号：

<table>
<tr><td colspan="2">发货单位</td><td colspan="2"></td><td colspan="2">合同号</td><td></td><td colspan="2">运次</td><td></td><td colspan="2">车号</td><td></td><td colspan="2">凭证号</td><td></td><td>质量证明</td><td></td></tr>
<tr><td colspan="2">运输方式</td><td colspan="2"></td><td colspan="2">发站</td><td></td><td colspan="2">运单号</td><td></td><td colspan="2">到站</td><td></td><td colspan="2">承付日期</td><td></td><td>发货件数</td><td></td></tr>
<tr><td rowspan="2">目录</td><td colspan="5">原始凭证记录</td><td rowspan="2">实收数</td><td colspan="2">溢余</td><td colspan="2">短少</td><td colspan="2">残损</td><td colspan="2">变质</td><td colspan="2">规格不符</td><td rowspan="2">备注</td></tr>
<tr><td>名称</td><td>规格</td><td>单位</td><td>数量</td><td>总价</td><td>数量</td><td>金额</td><td>数量</td><td>金额</td><td>数量</td><td>金额</td><td>数量</td><td>金额</td><td>数量</td><td>金额</td></tr>
<tr><td></td><td></td><td></td><td></td><td></td><td></td><td></td><td></td><td></td><td></td><td></td><td></td><td></td><td></td><td></td><td></td><td></td><td></td></tr>
<tr><td></td><td></td><td></td><td></td><td></td><td></td><td></td><td></td><td></td><td></td><td></td><td></td><td></td><td></td><td></td><td></td><td></td><td></td></tr>
<tr><td></td><td></td><td></td><td></td><td></td><td></td><td></td><td></td><td></td><td></td><td></td><td></td><td></td><td></td><td></td><td></td><td></td><td></td></tr>
<tr><td></td><td></td><td></td><td></td><td></td><td></td><td></td><td></td><td></td><td></td><td></td><td></td><td></td><td></td><td></td><td></td><td></td><td></td></tr>
<tr><td></td><td></td><td></td><td></td><td></td><td></td><td></td><td></td><td></td><td></td><td></td><td></td><td></td><td></td><td></td><td></td><td></td><td></td></tr>
<tr><td colspan="18">收料部门验收及处理意见：</td></tr>
<tr><td colspan="18">发料部门复查及处理意见：</td></tr>
</table>

收料单位：　　　　　　审核：　　　　　　　　　经办人：

发料单位：　　　　　　复核人：　　　　　　　　日期：　　　年　月　日

六、办理物品入库手续

物品验收后，由保管或收货人根据验收结果在物品入库单上签收。同时将物品存放的库房、货位编号批注在入库单上，以便记账、查货、发货、报销。采购人员只需要从仓库拿到填制并签好字的两联入库单（见表 5－16），对账后转交财务部门，财务部门结算后，再收回一联存档。另外，对这批订单中的滞件和滞车进行处理并填制滞件/滞车处理表（见表 5－17）。

表 5－16　　　　　　　　入库单

供应商：　　　　　　到货单号：　　　　　　入库单号：

仓库：　　　　　　　入库日期：　　　　　　入库类别：

序号	存货编码	存货名称	规格型号	单位	入库数量	单价	入库金额	备注

续 表

序号	存货编码	存货名称	规格型号	单位	入库数量	单价	入库金额	备注

验收主管：　　验收人：　　收货部门：　　制单：

注：此入库单共 4 联，白、黄联为仓库做账用，红联为采购部门存档用，绿联为财务部门结算用。

表 5-17　滞件/滞车处理表

类别：滞件□　滞车□　　年　月　日

名称及规格型号	数量	单位	金额	存放地点	入库日期
合计					
滞存原因及状况					
质检结论及建议					
审计结论及建议					
拟处理方式				估计损失	
批准		财务部门核准		财务部门审核	

仓储部门负责人：　　制单：

如果在物品接运和验收过程中出现货差货损，需要对供应商进行索赔的，需要填写供应商处罚通知单（见表 5-18），并发送给供应商。

表 5-18　供应商处罚通知单

年　月　日

供应商名称		供应物品名称	
规格（型号）		数量	
处罚原因		处罚依据	

续　表

处罚扣款方式		现金□　　货款□	处罚金额	
索赔项目	质量		损失费（元）	
	价格		损失费（元）	
	交期		损失费（元）	
	服务		损失费（元）	
	其他		损失费（元）	
处理意见				

注：供应商如果对该处罚有异议，请在5个工作日内与我公司采购部门联系，否则视为认可该处罚。

第三节　采购财务处理

采购物品验收入库后，采购人员还要跟踪订单的付款情况，及时按照合同约定向供应商支付货款，同时也要到财务部门报销采购过程中发生的所有费用支出。最后采购人员还要汇总采购总支出，核算采购订单的作业成本，为采购管理提供依据。

一、采购货款支付

采购企业按照采购合同约定方式及时支付货款，对于采购物品的准时交付具有重要意义。为了不影响双方的合作，采购人员要及时按照合同约定的付款时间和方式向企业财务部门提出采购付款申请。

（一）采购付款申请

采购付款申请表包括供应商信息、申请部门及人员信息、物品的单价、数量、金额、审批信息等内容，如表5－19所示。

表5－19　　　　采购付款申请表

拟制日期：　　　年　月　日　　　　　　　　　　　　　　　　申请编号：

部门名称：　　　　　　　　　　地址：　　　　　　电话：

收款单位名称：　　　　　　　　地址：　　　　　　电话：

序号	物料编码	名称	规格/型号	合同/订单编号	合同/订单数量	单位	单价	入库数量	金额	备注

续 表

序号	物料编码	名称	规格/型号	合同/订单编号	合同/订单数量	单位	单价	入库数量	金额	备注
合　计										

总金额（大写）：

收款人银行账号		账户名称		开户银行	

特别说明：

主管领导审批		财务部门审批		采购部门主管审批		付款申请人	

采购付款申请表填好后，需要根据企业内部的审批流程，依次找采购部门、财务部门和主管领导审批签字，然后将采购付款申请表交给财务部门。财务部门付款之后，采购人员要及时与供应商联系，索要发票。

（二）发票查验

目前，企业普遍使用的都是增值税电子普通发票和增值税电子专用发票（见图 5－1）。采购人员收到电子发票后，应及时核对发票开具内容是否真实、项目填写是否齐全、加盖的发票专用章是否与收款方一致。初步审核合格后，到国家税务总局全国增值税发票查验平台（见图 5－2）进行查验。在查验平台的首页可以手动输入发票代码、发票号码、开票日期、开具金额（不含税）和验证码（需要先获取，不是发票上的校验码）。如果是电子版的，可以先点击“导入”按钮，然后点击“查验”按钮，平台会显示查验结果，最后将发票和发票查验结果一起提交财务部门。

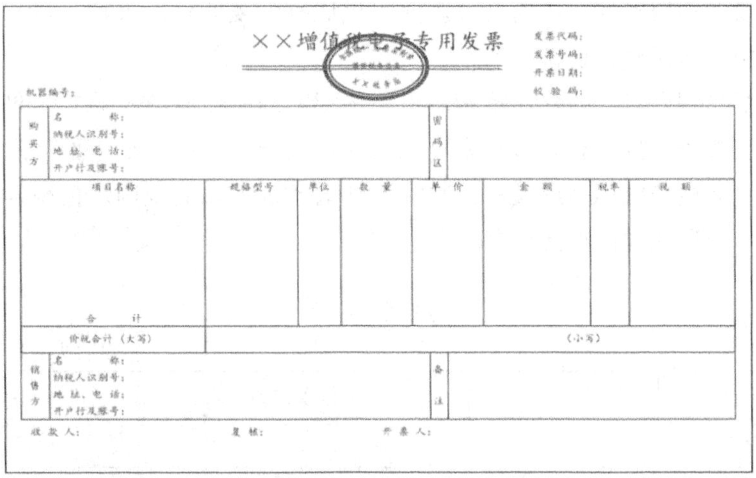

图 5－1　增值税电子专用发票

图 5－2　国家税务总局全国增值税发票查验平台

二、采购费用报销

采购订单物品入库后，采购人员要及时到财务部门报销在采购过程中发生的由自己支出的各种费用，如在供应商开发过程中发生的差旅费、会议费、专家费、检验费、鉴定费等，在订货过程中发生的快递费、交通费、办公费等，在运输过程中发生的包装费、运费、保险费、装卸费、劳务费等。不同费用类别报销时填制的报销单据以企业财务部门提供的为准，如差旅费报销单（见表 5－20）、专家咨询费发放表、劳务费发放表（见表 5－21）等。尤其要注意，专家咨询费和劳务费的发放需要领款人员提供居民身份证复印件、联系电话、银行账号、户名、开户行和本人签字。专家咨询费的发放除了需要上述资料外，还需要领款人提供职称证复印件。采购人员一定要提前准备好相关表格，以便对方现场签字。

采购人员填制好对应的费用报销单后，将相关的原始发票及验票结果一起附在报销单后，按审批程序找领导审批，审批完成后提交财务部门。如果原始发票是增值税发票的，无论是电子版还是纸质版，都需要到国家税务总局全国增值税发票查验平台进行查验，并打印或导出查验结果。

表 5-20　差旅费报销单

部门：　　　　　　　　　　　　　　　　报销日期：　　年　月　日

<table>
<tr><td colspan="2">出差人</td><td colspan="2"></td><td colspan="2">出差事由</td><td colspan="3"></td></tr>
<tr><td colspan="2">项目名称</td><td colspan="7"></td></tr>
<tr><td colspan="3">出发</td><td colspan="3">到达</td><td rowspan="2">人数</td><td rowspan="2">交通工具</td><td rowspan="2">金额</td></tr>
<tr><td>月</td><td>日</td><td>地点</td><td>月</td><td>日</td><td>地点</td></tr>
<tr><td></td><td></td><td></td><td></td><td></td><td></td><td></td><td></td><td></td></tr>
<tr><td></td><td></td><td></td><td></td><td></td><td></td><td></td><td></td><td></td></tr>
<tr><td></td><td></td><td></td><td></td><td></td><td></td><td></td><td></td><td></td></tr>
<tr><td colspan="8">交通费用小计</td><td></td></tr>
<tr><td colspan="2" rowspan="2">住宿费</td><td colspan="2">元/（人·天）</td><td colspan="2">人数</td><td colspan="2">天数</td><td>总计</td></tr>
<tr><td colspan="2"></td><td colspan="2"></td><td colspan="2"></td><td></td></tr>
<tr><td colspan="2" rowspan="3">市内交通费及
伙食补助费</td><td colspan="2">元/（人·天）</td><td colspan="2">人数</td><td colspan="2">天数</td><td>总计</td></tr>
<tr><td colspan="2"></td><td colspan="2"></td><td colspan="2"></td><td></td></tr>
<tr><td colspan="7">补助打入</td></tr>
<tr><td>其他费用</td><td>订票费</td><td></td><td>保险费</td><td></td><td>签转/
退票费</td><td></td><td>其他费用
小计</td><td></td></tr>
<tr><td colspan="8">差旅费小计</td><td></td></tr>
<tr><td>发生的
其他支出</td><td>会议费</td><td></td><td>____费</td><td></td><td>____费</td><td></td><td>其他支出
小计</td><td></td></tr>
<tr><td>报销总额</td><td>人民币
（大写）</td><td colspan="7"></td></tr>
<tr><td colspan="3">总经理：</td><td colspan="4">财务副总：</td><td colspan="2">业务副总：</td></tr>
<tr><td colspan="3">财务主管：</td><td colspan="4">经费归属部门主管：</td><td colspan="2">部门主管：</td></tr>
</table>

会计：　　　　　　　　出纳：　　　　　　　　经手人：

表 5-21　　劳务费发放表

部门：

序号	姓名	身份证号	银行卡号	开户行	劳务内容	天数	应发金额	代扣个税	实发金额	领款人签字	领款人
1											
2											
3											
4											
5											
6											
7											
8											
合计											

制表人：　　　　制表日期：　年　月　日

三、采购作业成本核算

物品采购成本的财务核算由财务部门完成，只需要将物品采购账户下的本期借方发生额汇总，除以本期采购数量就能计算出本期采购物品的成本。该成本是不包括材料采购过程中发生的差旅费、办公费，采购部门人员工资等，不便于对采购部门进行考核评价。因此，采购部门可以采用作业成本法来核算每一张订单的采购成本。

（一）采购支出记录

采购部门专门负责财务工作的人员平时要养成登记支出日记账的习惯。可以直接使用现金日记账账簿，也可以在发生支出时，登记采购作业支出表，如表 5-22 所示。表中摘要就填写支出的费用项目，如差旅费、会议费、检验费、快递费、运费、装卸搬运劳务费等。可以按订单进行小计，也可以根据管理需要，按月度、季度、年度汇总合计数。

表 5-22　　采购作业支出表

序号	日期	摘要	订单/合同编号	数量	单位	单价	金额	备注

续 表

序号	日期	摘要	订单/ 合同编号	数量	单位	单价	金额	备注

（二）采购作业成本计算

采购作业成本计算以订单为对象，计算出每一张订单中的采购物品的单位采购成本。该成本包括从寻找供应商到采购物品入库整个流程中发生的所有费用支出，也包括公司财务部门的直接支出。因此，在进行采购作业成本计算之前，采购人员除了需要汇总与该订单有关的采购作业支出外，还需要到财务部门查询本月由财务部门直接支出但属于采购部门的员工的工资、奖金、办公经费、固定资产折旧等费用金额。

1. 固定费用分摊

汇总各项费用后，需要区分固定费用和变动费用。固定费用需要逐项按照受益对象进行分摊，对于多品种采购物品的采购合同和订单，一般采用采购总金额作为分摊标准计算分摊率，即：

固定费用分摊率＝固定费用总额÷采购总金额

该订单应分摊的固定费用＝该订单采购总金额×该项固定费用分摊率

对于多品种采购订单，继续计算分摊率和每一物品应分摊的固定费用。

该订单中某物品应分摊的固定费用＝该订单应分摊的固定费用÷该订单采购总金额×该物品的采购金额

各项固定费用计算完成后，填写采购费用分摊表，如表 5－23 所示。

表 5－23　　采购费用分摊表

物料名称	采购金额	供应商开发费用			运杂费			管理费用			合计
		分配标准	分配率	金额	分配标准	分配率	金额	分配标准	分配率	金额	

续表

<table>
<tr><th rowspan="2">物料名称</th><th rowspan="2">采购金额</th><th colspan="3">供应商开发费用</th><th colspan="3">运杂费</th><th colspan="3">管理费用</th><th rowspan="2">合计</th></tr>
<tr><th>分配标准</th><th>分配率</th><th>金额</th><th>分配标准</th><th>分配率</th><th>金额</th><th>分配标准</th><th>分配率</th><th>金额</th></tr>
<tr><td></td><td></td><td></td><td></td><td></td><td></td><td></td><td></td><td></td><td></td><td></td><td></td></tr>
<tr><td></td><td></td><td></td><td></td><td></td><td></td><td></td><td></td><td></td><td></td><td></td><td></td></tr>
<tr><td></td><td></td><td></td><td></td><td></td><td></td><td></td><td></td><td></td><td></td><td></td><td></td></tr>
<tr><td></td><td></td><td></td><td></td><td></td><td></td><td></td><td></td><td></td><td></td><td></td><td></td></tr>
</table>

2. 订单作业成本计算

固定费用分摊完成后，可以在订单作业成本计算表（见表 5－24）中计算订单中的各物品的单位成本。

订单中某物品的成本＝单位变动成本×采购量＋该物品应分摊的固定费用

订单中某物品的单位成本＝订单中某物品的成本÷采购量

表 5－24　　订单作业成本计算表

项目	A 物品	B 物品	C 物品	D 物品	E 物品
采购量					
单位					
单价					
变动费用合计					
货款					
包装费					
装卸费					
运费					
管理人员津贴					
固定费用合计					
运杂费					
供应商开发费					
管理费用					
总成本					
单位成本					

本章小结

采购部门在与供应商签订了采购合同之后，采购人员要跟踪采购合同的执行，即采购订单跟踪。采购订单跟踪包括订单执行的跟踪与发生延迟交货的催单。采购物品验收包括采购物品的接运、验收、入库，以及订单货款支付、采购费用报销及订单作业成本的计算。至此，企业采购的整个业务流程结束。

练习题

一、单项选择题

(1) 为了保证物品使用部门能在需要的时候获得该物品，订单必须在（　　）发出。

A. 订货提前期　　B. 收到请购单时

C. 物品需求日之前5个工作日　　D. 物品需求日之前10个工作日

(2) 采购物品接运时，除了要核对物品运单之外，还要查看（　　），可以作为向成员单位索赔的凭证。

A. 押运单　　B. 物品装车清单　　C. 货运记录单　　D. 普通记录单

(3) 采购物品的合格品数量超过订单的部分应该（　　）。

A. 拒收，通知供应商自行运走　　B. 按实际数量入库

C. 冲抵上次入库数量的不足部分　　D. 采购员与仓库人员分掉

(4) 采购人员在物品入库后，从仓库人员处获取（　　）联入库单。

A. 1　　B. 2　　C. 3　　D. 4

(5) 采购过程中发生的劳务费支出，领款人必须提供（　　）。

A. 居民身份证复印件　　B. 职称证

C. 存折复印件　　D. 户口簿复印件

二、多项选择题

(1) 采购订单跟踪的内容包括（　　）。

A. 跟单　　B. 催单　　C. 接运　　D. 验收与入库

E. 货款支付

(2) 现有供应商订单剩余容量不足，可以（　　）。

A. 向经过认证的另一家供应商下订单

B. 仍然向该供应商下单

C. 拆单分别向现有供应商和新供应商下单

D. 休息，等待领导指示

E. 向领导汇报，让领导想办法

(3) 采购交货期异常包括（　　）。

A. 提前交货　　B. 准时交货

C. 延迟交货　　D. 用料部门领料前交货

E. 生产部门开工前在车间交货

(4) 订单量超过供应商的最大生产能力，造成交货延迟，可能是（　　）的责任。

A. 供应商　　B. 采购部门　　C. 物流部门　　D. 物料需求部门

E. 沟通不良

三、判断题

(1) 采购订单中的信息内容很少，不需要专人复核。（　　）

(2) 供应商提前交货比延迟交货好。（　　）

(3) 催货通知单只要在预计出现交货延迟后就能向供应商发出。（　　）

(4) 采购物品送到后，要先办理完交接后才能卸车。（　　）

(5) 采购货款的支付是财务部门的事情，与采购部门无关。（　　）

第六章　招标采购

学习目标

1. 明确招标采购的含义、特点与分类，掌握招标采购的业务流程以及采购部门在招标阶段的工作内容。

2. 了解供应商投标的基本流程及投标文件的制作与递交。

3. 了解开标、评标和定标的流程及要求。

4. 了解招标采购中常见的问题及防范措施。

招标采购是在众多的供应商中选择最佳供应商的有效方法，它体现了公开、公平和公正的原则。通过招标采购，招标方可以最大限度地吸引和扩大投标方的竞争，从而使招标方有可能以最低的价格采购到所需要的物品，更充分地获得市场利益。招标采购是很多企业和政府部门采购通用的方法之一。为了保证招标过程的公开、公平和公正，招标采购的程序和操作都必须严格遵守《中华人民共和国招标投标法》（以下简称《招标投标法》）。

第一节　招标

采购人员要通过招标采购所需物品，首先要知道什么是招标采购，招标采购的基本业务流程是怎样的，以及在招标阶段需要做什么。

一、招标采购的相关知识

我国从 20 世纪 80 年代初开始引入招标投标制度，先后在利用国外贷款、机电设备进口、建设工程发包、科研课题分配、出口商品配额份额等领域推行，取得了良好的经济效益和社会效益。目前招标采购已经是政府和企业采购活动中广泛运用的一种采购方式。从发展趋势看，招标与投标的领域还在拓宽，规范化程度也在进一步提高。

（一）招标采购的定义与特点

招标采购，是指通过在一定范围内公开购买信息，说明拟采购物品或项目的交易条件，邀请供应商或承包商在规定的期限内提出报价，经过比较分析后，按既定标准选择条件最优的投标人并与其签订采购合同的一种采购方式。招标采购通常用于比较重大的建设工程项目、新企业寻找长期物资供应商、政府采购或采购批量比较大等场合。招标采购对供需双方都有好处。通过这种方式，采购方可以在更大范围内选择理想的最佳潜在供应商，以更合理的价格、稳定的质量进行采购，更充分地获得市场利益。供应商也可以在公开、公平、公正的条件下参与竞争，不断提高经营管理质量。招标采购的主要特点体现在以下方面。

1. 组织性

招标采购是有组织地进行的，即它是通过招标采购货物的买方或工程项目的主办人，或者招标人委托的招标代理机构按照预定的日程在招标机构所在地或招标机构所规定的场所有组织地进行。在整个过程中，从招标、投标、评标、定标到签订合同，每个环节都有严格的程序和规则。这些程序和规则具有法律约束力，当事人不能随意改变。

2. 公开性、公平性和公正性

公开性是指招标采购的操作过程全部公开，接受公众的监督，防止暗箱操作，即公开发布招标邀请、投标商资格审查标准和最佳投标商评选标准，公开进行开标并公布中标结果。招标采购的公开运作，使得凡是符合招标书所规定的条件者，均可自愿参与投标，参与竞争。公平性是指在招标采购过程中应自始至终按照事先规定的程序和规则，本着公平竞争的原则进行，即给予每一个有兴趣的供应商以平等的机会，使其享受平等的待遇。公正性是指在招标公告或投标邀请书发出后，所有对招标感兴趣的供应商、承包商和服务提供商都可以进行投标，并且地位一律平等，不允许歧视任何投标商。同时，评标委员会在评标时按事先公布的标准公平、客观地对待每一个投标商。

3. 竞争性

招标采购是若干投标商的一个公开竞标的过程，是一场实力的比拼。招标采购的竞争性体现了市场经济的平等、正当和合法等基本原则。招标采购是一种规范的、有约束的竞争，有一套严格的程序和实施方法。招标企业通过招标采购，可以最大限度地吸引和扩大投标商参与竞争，从而使自身有可能以适宜的价格采购到所需的物资或服务。

4. 一次性

在一般的交易活动中，采购商和供应商往往要经过多次谈判才能成交，但招标采购却不一样。从投标商递交投标文件后到确定中标商之前，招标企业不得与投标商就投标价格等实质性内容进行谈判，即投标商只能一次性地递交投标书，交易双方没有面对面地讨价还价的过程。

（二）招标采购的适用范围

企业是否采用招标采购，由企业自主决定，但一旦采用招标采购，就必须严格按照规定的程序和标准执行。政府采购中对招标采购的方式和适用范围有严格的规定。政府采购中的招标采购方式包括公开招标、邀请招标、竞争性谈判、单一来源采购、询价，以及国务院政府采购监督管理部门认定的其他采购方式。

1. 符合下列情形的，一般采用公开招标

（1）采购人采购货物或者服务达到公开招标数额标准的。
（2）规模较小的小型项目、维修工程及某些专业性较强的特殊项目。

2. 符合下列情形的，可以采用邀请招标

（1）公开招标后，没有供应人或无合格标。
（2）出现了不可预测的急需。
（3）发生突发事件，无法按招标方式得到所需的货物、工程或服务。
（4）供应商准备投标文件需要高额费用。
（5）采购项目因其复杂性和专业性，只能从有限范围的供应方获得。
（6）公开招标成本过高，与采购项目的价值不相称。
（7）经财政部门认定的其他情况。

3. 符合下列情形的，可以采用竞争性谈判

（1）招标后没有供应商投标、没有合格标的或者重新招标未能成立的。
（2）技术复杂或者性质特殊，不能确定详细规格或者具体要求的。
（3）采用招标所需时间不能满足用户紧急需要的。
（4）不能事先计算出价格总额的。

4. 符合下列情形的，可以采用单一来源采购

（1）只能从唯一供应商处采购。
（2）发生了不可预见的紧急情况，不能从其他供应商处采购。

（3）必须保证原有采购项目一致性或者服务配套的要求，需要继续从原供应商处添购，且添购资金总额不超过原合同采购金额百分之十的。

5. 符合下列情形的，可以采用询价

采购的货物规格、标准统一，现货货源充足且价格变化幅度小的政府采购项目，可以采用询价的方式采购。

（三）招标采购的分类

根据《招标投标法》的规定，招标采购方式分为公开招标和邀请招标两种。从国际招标类型来看，除了以上两种方式，还有竞争性谈判、两阶段招标等。

1. 公开招标

公开招标又称为竞争性招标，可分为国际竞争性招标和国内竞争性招标，是由招标单位通过报刊、互联网等媒体发布招标公告，凡对该招标项目感兴趣又符合投标条件的法人，都可以在规定的时间内向招标单位提交规定的证明文件，由招标单位进行资格审查，核准后购买招标文件，进行投标。一般来说，任何符合投标条件的合法经营单位都有资格参加投标，但在领取标书时必须交付一定的押金或提交一份招标单位认可的投标担保，这些押金或担保要等到某个合适的企业正式中标后才予以返回或撤销。

（1）公开招标的优点。

①公平。公开招标使对该招标项目感兴趣又符合投标条件的投标者都可以在公平竞争条件下，拥有中标的机会。

②价格合理。各投标者自由竞争，凭其实力争取合约，而不是人为或特别限制规定售价，价格比较合理。

③改进产品品质。公开招标可以使招标单位了解投标者产品的技术水平与发展趋势，促进其产品品质的改进。

④减少徇私舞弊。各项资料公开，经办人员难以徇私舞弊，更可避免人情关系。

⑤扩大货源范围。通过公开招标的方式可获得更多投标者的报价，扩大供应来源。

（2）公开招标的缺点。

①采购费用较高。公开登报、招标文件制作与印刷、开标场所布置等，均要花费大量财力与人力。

②手续烦琐。从招标文件设计到签约，每一阶段都必须周详准备，并且要严格遵循有关规定，不允许发生差错，否则容易引起纠纷。

③可能产生串通投标。凡金额较大的招标项目，投标者之间可能串通投标，做不实报价或任意提高报价，给招标单位造成困扰与损失。

④对供应商调查不充分。投标者可能会利用招标单位对投标者的不了解，报出不合理的低价，以致带来偷工减料、交货延误等风险。招标单位事先无法了解投标者或预先进行有效的信用调查，可能会衍生意想不到的问题。

2. 邀请招标

邀请招标又称为有限竞争性招标或选择性招标，即由招标单位根据自己积累的资料，或根据权威的咨询机构提供的信息，选择一定数目的符合要求的企业，向其发出投标邀请书，邀请它们参加招标竞争。一般选择 3～10 个参加者较为适宜，当然要视具体的招标项目的规模大小而定。应邀单位要在规定时间内向招标单位提交投标意向，购买招标文件进行投标。

（1）邀请招标的优点。

①节省时间和费用。因无须登报或公告，投标企业数量有限，所以可以减少评标工作量，节省时间和费用。

②比较公平。因为是基于同一条件邀请企业投标竞价，所以机会均等。虽然不像公开招标那样不限制投标企业数量，但公平竞争的本质相同，只是竞争程度较低而已。

③减少徇私舞弊，防止串通投标现象。

（2）邀请招标的缺点。

①由于竞争对手少，招标单位获得的报价可能并不十分理想。

②由于采购方对供应市场了解不够，可能会漏掉一些有竞争力的供应商或承包商。

3. 竞争性谈判

竞争性谈判不在《招标投标法》的应用范围，在实际的采购实践中，却经常被使用。竞争性谈判也称议标或限制性招标，即通过谈判来确定中标者。

（1）它的主要方式有直接邀请议标方式、比价议标方式和方案竞赛议标方式等。

①直接邀请议标方式。直接邀请议标方式是指由招标单位或其代理人直接邀请某一企业进行单独协商，达成协议后签订采购合同的方式。如果与一家协商不成，可以邀请另一家，直到协议达成为止。

②比价议标方式。比价议标方式是兼有邀请招标和协商特点的一种招标方式，即由招标单位将采购的有关要求送交选定的几家企业，要求它们在约定的时间内提出报价，经过分析比较，选择报价合理的企业，并就工期、造价、质量和付款条件等细节进行协商，从而达成协议，签订采购合同。此方法一般用于规模不大、内容简单的工程和货物采购。

③方案竞赛议标方式。方案竞赛议标方式是选择工程规划设计任务的常用方式。其一般做法是由招标单位提出规划设计的基本要求和投资控制数额，并提供可行性研

究报告或设计任务书、场地平面图、有关场地条件和环境情况的说明，以及规划、设计管理部门的有关规定等基础资料，参加竞争的企业据此提出自己的规划或设计的初步方案，阐述方案的优点，并提出该项规划或设计任务的主要人员配置、完成任务的时间和进度安排、总投资估算和设计等，一并报送招标单位。然后由招标单位邀请有关专家组成的评选委员会选出优胜企业，招标单位与优胜企业签订合同。对未选中的参审企业给予一定补偿。

（2）竞争性谈判的优点。

①可及早选定供应商或承包商，有利于设计。

②能促使项目早日开工。

③采购方的招标费用可大大降低。

④采购方根据其价格及技术要求来选定供应方，因而完全可以物色到自己较为满意的供应商或承包商。

⑤可以充分利用供应商或承包商所拥有的专业技术知识和工作经验。

（3）竞争性谈判的缺点。

①采购方接受的合同价可能并非真正的竞争性价格，不能反映供应市场所能承受的真实价格和最低价格。

②对政府部门来说，可能满足不了公众要求参与项目财务审核、透明度要高的这一原则。我国机电设备招标规定中禁止采用这种方式。

4. 两阶段招标

两阶段招标采购活动可以明显地分为两个阶段。第一阶段，采购方就拟采购货物或工程的技术、质量或其他特点以及合同条款和供货条件等广泛地征求建议（合同价款除外），并同投标方进行谈判，以确定拟采购货物或工程的技术规格。第一阶段结束后，采购方就可最后确定技术规格。第二阶段，采购方依据第一阶段确定的技术规格进行正常的招标，邀请合格的投标者就包括合同价款在内的所有条件进行投标。

两阶段招标采购的优点：第一阶段，给予采购方相当大的灵活性，采购方可以通过谈判与供应商或承包商达成一套有关拟采购事项的确定技术规格；第二阶段，又可充分利用公开招标方法所具有的高度民主、客观性和竞争性的优势。

两阶段招标主要应用于技术复杂、规模巨大的工程项目中，经过第一阶段的竞争之后，被选中的承包商即让其加入设计小组，作为建筑专业人员就设计中涉及的施工质量、施工可行性、施工进度及工程成本等问题积极提出建议。第二阶段，合同总价可以部分通过协商、部分根据第一阶段取得的资料予以综合后确定。要指出的是，采用这种招标方法，对买方而言，其所承担的经济风险要大一些。

（四）招标采购的作业流程

由于招标采购主体和客体的不同，招标采购的程序会有所不同。招标采购总体包括招标、投标、开标、评标和定标五个阶段，具体过程包括：制作招标文件、发布招标公告、出售招标文件、召开招投标大会、开标、唱标、评标、评委选出预中标单位、实地考察、公示预中标单位名单、发中标通知等。

二、招标采购的准备工作

招标采购活动是一项涉及范围很大的大型活动。因此，开展一次招标采购活动需要进行周密的准备工作，招标人应办理有关的审批手续（如果需要），确定招标方式，编制招标文件和工程招标标底等。

（一）准备工作

招标活动是一项涉及范围很大的大型活动。因此，开展一次招标活动需要进行认真、周密的准备。招标前期的准备工作主要包括以下内容。

1. 招标项目的审批

招标项目按照国家有关规定需要履行项目审批手续的，应当先履行审批手续，获得批准；如果国家对项目没有审批手续要求的，则无须经过国家批准。但按照国家有关规定应审批而未审批的项目，或者违反审批项目权限进行审批的项目不得进行招标；擅自招标的，招标人应承担相应的法律责任和经济责任。

2. 落实资金来源

招标人应当有进行招标项目的相应资金或者已落实资金来源，且应在招标文件中如实载明。招标项目所需的资金，是招标人对项目进行招标并最终完成招标项目的物质保证。资金是否落实，不仅关系到招标项目是否能够顺利实施，而且关系到投标人的利益能否得到保证。在实践中，招标项目的资金来源一般有国家和地方财政拨款、企业自筹资金、银行贷款及国外政府和国际组织贷款。

（二）制定招标方案

招标方案主要明确以下事项。

（1）明确招标的内容和目标，对招标采购的必要性和可行性进行充分的研究和探讨。

（2）对招标书的标底要仔细研究确定。

（3）研究决定招标的方式、操作步骤、时间进度等，例如采用公开招标还是邀请招标，是自己亲自主持招标还是请人代理招标，分成哪些步骤，每一步怎么进行等。

（4）对评标方法和评标小组进行讨论研究。

把以上讨论得出的方案计划形成文件，交由企业领导层讨论决定，取得企业领导决策层的同意和支持，有些甚至可能还要经过公司董事会同意和支持。

（三）编制招标文件

招标文件是招标人向投标人提供的为进行投标工作所必需的文件，旨在向其提供为编写投标文件所需要的资料并向其通报招标投标将依据的规则和程序等内容。招标文件是整个招标投标活动的核心文件，是投标商编制投标文件的依据，也是采购商与中标商签订合同的基础，所以，准备招标文件是非常关键的环节，它直接影响采购的质量和进度。

我国《招标投标法》规定，招标人应当根据招标项目的特点和需要编制招标文件。招标文件的内容大致可分为以下三部分。①关于编写和提交投标文件的规定。载入这些内容的目的是尽量减少符合资格的供应商或承包商由于不明确如何编写投标文件而处于不利地位或其投标遭到拒绝的可能性。②关于投标文件的评审标准和方法。这是为了提高招标过程的透明度和公平性，是非常重要且必不可少的。③关于合同的主要条款，其中主要是商务性条款，有利于投标人了解中标后所要签订合同的主要内容，明确双方各自的权利和义务。其中，技术要求、投标报价要求和主要合同条款等内容是招标文件的内容，统称实质性要求。如果投标文件与招标文件规定的实质性要求不相符，即可认定投标文件不符合招标文件的要求，招标人可以拒绝该投标，并不允许投标人修改或撤销其不符合要求的差异或保留，使之成为实质性响应的投标。

具体来讲，招标文件一般至少包括下列内容。

1. 投标邀请

招标文件的第一部分为投标邀请，包括投标邀请书、招标机构或代理机构联系方式、招标标的一览表。招标标的一览表中要包括采购商品品名、数量、交货时间和地点等。投标邀请书中应明确文件编号、项目名称及性质；明确投标人资格要求，不同项目根据性质不同，所邀请的投标人资格也不同；明确发售文件时间，为公告时间开始到投标截止时间；明确提交投标文件的方式、地点和截止时间。

下面就是一则投标邀请。

范文 6－1

投标邀请

北京××招标代理有限公司受________委托，对________的下述货物和服务进行国内公开招标，现欢迎国内合格的投标人前来提交密封的投标。

（1）招标编号：________。

(2) 招标货物（服务）名称、数量及主要技术规格。

(3) 采购单位：××。

采购单位联系人：××。

采购单位联系电话：×××××××××。

(4) 招标文件购买时间：[　年　月　日] 至 [　年　月　日]（公休假除外，每天8：00—12：00，15：00—17：30（北京时间）。

(5) 招标文件售价：招标文件（纸质或电子）每套50元，若邮寄，另加50元特快专递费，招标文件售出一概不退。北京××招标代理有限公司不对邮寄过程中可能发生的延误或丢失负责。

(6) 投标截止时间及投标地点：投标文件应于 [　年　月　日]（北京时间）之前提交到北京××招标代理有限公司开标大厅（××路××号楼××室），逾期送达的或不符合规定的投标文件将被拒绝。(温馨提示：由于交通拥挤请务必留足送交文件途中所需的时间，避免迟到。)

(7) 开标时间：[　年　月　日]（北京时间）。

开标地点：北京××招标代理有限公司开标大厅。

(8) 投标人对本次招标活动事项提出疑问的，请在招标文件发售日起7个工作日内，以书面形式送达招标代理机构。

(9) 以上如有变更，招标代理机构会通过中国政府采购网和北京××招标代理有限公司官网通知，请潜在投标人关注。

2. 投标须知

这是招标文件中反映招标人招标意图的内容，每个条款都是投标人应该知晓和遵守的规则的说明。投标须知的主要内容基本上是招标投标的一些基本规则、做法标准等。这些内容基本上可从《招标投标法》中找到依据（不可与《招标投标法》相抵触），并可根据自己的具体情况具体化、实用化，作为与投标人的一种约定做法。投标须知的主要内容包括以下几个方面。

(1) 资金来源。

(2) 没有进行资格预审的，要提出投标商的资格要求。

(3) 货物原产地要求。

(4) 招标文件和投标文件的澄清程序。

(5) 投标文件的内容要求。

(6) 投标语言，尤其是国际性招标，由于参与竞标的供应商来自世界各地，必须对投标语言做出规定。

(7) 投标价格和货币规定。

（8）修改和撤销投标的规定。

（9）标书格式和投标保证金的要求。

（10）评标的标准和程序。

（11）国内优惠的规定。

（12）投标程序。

（13）投标有效期。

（14）截止日期。

（15）开标时间、地址等。

3. 采购合同格式及条款

采购合同主要内容包括合同双方名称、供货范围或工程简介、合同条款以及双方的责任和义务等。合同条款包括一般合同条款和特殊合同条款。特殊合同条款是因具体采购项目的性质和特点而制定的补充性条款，是对一般合同条款中某些条款的具体化。

4. 技术规格

招标项目的技术规格或技术要求是招标文件中最重要的内容之一，是指招标项目在技术、质量方面的标准，如一定的大小、轻重、体积、精密度、性能等。招标文件规定的技术规格应采用国际、国内公认或法定的标准，除不能准确或清楚地说明拟招标项目的特点外，各项技术规格均不得要求或标明某一特定的商标、名称、专利、设计、原产地或生产厂家，不得有针对某一潜在供应商或排斥某一潜在供应商的内容。

5. 报价表

在报价表中要填写商品品名、商品简介、原产地、数量、出厂单价、价格中境内增值部分占的比例、总价、中标后应缴纳的税费、离岸价格、到岸价格等。

6. 投标保证金的数额或其他形式的担保

在招标投标程序中，如果投标人投标后擅自撤回招标，或者投标被接受后由于投标人的过错而不能缔结合同，那么招标人就可能遭受损失（如重新进行招标的费用和招标推迟而造成的损失等）。因此，招标人可以在招标文件中要求提供投标保证金或其他形式的担保，如抵押担保等，以防止投标人违约，并在投标人违约时得到赔偿。投标保证金可以是现金、支票、信用证、银行汇票，也可以是银行保函等。投标保证金的金额不宜太高，可以确定为投标价的一定比例，一般为投标价的1%～5%，也可以是一个固定数额。

如果投标人有下列行为之一的，招标人有权没收其投标保证金。

(1) 投标人在投标有效期内撤回投标。

(2) 投标人在收到中标通知书后，不按规定签订合同或不缴纳履约保证金。

(3) 投标人在投标有效期内有违规违纪行为等。

在下列情况下，投标保证金应及时退还给投标人。

(1) 中标人按规定签订合同并缴纳履约保证金。

(2) 没有违规违纪的未中标投标人。

7. 投标文件的编制要求及格式

标书编制要求是投标人编制投标书的依据，投标人必须对标书的内容进行实质性的响应，否则会被判定为无效标。招标人要提前确定标书中应包括的内容和标书的格式。

8. 履约保证金

履约保证金是为了保证采购单位的利益，避免因为投标人违约给招标人带来损失。一般来说，货物采购的履约保证金为合同价的5%～10%。

(四) 编制标底

任何招标人在招标之前都会估计预计需要的资金，可以事先做到胸中有数。如果这种估计做得比较详细和准确，则这一估计的价格就是标底了。长期以来，我国建筑工程招标都是编制标底的，而且往往在招标中严格按标底来选择承包商。例如，有些地方在招标中规定“中标价上限不得超过标底价的5%，下限不得超过10%”。由于标底的存在，使得投标者千方百计想套出标底，就容易滋生腐败，而且也不利于降低标底价格。现在这种状况有所改观，有些地方已经采用无标底招标。有些国家在政府项目招标时，也有类似于我国标底的做法，如日本就编制标底，要求中标者的报价不能超过标底，如果所有投标者的报价都超过了标底价，那么这次招标就只能作废。但世界上大多数国家在招标时都是没有标底的，至少选定中标者时不受所谓“标底”的限制。

标底是招标单位对招标工程、货物、服务的预期价格，是由招标单位或委托经有关部门批准的具有编制标底资格的单位根据设计图样和有关规定计算，并经本地工程造价管理部门核准审定的发包造价。在建设工程招标投标活动中，标底的编制是工程招标中重要的环节之一，是评标、定标的重要依据，且工作时间紧、保密性强，是一项比较繁重的工作。标底的编制一般由招标单位委托由建设行政主管部门批准具有与建设工程相应造价资质的中介机构代理编制，标底应客观、公正地反映建设工程的预期价格，也是招标单位掌握工程造价的重要依据，标底在招标过程中显示出其重要的作用。因此，标底编制的合理性、准确性直接影响工程造价。

1. 编制工程施工招标标底的方法

我国编制的工程施工招标标底主要有以下几种。

（1）以施工图预算为基础的标底。

具体做法是根据施工图样及技术说明，按照事先编制好的分项工程，逐项计算出工程量，再套用定额单价（或单位估价表）确定直接费用，然后按规定的取费标准确定施工管理费、其他间接费、计划利润和税金，还要加上材料调价系数和适当的不可预见费，汇总后形成的总金额即为工程标底。

（2）以工程概算为基础的标底。

以工程概算为基础的标底编制程序和以施工图预算为基础的标底编制程序大体相同，所不同的是采用工程概算定额，分部分项对工程子目做了适当的归并与综合，使计算工作有所简化。采用这种方法编制的标底，通常适用于在初步设计或技术设计阶段即进行招标的工程。在施工图阶段招标，也可按施工图计算工程量。按概算定额和单价计算直接费用，既可提高计算结果的准确性，又能减少计算工作量，节省时间和人力。

（3）以扩大综合定额为基础的标底。

以扩大综合定额为基础的标底是从工程概算基础上发展起来的，特点是将施工管理费、各项独立费、计划利润和税金都纳入扩大的分部分项单位内，形成扩大综合单价。在计算出工程量后，乘扩大综合单价，再经汇总即为标底，从而能更进一步地简化确定标底的工作。

（4）以平方米造价包干为基础的标底。

以平方米造价包干为基础的标底主要适用于采用标准图大量建造的住宅工程，一般做法是由地方主管部门对不同结构体系的住宅造价进行测算分析，制定每平方造价包干标准。在具体招标时，再根据装修、设备情况进行适当调整，确定标底单价。鉴于基础工程因地质条件不同对造价有很大的影响，所以，平方米造价包干多以工程的±0 以上为对象，基础和地下部分工程仍应以施工图预算为基础确定标底，二者之和构成了完整的工程标底。

2. 标底编制的原则

（1）客观、公正的原则。

由于招标投标时各单位的经济利益不同，招标单位希望投入较少的费用，按期、保质、保量地完成工程建设任务。而投标单位的目的则是以最少的投入尽可能获取较多的利润。这就要求工程造价专业的人员要有良好的职业道德，站在客观、公正的立场上，兼顾招标单位和投标单位的利益，以保证标底的客观性、公正性。

(2) 严格“量准价实”的原则。

在编制标底时，由于设计图样的深度不够，对材料用量的标准及设备选型等内容交底较浅，就会造成工程量计算不准确，设备、材料价格选用不合理。因此，要求设计人员力求做细，严格按照技术规范和有关标准进行精心设计；而专业人员必须具备一定的专业技术知识，只有技术与各专业配合协调一致，才可避免技术与经济脱节，从而达到“量准价实”的目的。

(3) 保密的原则。

按照国际惯例，在正式招标前，招标人应对招标项目制定出标底。标底是招标人为准备招标的内容计算出的一个合理的基本价格，即一种预算价格，它的主要作用是作为招标人审核报价、评标和确定中标人的重要依据。因此，标底是招标单位的“绝密”资料，不能向任何人泄露。特别是我国国内大部分项目评标时，均以标底上下的一个区间作为判断投标是否合格的条件，标底保密的重要性就更加明显了。

(4) 认真细致、实事求是的原则。

由于标底是衡量投标报价竞争力的一把尺子，其好坏直接影响招标工作的有效性。标底定得过高，进入合格范围内的投标人数量太多，就会使评价的工作量和难度大大增加；标底定得过低，又容易使所有的投标人都落空，从而导致招标失败。因此，标底制定得好，可以说是招标工作成功了一半，而编制一个先进、准确、合理、可行的标底需要认真细致和实事求是。首先，标底的制定与招标文件的编制有着密不可分的关系。标底制定得是否正确很大程度上取决于招标文件对项目工作量的说明是否正确，因此招标文件对项目的工作量进行说明时应尽量减少漏项，同时将工作量尽可能计算准确，力争将招标文件中计算出的工作量与实际量的误差控制在5%以内。其次，标底的制定应建立在一个比较先进的设计方案基础上，这样编制出的标底才切合实际。

三、发布招标公告与答疑

在招标方案得到公司的同意和支持，准备好招标文件后，就进入了发布招标公告和答疑阶段。

(一) 发布招标公告

采用公开招标方式采购的，应在政府采购监督管理部门指定的媒体上发布招标公告。采用邀请招标方式采购的，应通过随机方式从符合相应资格条件的供应商名单中确定不少于3家的供应商，并向其发出投标邀请函。招标公告是指招标单位或招标人在进行科学研究、技术攻关、工程建设、合作经营或大宗商品交易时，公布标准和条件，提出价格和要求等项目内容，以期从中选择承包单位或承包人的一种文书。

招标公告是公开招标时发布的一种周知性文书，要公布招标单位、招标项目、招标时间、招标步骤及联系方法等内容，以吸引供应商参加投标。其通常由标题、标号、正文和落款四部分组成。

1. 标题

招标公告的标题是其中心内容的概括和提炼，形式上可分为单标题和双标题。

（1）单标题。一是完整式标题，由招标单位名称、招标项目和文种组成，如“××金融职业学院新校区工程招标公告”；二是省略式标题，可省略招标单位名称或招标项目，或者二者均略去，只留下文种名称，如“××大桥工程招标公告”“××公司招标公告”“招标公告”等；三是广告性标题，以生动吸引人的语言激发人们投标的欲望，如“给您一个大展身手的机会，请君租赁××营业厅”等。

（2）双标题。正标题标明招标单位和文种的名称，副题点明招标项目，如“××进出口公司国际招标公告——××配套工程”。

2. 标号

凡是由招标公司制作的招标公告，都须在标题下一行的右侧标明公告文书的标号，以便归档备查。标号一般由招标单位名称的英文缩写、年度和招标公告的顺序号组成。

3. 正文

招标公告的正文应当写明招标单位名称、地址，招标项目的性质、数量，实施地点和时间，以及获取招标文件的办法等各项内容，其写作结构一般由开头和主体两部分组成。

开头部分，也叫前言或引言。简要写明招标的缘由、目的或依据，招标项目或商品的名称、规模和批号，招标范围以及资金来源等内容。

主体部分，是招标公告的核心部分，通常采用条文式或分段式结构，写明以下内容。

（1）招标项目的情况。该部分具体写明招标项目的名称以及项目的主要情况，如工程名称或要采购的商品的名称，工程概况、规模、质量要求，或大宗商品的型号、数额、规格等。

（2）招标范围。写明投标人应具备的条件，使潜在的投标人明确自己是否能成为投标人。

（3）招标步骤。写明招标的起止日期，投标人购买招标文件的时间、价格和方式，开标的时间和地点，有的还写明签约的时间和期限、项目开工的时间或时限等。

4. 落款

在招标公告正文的末尾写明招标单位的名称、招标公告发布的日期，如果是刊发在报纸上，也可不署日期。还要写明招标单位的地址、电话、传真、邮政编码及联系人等，以便投标人与招标人联系。

有的招标公告还带有附件，将一些繁杂的内容，如项目数量、工期、设计勘察资料等作为附件列于文后或作为另发的招标文件。

与招标公告具有同等效力的“投标邀请书”，其内容与招标公告的内容一样。不同的是，邀请书以书信体行文，标题直书“投标邀请书”，正文有称谓（被邀请单位的名称），开头有对被邀请单位的肯定性评价。邀请书的文字更为简洁，语气更恳切。

下面是一则招标公告范文。

范文6-2

××公司××项目招标公告

招标标号：××××—××

1. 招标条件

本招标项目________（项目名称）已由________（项目审批、核准或备案机关名称）已________（批文名称及编号）批准建设，项目业主为________，建设资金来自________（资金来源），项目出资比例为________，招标人为________。项目已具备招标条件，现对该项目的施工进行公开招标。

2. 项目概况与招标范围

________（说明本次招标项目的建设地点、规模、计划工期、招标范围、标段划分等）。

3. 投标人资格要求

3.1 本次招标要求投标人须具备________资质，________业绩，并在人员、设备、资金等方面具有相应的施工能力。

3.2 本次招标________（接受或不接受）联合体投标。联合体投标的，应满足下列要求：__________________。

3.3 各投标人均可就上述标段中的________（具体数量）个标段投标。

4. 招标文件的获取

4.1 凡有意参加投标者，请于________年________月________日至________年________月________日（法定公休日、法定节假日除外），每日上午________时至________时，下午________时至________时（北京时间，下同），在________（详细地址）持单位介绍信购买招标文件。

4.2 招标文件每套售价________元，售后不退。图纸押金________元，在退还图纸时退还（不计利息）。

4.3 邮购招标文件的，需另加手续费（含邮费）________元，招标人在收到单位介绍信和邮购款（含手续费）后________日内寄送。

5. 投标文件的递交

5.1 投标文件递交的截止时间（投标截止时间，下同）为________年________月________日________时________分，地点为________。

5.2 逾期送达的或者未送达指定地点的投标文件，招标人不予受理。

6. 发布公告的媒介

本次招标公告同时在________（发布公告的媒介名称）上发布。

7. 联系方式

招标人：________________	招标代理机构：________________
地址：________________	地址：________________
邮编：________________	邮编：________________
联系人：________________	联系人：________________
电话：________________	电话：________________
传真：________________	传真：________________
电子邮件：________________	电子邮件：________________
网址：________________	网址：________________
开户银行：________________	开户银行：________________
账号：________________	账号：________________

________年________月________日

（二）答疑

这是在招标投标过程中，招标人在向投标人发放招标公告后，向投标人澄清招标有关招标疑问的过程。采购人根据招标项目的具体情况，可以组织潜在投标人现场考察或开标前的答疑会；也可以通过书面形式让投标人提交投标提问书，招标工作人员再根据投标人的提问，撰写投标答疑书（函）发送给提问的投标人。

四、报名登记与资格预审

招标方发布招标公告后，要根据招标公告规定的投标资格、报名要求，在招标公告限定的时间内对投标供应商进行报名登记和资格预审。

资格预审，是指投标前对获取资格预审文件并提交资格预审申请文件的潜在投标人进行资格审查的一种方式。招标人采用资格预审办法对潜在投标人进行资格审查的，应当发布资格预审公告、编制资格预审文件。招标人应当合理确定提交资格预审申请文件的时间。依法必须进行招标的项目提交资格预审申请文件的时间，自资格预审文件停止发售之日起不得少于5日。

1. 编制资格预审文件

资格预审文件由采购企业组织有关专家编制，也可委托设计单位、咨询公司编制。资格预审文件的主要内容有项目简介、对投标人的要求、各种附表。资格预审文件须报招标管理机构审核。

2. 资格预审公告

在建设工程交易中心及政府指定的报刊、网络发布工程招标信息，刊登资格预审公告。资格预审公告的内容应包括项目名称、资金来源、项目规模、采购量、项目分包情况、投标人的合格条件，以及购买资格预审文件的日期、地点和价格，递交资格预审投标文件的日期、时间和地点。

3. 报送资格预审文件

投标人应在规定的截止时间前报送资格预审文件。

4. 评审资格预审文件

采购企业负责组织评审小组，包括财务、技术方面的专门人员对资格预审文件进行完整性、有效性及正确性的资格预审。

(1) 财务。财务方面的预审是看投标人是否有足够的资金承担本项目。投标人必须有一定数量的流动资金。投标人的财务状况将根据其提交的经审计的财务报表以及银行开具的资信证明来判断，其中特别需要考虑的是承担新项目所需要的财务资源能力，进行中项目合同的数量及目前的进度，投标人必须有足够的资金承担新的项目。其财务状况必须是良好的，对承诺的项目量不应超出本人的能力。不具备充足的资金执行新的项目合同将导致其资格审查不合格。

(2) 供应经验。这方面主要考察投标人是否承担过类似本采购项目，特别是具有特别要求的采购项目；近年来完成的项目数量、规模。投标人要提供近几年中令采购方满意的、相似类型和规模及复杂程度相当的项目的完成情况。同时采购方还要考虑投标人过去的履约情况，包括过去的项目委托人的调查书。过去承担的项目中如有因投标人的责任而导致项目没有完成的，将构成取消其资格的充分理由。

(3) 人员。这方面主要考察投标人所具有的技术和管理人员的数量、工作经验、能力是否满足本项目的要求。投标人应认真填报拟选派的主要项目管理人员和监督人员及有关资料供审查，应选派在项目实施方面有丰富经验的人员，特别是项目负责人的经验、资历非常重要。投标人若不能派出有足够经验的人员，将被取消资格。

（4）设备。投标人所拥有的设备应能满足项目的要求。投标人应清楚地填报拟投入该项目的主要设备，包括设备的类型、制造厂家、型号，设备是自有的还是租赁的，设备的类型要与项目的需要相适合，设备数量和能力要满足项目实施的需要。

经过上述四方面的评审，对每一个投标人统一打分，得出评审结果。投标人对资格预审申请文件中所提供的资料和说明要负全部责任。如提供的情况有虚假或不能提供令采购方满意的解释，采购方将保留取消其资格的权力。

5. 向投标人通知评审结果

采购方应向所有参加资格预审的申请人公布评审结果。

五、招标文件发售

招标文件必须按照招标公告或投标邀请书规定的时间、地点出售。如果经过资格预审程序，招标文件可以直接发售给通过资格预审的供应商；如果没有经过资格预审程序，招标文件可发售给任何对招标公告做出反应的供应商。招标文件的发售，可以采取邮寄的方式，也可以让供应商或其代理前来购买。投标人在收到招标文件、图纸和有关技术资料后，认真核对无误后，以书面形式予以确认。招标文件售出后不得退换。除不可抗力原因外，招标人在发布招标公告或发出投标邀请书后不得终止招标。

招标人需要对已经发出的招标文件进行必要的澄清或修改的，应当在招标文件要求提交投标文件截止时间至少 15 日前，以书面形式通知所有招标文件收受人。该澄清或修改的内容为招标文件的组成部分。

第二节　投标

投标是指投标人接到招标通知后，如果愿意投标，在同意并遵循招标文件各项规定和要求的前提下，在规定的时间提交自己的投标文件，以期通过竞争而中标的交易过程。投标的一般流程包括投标项目资料准备、报名并领取预审文件、报送投标项目资料和预审文件、查看预审结果、领取招标文件、编制投标文件、递交投标文件、参加开标会议、等待评审结果、领取中标通知书、签订合同。

一、投标资格预审

如果招标单位没有要求进行资格预审，投标人可以直接购买招标文件，并进行投标准备。如果招标单位要求进行资格预审，投标人应及时向招标单位购买投标资格预审申请书，经认真研究后填写投标资格预审申请书。投标资格预审申请书的格式一般由招标单位拟定，并作为资格预审文件的组成部分提供给投标人。招标单位将从各个方面对投标人进行资格审查，审查合格的投标人准许投标，投标人便可以购买招标文件准备投标书。

下面是投标资格预审申请书的一个范文。

范文6-3

投标资格预审申请书

日期：　　　年　　　月　　　日

致：(招标代理公司)

1. ________经授权作为代表，并以________(申请人的名称)(以下简称“申请人”)的名义，同时基于对提供的资格预审资料做了检查和充分的理解，签字人在此以________(项目名称)的投标人身份，向你方提出资格预审申请。

2. 本函后附有关以下内容的文件的复印件：

(1) 企业营业执照(副本)。

(2) 企业资质证书(副本)。

(3) 建筑施工企业安全生产许可证。

(4) 项目经理证。

(5) 主要技术负责人的资格证书。

(6) 法定代表人证书。

(7) 法人代表授权委托书(正本中装订原件，副本中附复印件)。

3. 我方授权你方及其授权代表查询或调查我们递交的与此申请相关的声明、文件和资料，并通过我们的开户银行和客户澄清申请文件，查询有关财务和技术方面的问题。该申请书还将授权给提供与申请有关的证明资料的任何个人或机构的授权代表，按你方及其授权代表的要求，提供必要的或要求的资料以核实本申请中提交的与申请人的资金来源、经验和能力有关的声明和资料。

4. 你方及其授权代表可通过下列人员得到进一步的资料。

(1) 一般情况质询和管理方面的质询，联系人1：____，电话：____；联系人2：____，电话：____。

(2) 有关人员方面的质询，联系人1：____，电话：____；联系人2：____，电话：____。

(3) 有关技术方面的质询，联系人1：____，电话：____；联系人2：____，电话：____。

(4) 有关财务方面的质询，联系人1：____，电话：____；联系人2：____，电话：____。

5. 本申请充分理解下列情况。

(1) 资格预审合格的申请人的投标，必须以投标时提供的资格预审申请书主要内容的更新为准。

(2) 你方及其授权代表保留如下权利。

更改本项目下合同的规模和金额。在这种情况下，投标仅面向资格预审合格且能满足变更后要求的投标人。

废除或接受任何申请，取消资格预审和废除区别申请。

6. 下述签字人在此声明，本申请书中所提交的声明和资料在各方面都是完整、真实和准确的。

签名：

兹代表（申请人）：

申请人盖章：

签字日期：

附件 1：企业营业执照（副本复印件，并体现年检情况）

附件 2：企业资质证书（副本复印件，并体现年检情况）

附件 3：建筑施工企业安全生产许可证（复印件）

附件 4：项目经理证（复印件，并体现年检情况）

附件 5：主要技术负责人的资格证书

附件 6：法定代表人证书

附件 7：法人代表授权委托书（附格式）

二、编制投标文件

投标人应该按照招标文件的规定编制投标文件。投标文件是投标人对其投标内容的书面说明。投标文件必须严格按照招标文件的要求进行编写，应逐项逐条回答招标文件，顺序和编号应与招标文件一致，可以增加说明或描述性文字。投标文件对招标文件未提出异议的条款，均被视为接受和同意。投标文件与招标文件有差异之处，无论多么微小，均应汇总说明。

投标文件一般应当包括以下基本组成部分：投标书；目标任务的详细技术方案；投标资格证明文件；公司有关技术资料及客户反馈意见；投标价格；投标保证金等。投标文件的具体内容如下。

1. 投标书

投标书是投标人对于招标书的回应。投标书要填写的内容包括招标代理机构的名称、项目或产品的名称、招标编号、副本份数、投标保函金额、投标价格、投标有效期天数和联系人地址及联系方法等。投标价格应表述全面，包括报价方式和大小写金额。

2. 目标任务的详细技术方案

这是投标文件的主体文件。在这份文件中，要针对招标项目提出自己的技术规范和商务条款，还要对完成自己的方案所需要的成本费用以及需要购置的设备材料等列出详细的清单。文件还包括对商务条款和技术规范的逐条应答和对招标书中的合同条款的应答。对商务条款和技术规范的逐条应答应注意，在应答中不能只说满足或不满足，而且应注明满足到什么程度，也就是尽量量化，最好用数字表示。

3. 投标资格证明文件

这一部分要列出投标人的资格证明文件，包括投标企业的全称、投标企业的历史简介和现状说明、企业的组织结构、企业的营业执照副本复印件、企业组织机构代码证、技术交易许可证等，还要有开户银行名称以及开户银行出具的资格证明书。

如果投标人委托代理人进行投标，还要对授权代理人的情况、资格等做出说明，并附授权委托证明书；如果投标人是某些制造商的产品代理，则还要出具和制造商的代理协议复印件以及制造商的委托书。

4. 公司有关技术资料及客户反馈意见

这一部分主要是投标企业对自己的业务水平、技术能力、市场业绩等提出一些让招标人可信的说明以及证明材料，增加招标人对自己的信任，也是一种对自己的技术资格的另一种方式的证明。在这里，可以用实例表明自己令人信服的技术能力、质量保证能力等，附带自己有关技术资格证书、获奖证书、兼职聘任证书等的复印件。特别是可以简述几个自己完成的具体实例，说明它们创造的效益等。

5. 投标价格

本部分主要是供应商在投标报价表上注明本合同拟提供货物的单价和总价。如招标文件的脚注注明“如果不提供详细分项报价将视为没有实质性响应招标文件，会导致废标”，则这里应该列出投标分项报价表。要求列出此表的目的是了解投标总价的构成并比较各个投标人相同项目报价的高低。

6. 投标保证金

投标保证金是为了避免招标人因投标人的行为而蒙受损失，要求投标人在提交投标书时提交的一种资金担保。投标保证金应用信封单独密封，封面上注明“银行保函”“投标保证金”和“保密”字样。

三、递交投标文件

投标人应将投标文件按招标文件的要求编制、密封，一般要封装成一份“正本”，还要根据招标文件的要求分别复印若干份“副本”。每本在封装好后，再在封口处加盖法人骑缝章，并在信封上注明项目名称、投标人名址、“正本”或“副本”字样及“不准提前启封”字样，在规定的截止日期和时间之前通过邮寄或派专人送交的方式递交到指定地点。截止日期后送到的投标文件会被拒收，并取消投标人资格。招标人在收到投标文件后，要签收或通知投标人投标文件已收到。这里特别要注意的是，招标公告发布或投标邀请函发出日到提交投标文件截止日，一般不得少于 20 天，即等标期最少为 20 天。

如果投标人因为递交投标文件的地点发生错误而延误投标时间，或者因为采用邮寄的方式送达造成延误，致使超过投标有效期的，其投标文件将被视为无效标而被拒收。

投标人在招标文件要求提交投标文件的截止时间前，可以补充、修改或者撤回已经提交的投标文件，并书面通知招标人。补充、修改的内容作为投标文件的组成部分。

第三节　开标、评标与定标

一、开标

开标是招标人按照招标公告或投标邀请函规定的时间和地点，当众开启投标文件，宣布投标人的名称、报价等的公开过程。开标由招标人或者招标投标中介机构主持，邀请所有投标人或其委派的代表和有关单位代表参加。开标时，由投标人或者其推选的代表检查投标文件密封情况，也可以由招标人委托的公证机构检查并公证。经确认无误后，由开标主持人以招标文件递交的先后顺序逐个开启投标文件，宣读投标人名称、投标价格和投标文件的其他内容。开标时应做好开标现场询问质疑情况确认记录表（见表 6 - 1）和投标报价记录表（见表 6 - 2）。以传真、电子邮件等方式来投标的，不予开标。

表 6-1　　开标现场询问质疑情况确认记录表

招标项目：　　招标编号：

开标时间：　　开标地点：

招标单位（签字）：　　招标单位（盖章）：

序号	投标单位	采购文件质疑情况	采购过程质疑情况	现场询问质疑情况	法定代表人或授权代表人签字
1					
2					
3					
4					
5					

现场监督人员签字：

表 6-2　　投标报价记录表

招标项目：　　招标编号：

开标时间：　　开标地点：

招标单位（签字）：　　招标单位（盖章）：

序号	投标单位	第一次报价	第二次报价	第三次报价	最终报价	最终报价排名	法定代表人或授权代表人签字
1							
2							
3							
4							
5							

现场监督人员签字：

二、评标

投标文件一经开标，即转送到评标委员会进行评价以选择最有利的投标文件，即为评标。评标是招标人根据招标文件要求，对投标人所报送的投标文件进行审查和评比的行为。评标是招标人的单独行为，由招标人组织进行。评标委员会可以要求投标人对投标书中含义不明确的地方做简要解释，但所做解释不能超过投标文件记载的范围，或实质性地改变投标文件的内容。投标人陈述辩论完毕后退出会场，评标委员会应当按照招标文件确定的评标标准和方法，对投标文件进行评审和比较。设有标底的，应当参考标底。评标委员会成员不得私下接触投标人，不得收受投标人的财物或者其他好处。评标委员会完成评标后，应当向招标人提出书面评标报告，并推荐合格的中标候选人。

评标的程序和基本内容如下。

（一）组织评标委员会

评标委员会由招标人的代表和有关技术、经济等方面的专家组成。评标委员会人数为5人以上的单数，其中技术、经济等方面的专家不得少于成员总数的2/3，与投标人有利害关系的人不得进入相关项目的评标委员会，已经进入的应当更换。评标委员会名单在中标结果确定前应当保密。

在评标之前召集评标委员会成员召开评标预备会，确定评标委员会主任，宣布评标步骤，强调评标工作纪律，介绍总体目标、工作安排、分工、招标文件、评标方法和标准。

（二）初步评标

初步评标工作比较简单，但却是非常重要的一步。初步评标的内容包括对投标文件的资格性审查、符合性审查、技术性审查和商务性审查。此阶段不对各投标文件进行比较，只以招标须知为依据，检查各投标文件是否为响应性的投标，即对投标文件的有效性进行确定，具体内容如下。

1. 资格性审查

依据法律法规和招标文件的规定，对投标文件中的资格证明、投标保证金等进行审查，以确定投标人是否具备投标资格。审查的内容包括：投标文件是否完整；是否按规定方式提交投标保证金；是否按照招标文件规定要求密封、签署、盖章；投标文件的总体编排是否有序；是否按照招标文件要求提交资格证明文件；是否有计算上的错误；等等。如果发现有计算上的错误，在修改时要遵循两条原则：①如果数字表示的金额与文字表示的金额有出入，要以文字表示的金额为准；②如果单价和数量的乘积与总价不一致，要以单价为准。但是，如果采购单位认为有明显的小数点错误，此时要以投标文件的总价为准，并修改单价。如果投标人不接受根据上述修改方法而调整的投标价，可拒绝其投标并没收其投标保证金。

上述检查内容由采购代理机构整理后，交评标委员会成员审核，并形成资格性检查评审意见。采购代理机构工作人员、评标委员会应在资格性检查评审意见上签名。具备投标资格的供应商满足三家或三家以上时，进入符合性审查阶段。

2. 符合性审查

依据招标文件的规定，评标委员会从投标文件的有效性、完整性和对招标文件的响应程度进行审查，以确定是否对招标文件的实质性要求做出响应。审查中需要评标委员会的成员在签到表（见表6－3）中签到，填写符合性审查表（见表6－4）和服务响应评审表（见表6－5）。所谓实质上响应招标文件的要求，是指其投标文件应该与招标文件的全部条款、条件和规定相符，无显著差异或保留。投标文件对招标文件实质性要求和条件响应的偏差分为重大偏差与细微偏差两类。

（1）重大偏差。重大偏差表现在：没有按招标文件的要求提供投标担保或所提供的投标担保有瑕疵；没有按照招标文件的要求由投标人授权代表签字并加盖公章；投标文件记载的招标项目完成期限超过招标文件所规定的完成期限；明显不符合技术规格、技术标准的要求；投标文件载明的货物包装方式、检验标准和方法等不符合招标文件的要求；投标附有招标人不能接受的条件；不符合招标文件中规定的其他实质性要求。投标文件有上述情形之一的，为未能对招标文件做出实质性响应，作废标处理。

（2）细微偏差。细微偏差是指投标文件在实质上响应招标文件要求，但在个别地方存在漏项或者提供了不完整的技术信息和数据等情况，并且补正这些遗漏或者不完整不会对其他投标人造成不公平的结果。细微偏差不影响投标文件的有效性。评标委员会应当书面要求存在细微偏差的投标人在评标结束前予以补正。

表6－3　　评标委员会成员签到表

招标项目：　　　　招标编号：

开标时间：　　　　开标地点：

序号	姓名	工作单位	从事专业	专业技术职称	在评标委员会中承担的工作	签到时间	签名
1							
2							
3							
4							
5							

表6－4　　符合性审查表

招标项目：　　　　招标编号：

开标时间：　　　　开标地点：

序号	投标单位资质	投标单位			
1	未交保证金或金额不足、保函有效期不足、保证金形式或保函出证机构不符合招标文件要求的				

续表

序号	投标单位资质	投标单位			
2	未按照招标文件规定要求密封、签署、盖章的				
3	联合体没有提交联合体协议书的				
4	参加政府采购活动前三年内，在经营活动中有重大违法记录的				
5	不具备投标资格要求的				
6	不满足规定的实质性要求的				
7	报价超过招标项目预算的				
8	响应文件有效期不足的				
9	不符合法律法规和招标文件规定的				
评审结论（合格或不合格）					

评标委员会全体成员签字：

表 6－5　　　　服务响应评审表

招标项目：　　　　　　　　　　招标编号：

开标时间：　　　　　　　　　　开标地点：

序号	评审因素	投标单位			
1	交货时间				
2	交货地点				
3	交货方式				
4	质量保证期				
5	响应时间				
6	投标范围				
评审结论（合格或不合格）					

评标委员会全体成员签字：

3. 技术性审查

技术性审查的目的是确认备选的投标人完成本招标项目的技术能力以及其提供方案的可靠性。技术性评审主要包括以下内容。

（1）投标文件是否包括了招标文件要求提交的各项技术文件，它们与招标文件中的技术说明和图纸是否一致。

（2）实施进度计划是否符合招标人的时间要求，计划是否科学和严谨。

（3）投标人准备用哪些措施来保证实施进度。

（4）如何控制和保证质量，措施是否可行。

（5）如果投标人在正式投标时已列出拟与之合作或分包的公司名称，则需要审查这些合作伙伴或分包公司是否具有足够的能力和经验保证项目的实施和顺利完成。

（6）投标人对招标项目在技术上有何种保留，建议的可行性和技术经济价值如何。

可以根据服务响应评审表更改评审因素后设计技术性审查表。

4. 商务性审查

商务性审查的目的是从成本、财务和经济分析等方面评定投标报价的合理性和可靠性，并估量授标给各投标人后的不同经济效果。商务性评审主要包括以下内容。

（1）将投标报价与标底进行对比分析，评价该报价是否可靠合理。

（2）分析投标报价构成的合理性。

（3）分析投标文件中所附现金流量表的合理性及其所列数字的依据。

（4）审查所有保函是否被接受。

（5）评审投标人的财务能力和资信程度。

（6）评审投标人对支付条件有何要求或给招标人何种优惠条件。

（7）分析投标人提出财务和付款方面建议的合理性。

可以根据服务响应评审表更改评审因素后设计商务性审查表。

（三）详细评标

在完成初步评标以后，对经评审合格的投标文件，评标委员会应当根据招标文件确定的评标标准和方法，对其技术部分和商务部分做进一步评审、比较。评标的标准、方法和原则如下。

1. 评标的标准

评标的标准一般包括价格标准和价格以外的其他有关标准（非价格标准），以及如何运用这些标准来确定中选的投标。非价格标准应尽量客观和定量化，并以货币额表示，或规定相对的权重。通常来说，在物品评价时，非价格标准主要有运费、保险费、付款计划、交货期、运营成本、相关的培训、安全性、环境效益、物品的有效性及配套零配件和服务的供给能力等。在服务评价时，非价格标准主要有投标人及参与提供服务的人员的资格、经验、信誉、可靠性、专业和管理能力等。在工程评标时，非价格标准主要有工期、质量，以及施工人员和管理人员的素质、以往的经验等。评标过程将重点考虑以下因素。

（1）投标文件符合招标文件要求，方案设计先进、合理、针对性强、适应性强。

（2）整体报价合理，不过高或过低，如投标报价过低，应能够做出合理解释。

（3）所选用的设备及产品必须符合用户要求，产品具有较高的可靠性、先进性和可拓展性，同时具有较强的兼容性。如果是选择服务，则要考虑供应商提供服务的能力、服务水平及服务管理能力的强弱。

（4）供应商具有良好的信誉和产品（或服务）的开发和提升能力，资金雄厚，技术力量强，能够保证及时完成投标项目，在项目完成后，可以及时、准确地解决用户所提出的问题。

2. 评标的方法

评标的方法有很多，目前常用的也是最具操作性的方法有以下几种。

（1）最低投标价评标法。

最低投标价评标法是以价格为主要因素确定中标人的评标方法，即在全部满足招标文件实质性要求和内涵相同的条件下，以报价最低确定中标方的评标方法。最低投标价评标法是一种评标方法，也是一种中标标准。最低投标价评标法操作简单，应用范围较广，是评标中常使用的评标方法。最低投标价评标法一般适用于具有通用技术、性能标准或者招标人对其技术、性能没有特殊要求的招标项目，如采购简单的商品、半成品、原材料及其他性能质量相同或容易进行比较的货物时，价格可以作为评标考虑的唯一因素，就可以采用此方法。因此，合同一般授予投标价格最低的投标人。

（2）标底价评标法。

标底价评标法是招标人确定标的物的标底价，评标委员会以标底价为依据，评定出投标价格最接近标底价的单位为中标方的评标方法。例如，某项工程的标底价为 100 万元，交货期为关键影响因素，若甲方提前 1 周交货，评标价为 99 万元，乙方推迟 1 周交货，评标价为 102 万元，则甲方为最终中标方。此种方法须在招标文件中明确各种因素对投标报价的影响。因此，在编制招标文件时要考虑周全，以避免招标过程中发生争议。

（3）以生命周期成本为基础的评标方法。

有些设备，如整座厂房、生产线或设备、车辆等，在运行期内的各项后续费用（如燃料费、维修费等）很高，有时甚至超过采购价，采购这类设备时可采用生命周期成本为基础的评标方法。计算生命周期成本时，可根据实际情况，在投标文件报价的基础上加上一定运行期年限的各项费用，再减去一定年限后设备的残值，即扣除这几年折旧费后的设备剩余值。例如，汽车按生命周期成本评标应计算的因素如下：汽车价格；根据投标文件偏离招标文件的各种情况，包括零配件短缺、交货延迟、付款条件等进行调整；估算车辆行驶生命周期所需的燃料费用；估算车辆行驶生命周期所需的零件及维修费用；估算生命期末的残值。

（4）综合评标法。

综合评标法是指在最大限度地满足招标文件实质性要求的前提下，按照招标文件中规定的各项评标标准进行综合评审后，以评标总得分最高的投标人作为中标人的评标办法，即在评标时除考虑投标价外，还应考虑投标文件中所报交货期、付款方式、货物技术水平、货物性能、供货能力、货物的质量、货物适应性，以及货物发到最终目的地的运输、保险及其他费用等，并将这些众多影响因素进行综合考虑、评分。经评审不宜采用最低投标价评标法的招标项目，一般应当采用综合评标法进行评审。

3. 评标的原则

在货物招标采购活动中，评标应遵循一定的原则。在《招标投标法》中规定，招标投标活动应当遵循公开、公平、公正和诚实信用的原则，《评标委员会和评标方法暂行规定》规定，评标活动应当遵循公平、公正、科学、择优的原则。

（1）规范化和公开、公平、公正、诚实信用的原则。

评标工作应严格遵守《中华人民共和国政府采购法》（以下简称《政府采购法》）及其相关法规，遵循公开、公平、公正和诚实信用的原则，即所制定的标准要科学、合理，能量化的尽可能量化，以最大限度地减少人为主观因素对评标结果的影响。另外，所制定的标准要对所有的供应商一致，不能厚此薄彼或在标准里含有对外地或外资供应商的歧视性语言。评标标准也应该是公开的，要让所有的供应商都知道。

（2）实事求是的原则。

不同的采购项目有不同的评判标准，不同的时期有不同的市场行情，某个采购项目在一些方面可能是重要的或不可少的，而在另一方面可能是不重要的或可有可无的，所有这些都要求采购机构在制定评标标准时，根据具体情况具体分析，既不要在标准中遗漏某个重要的评分因素，也不能求全责备，对一些可有可无的东西硬加进标准中，从而增加投标人的精神负担。

（3）适价、适质、适时、适地的原则。

在评标过程中，对于商品的质量、价格、交货期、交货地点的要求要遵循适当的原则，并非价格越低越好，质量越高越好。企业采购的物料中，不同使用场合下各要素定位的标准不同，不能采取一刀切的措施。

适价就是说要物有所值。某种设备，它的价格只能在一定范围内浮动。高于这个范围，采购机构接受不了；低于这个范围，要么是供应商不能接受，要么是设备的质量让人怀疑。因此采购机构在制定投标底价时，一定要进行仔细的市场调查，以得出一个合理的底价和浮动范围。既不能认为价高就不行，也不能认为价低就是好，对于超出范围之内的报价，不管是高还是低，都要按一定的方法扣分，这样做，既可避免供应商之间的恶意竞争，也能让采购机构买到质好价优的产品。

适质，是指质量够用就行。对于某项产品来说，固然是性能指标参数越高越好，但对于具体用户而言，可能是不必要的，这样一是会增加用户的成本，二是会造成资源的浪费。所以，在以产品的质量作为评分要素时，标准不能过高也不能过低，要根据用户的工作性质制定出一个合适的标准。总而言之，在能满足用户工作要求的基础上稍好一点就行了。

适时，就是说用户在采购设备时往往都有一个时间的要求，有的在供货时间上可以缓一些，有的则要得很急，甚至刻不容缓，这一点在 8 月、9 月炎热季节采购空调类设备和农用救灾物资时表现得尤为突出。非常时期的设备采购更是容不得半点拖拉，在与供应商洽谈时，其中谈的一个主要问题就是供货时间，所以采购机构在制定供货时间时，总的原则是要结合采购项目的性质和用户的需求，既不能定得太晚影响用户的使用，又不能片面地认为供货时间越早越好。

适地，就是说某个采购项目对于供应商在地域方面的要求，这主要是针对售后和方便服务而言的。比如服务类项目，如定点印刷、汽车维修等就以在本地招标为宜，而对设备类及工程类的采购，则一般要求在本地及邻近周边地区有代理或办事处，这是因为一旦设备或系统运行出现故障和质量问题，供应商可及时前来维护。

（4）择优选择原则。

择优选择原则主要体现在：评标标准和条件的设立要体现“褒优贬劣”的原则。例如，以评分方式进行评审的，最符合评标办法规定的标准和条件的，应当获得该项目的最高分；评标委员会推荐中标候选人要根据最终评审结论的排名次序，中标候选人的产生原则应当遵照相关法规的规定，严格按评标结果排序；确定中标人要依照评标委员会推荐的中标候选人排序，排序靠前者优先。

（四）编写评标报告并上报

评标工作结束后，采购单位要编写评标报告，上报采购主管部门。评标报告包括以下内容。

（1）招标公告刊登的时间、购买招标文件的单位名称。

（2）开标日期。

（3）投标人名单。

（4）投标报价及调整后的价格（包括重大计算错误的修改）。

（5）价格评比基础。

（6）评标的原则、标准和方法。

（7）授标建议。

三、定标

定标是招标人决定中标人的行为，它是招标人在评标委员会充分评审的基础上，最终确定中标人的过程。定标是招标人的单独行为，但需要由使用机构或其他人一起进行裁决。在这一阶段，招标人主要进行如下工作。

1. 决定中标人

招标人可根据评标委员会提出的评审报告总表（见表 6 - 6）和推荐的中标候选人名单（见表 6 - 7）确定中标人，也可以授权评标委员会直接确定中标人。

表 6 - 6　　评审报告总表

<table>
<tr><td>招标项目</td><td colspan="5"></td></tr>
<tr><td>招标编号</td><td colspan="5"></td></tr>
<tr><td rowspan="6">评标委员会评审结果</td><td>投标单位</td><td>第一次报价</td><td>第二次报价</td><td>最终报价</td><td>排名</td></tr>
<tr><td></td><td></td><td></td><td></td><td></td></tr>
<tr><td></td><td></td><td></td><td></td><td></td></tr>
<tr><td></td><td></td><td></td><td></td><td></td></tr>
<tr><td></td><td></td><td></td><td></td><td></td></tr>
<tr><td></td><td></td><td></td><td></td><td></td></tr>
<tr><td rowspan="4">推荐的中标候选人</td><td>排名次序</td><td colspan="4">候选人</td></tr>
<tr><td>1</td><td colspan="4"></td></tr>
<tr><td>2</td><td colspan="4"></td></tr>
<tr><td>3</td><td colspan="4"></td></tr>
<tr><td>评标委员会全体成员签字</td><td colspan="5">兹确认上述评标结果属实，有关评审资料见附件。
年　月　日</td></tr>
<tr><td>招标单位定标意见</td><td colspan="5">根据招标文件中规定的评标办法和评标委员会的推荐意见，兹确定________为中标人。
招标单位（盖章）：　　法定代表（签字或盖章）：
年　月　日</td></tr>
<tr><td>招标采购监督管理单位意见</td><td colspan="5">年　月　日</td></tr>
</table>

表 6－7　推荐的中标候选人名单

招标项目		
招标编号		
开标时间		
开标地点		
评标时间		
排名	投标单位	最终报价
第 1 名		
第 2 名		
第 3 名		

评标委员会全体成员签字：

年　月　日

2. 中标结果公示

中标人确定后，招标人要根据政府采购监督管理部门或招标文件的规定，在指定的媒体上进行公示，公示期一般为 3 天。

3. 中标通知

中标结果公示结束后无异议的，再由招标中心向中标人发出中标通知书。中标通知书对招标人和中标人都具有法律效力。中标通知书发出后，招标人改变中标结果的，或者中标人放弃中标项目的，须依法承担法律责任。我国法律规定，招标人和中标人应当自中标通知书发出之日起 30 日内，按照招标文件和中标人的投标文件订立书面合同。招标人和中标人不得再行订立背离合同实质性内容的其他协议。招标文件要求中标人提交履约保证金的，中标人应当提交。

招标人同时还需要通知所有未中标的投标人并向他们退还投标保函，同时对他们表示感谢。

当确定的中标人放弃中标，因不可抗力提出不能履行合同，或者招标文件规定应当提交履约保证金而在规定期限内未能提交的，招标人可以依序确定其他候选人为中标人。开标到定标的期限一般不超过 10 日。

第四节　招标采购中的常见问题及解决措施

一、围标

（一）围标的含义

围标也称为串通投标，它是指几个投标人之间相互约定，一致抬高或压低投标报价进行投标，通过限制竞争，排挤其他投标人，使某个利益相关者中标，从而谋取利益的手段和行为。围标行为的发起者称为围标人，参与围标行为的投标人称为陪标人，围标是不成熟的建筑招投标市场发展到一定阶段的产物。围标成员达成攻守同谋，通常在整个围标过程中，陪标人严格遵守双方合作协议的要求以保证围标人能顺利中标，并对整个围标活动全过程保密。围标成功后，围标人按照事先的约定支付陪标人好处或进行利益互换。有时候围标全过程为围标人一手操办，陪标人提供资质、人员和必要条件予以协助。有时候是投标人入围后将入围资格卖给围标人，围标人借用入围投标人资格操纵投标，而陪标人则保持沉默。

（二）围标的形式及危害

1. 围标的形式

围标的形式多种多样，比较典型的有以下两种形式。

（1）招标者与投标者之间进行串通。主要表现形式有：招标者在公开开标前，开启标书，并将投标情况告知其他投标者，或者协助投标者撤换标书，更换报价；招标者向投标者泄露标底；投标者与招标者商定，在招标投标时压低或者抬高标价，中标后再给投标者或者招标者额外补偿；招标者预先内定中标者，在确定中标者时以此决定取舍。

（2）投标者之间进行串通。主要表现形式有：投标者之间相互约定，一致抬高或者压低投标报价；投标者之间相互约定，在投标项目中轮流以高价或低价中标；投标者之间先进行内部竞价，内定中标人，然后再参加投标。这种不正当竞争是通过不正当手段，排挤其他竞争者，以达到使某个利益相关者中标，从而谋取利益的目的。

2. 围标的危害

围标的危害是不可忽视的，主要表现在以下三个方面。

（1）它使招标制度流于形式，危害市场经济秩序，影响招标法律法规的执行。

(2) 围标直接伤害了其他投标人的合法权益，围标现象实质上就是市场竞争异常激烈造成的一种无序、恶意竞争的行为。这必然会使中标结果在很大程度上操纵在少数企业手中，而使有优势、有实力中标的潜在中标人被挡在了门外，严重影响招标投标的公正性和严肃性，而且会伤害大多数投标人的利益。

(3) 参与围标的企业诚信度不高，企业自身素质差。由于赌博心理占了上风，这些企业编制的投标文件着眼点仅仅放在价格上，对施工方案不认真研究，无合理应对措施，即使中标，也不大可能认真组织项目实施，会给工程建设留下隐患。

(三) 识破围标

首先，按有关规定，凡发现投标人之间，或招标人与投标人之间有下列三类行为的，均可认定为围标：①串通投标报价；②招标人与投标人串通投标；③投标人以他人名义投标。

其次，通过看投标报价来认定。

(1) 总报价相近，但其中分项报价不合理，且没有合理解释的。

(2) 总报价相近，且其中款项报价雷同，又不提出计算依据的。

(3) 总报价相近，数项子目单价完全相同，且不提出合理的单价组成的。

(4) 总报价相近，主要材料设备价格极其相近的。

(5) 总价相同，没有成本分析，分项乱调的。

(6) 几个投标人的技术标都雷同的。

除此以外，还应在检查供应商的财务资料和资质审定过程中发现蛛丝马迹。

(四) 围标预防

1. 招标信息发布一定要广泛

如果投标的供应商能达到10家以上，那么投标人想通过围标来实现中标，围标的成本和中标的难度都将是投标人不得不考虑的问题。

2. 在评标方法上下功夫

比如，如果采用综合评分法的项目，就应在招标文件中规定一个报价幅度，不合理的投标报价将被拒绝。而对于货物和服务的招标，应严格按照《关于加强政府采购货物和服务项目价格评审管理的通知》的要求，价格分统一采用低价优先法计算，即满足招标文件要求且授标价格最低的投标报价为评标基准价，其价格分为满分；货物和服务招标项目可以在充分做好市场调查的基础上，定死合同价，然后只招质量，质量最好者为中标候选人。

3. 做好招标保密工作

根据《政府采购法》的规定，招标采购单位不得向他人透漏已获取招标文件的潜在投标供应商的名称、数量以及可能影响公平竞争的有关招标投标的其他情况。但在具体操作中，一些代理机构常常在不经意间把潜在投标人的名称和数量透露出去，如投标报名登记以及购买标书中的登记处理不当（被后来报名和购买标书的投标人看到）、组织集中的现场勘查以及集中答疑等。

4. 合同条款一定要做到详尽

在合同中明确和强调违规参与招标采购应承担怎样的风险，在履约中出现违反招标文件中的有关规定应承担怎样的责任等。在合同中警示的方式，一方面可以给投标人造成一定的压力；另一方面还可以在一定程度上防止“万一投标人围标还中标了，质量却得不到保证”的情况发生。

5. 加快建立投标人的信誉体系

招标投标管理部门对投标人建立诚信档案，制定出诚信评价标准，对诚信度差的投标人除依法给予必要的处罚外，还应禁止参加政府投资项目和重点工程建设项目的投标活动。在招标文件中应做出除法律规定以外的惩罚性约定，如投标人围标或提供虚假数据和材料，一经核实，无论中标与否均没收其投标保证金，并承担法律责任。

6. 加强对招标人的监督管理

加强招标投标法律法规的宣传，强化依法办事的意识，使招标人自觉遵守法律法规。建立责任追究制，对违反法律法规的人和事，要坚决依法予以处理。按照《招标投标法》《评标委员会和评标方法暂行规定》，严格规定招标投标程序，提高评标委员会在评标、定标过程中的地位，提倡招标方技术经济专家进入评标委员会，避免领导直接参与，削弱和减小招标人在评标、定标过程中的诱导和影响作用。

7. 加强招标代理机构的管理

任何形式的挂靠、出借、借用资质的行为，对代理机构违反资质管理规定的行为，一经查实从严处理。对招标代理机构实行从业人员注册登记备案制度，保持稳定的从业人员队伍。定期开展从业人员业务知识培训，不断提高从业人员的业务技能。加强从业人员的职业道德教育，培养职业精神和职业素养。

8. 网上投标

以招标投标有形市场为依托，加大投入，加快网络建设，积极开展网上投标。

二、挂靠

（一）挂靠的含义

挂靠，从法律的层面上讲，就是一些自然人、合伙组织利用企业法人的资格和资质，规避了国家法律政策对企业法人以外的个人和团队在税收、贷款、业务范围等方面的限制，并且利用所挂靠的企业法人的资格和资质获得了自身难以取得的交易信用与经济利益的经营活动。

挂靠现象在建筑工程项目中尤为普遍。法律规定，承揽建筑工程的单位必须持有依法取得的资质证书，并在其资质等级许可的业务范围内承揽工程。于是，就出现了许多不具有施工资质的单位、团队或个人，挂靠到某些具有资质等级的施工单位，承揽相应的建筑工程，被挂靠单位收取挂靠单位一定数额管理费的现象。这种以挂靠方式承揽建筑工程是违法行为。

（二）挂靠解决措施

虽然法律规定了“挂靠”行为的非法性，但是它还是以各种各样的形式存在。针对挂靠问题可以从以下几个方面入手。

1. 对投标人的资格身份进行严格审查

招标机构要按照“八一致”原则对投标人的资格身份进行审查。“八一致”，即投标人营业执照、资质证书、安全许可证、投标保证金银行出票单位、人民银行基本户许可证、投标文件印章、项目经理及项目部和购买招标文件人员一年以上劳动合同甲方单位、养老保险手册缴款单位要完全一致。达不到以上一致要求的，资格审查不予通过。

2. 对投标保证金结算进行严格管理

在招标文件中明确保证金结算和工程款转账一律通过中标人银行基本账户结算，这样就增加了挂靠人获取资金的风险与成本。

3. 执行中标公示期实地考察制度

在中标公示期，招标机构可以组织专家到中标单位进行实地考察，主要考察其是否具备履约能力，在投标时提供的业绩证明材料是否属实，项目班子成员有无在建工程等。

4. 建立不出借资质承诺金制度

投标保证金在中标后转成不出借资质承诺金，如在对招标人现场检查和进行常规考勤时，发现进场人员与中标项目部人员不符，其承诺金一律不予退还，同时按规定处理。

5. 明确招标人对施工单位入场检查与考核的标准

在招标文件中，明确规定招标人有权对进场施工管理人员的身份进行核查。这种身份核查是堵住借资质挂靠的实质性关口。同时对项目部的人员实行签到制度，在合同中明确缺勤的扣罚标准。

本章小结

招标采购是很多企业和政府部门采购通用的方法之一。《招标投标法》将招标方式分为公开招标和邀请招标两种，实际运用中还有议标和两阶段招标，每种方式有各自的优缺点、适用范围以及程序。招标采购总体包括招标、投标、开标、评标和定标五个阶段。招标之前需要进行招标项目的审批、落实资金来源、制定招标方案、编制招标文件，某些重大工程项目还要编制标底。其中重点是招标文件的编制，招标文件有严格的内容和格式要求。招标准备工作完成后，要进行招标公告，组织招标答疑；后续就是按照招标公告的时间开始报名登记和资格预审，等待投标人准备投标文件。招标机构在收到投标人的投标文件后，要在规定时间公开开标，并按招标文件制定的评标标准组建评标委员会进行评标，最后再会同采购方一起根据评标委员会的建议决定中标人并公示中标结果，无异议后，通知中标人签合同，同时通知未中标人并表示感谢。本章最后简要介绍了招标中常见的两种问题，即围标和挂靠的形式、危害及防范措施，以提升招标工作的绩效。

练习题

一、单项选择题

(1) 要求当事人必须严格按照既定程序和条件并由固定招标机构组织招投标活动，这体现的是招标的（　　）特点。

A. 组织性　　B. 公平性　　C. 公开性　　D. 公正性

(2) 招标采购能使招标企业有可能以适宜的价格采购到所需的物资或服务，这是因为招标具有（　　）特点。

A. 组织性　　B. 公平与公正性　　C. 公开性　　D. 竞争性

(3) 供应商数量较少或者公开招标成本过高的政府采购项目可以采用（ ）。

A. 公开招标 B. 邀请招标 C. 竞争性谈判 D. 单一来源采购

(4) 招标后没有供应商投标或者没有合格标的或者重新招标未能成立的政府采购项目可以采用（ ）。

A. 公开招标 B. 邀请招标 C. 竞争性谈判 D. 单一来源采购

(5) 投标保证金一般为（ ）。

A. 投标价的1%～5% B. 合同价的1%～5%

C. 投标价的5%～10% D. 合同价的5%～10%

(6) 履约保证金一般为（ ）。

A. 投标价的1%～5% B. 合同价的1%～5%

C. 投标价的5%～10% D. 合同价的5%～10%

(7)（ ）是招标单位对招标工程、货物、服务的预期价格，是由招标单位或委托经有关部门批准的具有编制标底资格的单位根据设计图样和有关规定计算，并经本地工程造价管理部门核准审定的造价。

A. 投标价 B. 合同价 C. 标底 D. 招标价

(8) 等标期最少为（ ）天。

A. 10 B. 15 C. 20 D. 30

(9) 评标委员会中技术、经济等方面的专家不得少于成员总数的（ ）。

A. 1/3 B. 1/2 C. 2/3 D. 4/5

(10) 由采购代理机构整理后，交评标委员会成员审核，并形成评审意见的是（ ）。

A. 资格性审查 B. 符合性审查 C. 技术性审查 D. 商务性审查

(11) 依据招标文件的规定，评标委员会从投标文件的有效性、完整性和对招标文件的响应程度进行审查，以确定是否对招标文件的实质性要求做出响应的审查是（ ）。

A. 资格性审查 B. 符合性审查 C. 技术性审查 D. 商务性审查

(12) 确认备选的中标商完成本招标项目的技术能力以及其后提供方案的可靠性的审查是（ ）。

A. 资格性审查 B. 符合性审查 C. 技术性审查 D. 商务性审查

(13) 从成本、财务和经济分析等方面评定投标报价的合理性和可靠性，并估量授标给各投标人后的不同经济效果的审查是（ ）。

A. 资格性审查 B. 符合性审查 C. 技术性审查 D. 商务性审查

(14) 依据法律法规和招标文件的规定，对投标文件中的资格证明、投标保证金等进行审查，以确定投标人是否具备投标资格的审查是（　　）。

A. 资格性审查　　B. 符合性审查　　C. 技术性审查　　D. 商务性审查

(15) 我国法律规定，招标人和中标人应当自中标通知书发出之日起（　　）日内，按照招标文件和中标人的投标文件订立书面合同。

A. 10　　B. 15　　C. 20　　D. 30

(16) 开标到定标的期限一般不超过（　　）日。

A. 7　　B. 10　　C. 15　　D. 30

二、多项选择题

(1) 紧急采购的政府采购项目可以采用（　　）。

A. 公开招标　　B. 邀请招标

C. 竞争性谈判　　D. 单一来源采购

E. 询价采购

(2) 招标采购的流程总体可以分为（　　）阶段。

A. 招标　　B. 投标　　C. 开标　　D. 评标

E. 定标

(3) 招标的准备工作包括（　　）。

A. 项目审批　　B. 落实项目资金　　C. 制定招标方案　　D. 编制招标文件

E. 编制标底

(4) 招标文件的内容大致可分为（　　）三部分。

A. 报价　　B. 技术规格

C. 关于编写和提交投标文件的规定　　D. 关于投标文件的评审标准和方法

E. 关于合同的主要条款

(5) 如果投标商有下列（　　）行为之一的，采购方有权没收其投标保证金。

A. 投标商在投标有效期内撤回投标

B. 投标商在收到中标通知书后，不按规定签订合同或不缴纳履约保证金

C. 投标商在投标有效期内有违规违纪行为等

D. 中标商按规定签订合同并缴纳履约保证金

E. 未中标投标商没有违规违纪

(6) 投标资格预审主要是从（　　）方面对潜在投标人提交的预审文件进行评审。

A. 财务　　B. 成功经验　　C. 人员　　D. 设备

E. 质量

(7) 投标文件包括（　　）。

A. 投标书　　B. 技术方案与投招标资格证明文件

C. 公司有关技术资料及客户反馈意见　　D. 投标价格

E. 投标保证金

(8) 开标过程中，具有验标资格的是（　　）。

A. 招标人　　B. 主持人　　C. 投标人　　D. 公证机构

E. 投标人推选的代表

(9) 评标过程将重点考虑的因素有（　　）。

A. 投标文件符合招标文件要求，方案设计先进、合理、针对性强、适应性强

B. 整体报价合理，不过高或过低，如投标报价过低，应能够做出合理解释

C. 所选用的设备及产品必须符合用户要求，产品具有较高的可靠性、先进性、可拓展性和兼容性

D. 供应商提供服务的能力、服务水平及服务管理能力的强弱

E. 供应商具有良好的信誉和产品（或服务）的开发和提升能力，资金雄厚，技术力量强，能够保证及时完成投标项目

(10) 常用的评标方法有（　　）。

A. 最低投标价评标法　　B. 标底价评标法

C. 以生命周期成本为基础的评标方法　　D. 综合评标法

E. 盈亏平衡分析法

三、判断题

(1) 招标采购过程中，投标人可与招标人不断地进行谈判，修改自己的标书，以提高自己的中标概率，同时也能保证招标方以更好的条件采购到所需物品。（　　）

(2) 公开招标在招标公告阶段是公开发布招标公告，邀请招标在这一阶段是向潜在供应商发送投（招）标邀请书。（　　）

(3) 招标文件中的报价表的格式与内容是由招标方制定的，需要投标人填写价格，是标书的核心部分。（　　）

(4) 投标保证金是采购企业预支给投标人的货款，未中标的投标人要在投标结束后退还给采购企业。（　　）

(5) 中标人未交履约保证金的，以后可以从货款中扣除。（　　）

(6) 标底是招标企业的绝密信息。（　　）

(7) 标底越低，招标企业越能节省资金，因此对招标企业越有利。（　　）

(8) 招标公告后，供应商可在规定时间内向招标方就招标文件提出疑问，招标方必须针对投标方提出的所有问题予以回答。（　　）

(9) 政府采购项目必须在政府采购监督管理部门指定的媒体上发布招标公告。（　　）

(10) 除不可抗力之外，招标人在发布招标公告或发出投标邀请书后不得终止招

标。（　　）

（11）投标文件必须密封，并在封口处加盖法人骑缝章，招标单位不得提前启封。（　　）

（12）开标时，主持人可以随机决定开标的顺序。（　　）

（13）如果标书中数字表示的金额与文字表示的金额有出入，要以文字表示的金额为准。（　　）

（14）如果标书中单价和数量的乘积与总价不一致，要以单价为准。但是，如果采购单位认为有明显的小数点错误，此时要以标书的总价为准，并修改单价。（　　）

（15）围标也称为串通招标投标，它是指几个投标人之间相互约定，一致抬高或压低投标报价进行投标，通过限制竞争，排挤其他投标人，使某个利益相关者中标，从而谋取利益的手段和行为。（　　）

四、实践训练题

假设学院的物流实训室为某公司新建的一个常温仓库，用于存放日化用品，该公司需要为该仓库采购全套仓库设备和工具，公司打算采用公开招标的方式进行采购，同时需要供应商提供一整套仓库设计方案。假设该仓库业务量足够大，能保证满库运行，生命周期为 6 年，日化用品每托盘每存储一天的收入为 5 元，装卸搬运收费标准为 1 元/托盘，散货的理货费用为 1 元/托盘。每日出入库的货物中散货占比为 30%。按照 6 年内的总净收益最大为最终定标标准。将学生分为 4 组，一组代表招标方，实施招标采购；另外三组学生代表投标方，制定投标文件参与投标。

参考文献

［1］李圣状，乔良，戚光远．采购管理［M］．北京：机械工业出版社，2019.

［2］柳荣．采购与供应商管理常用制度与表格范例［M］．北京：人民邮电出版社，2020.

［3］柳荣，庞建云．采购管理与运营实战［M］．北京：人民邮电出版社，2020.

［4］宋玉卿，沈小静，杨丽．采购管理［M］.2 版．北京：中国财富出版社，2018.

［5］刘小明．创业者要懂的 24 堂采购与物流管理课［M］．北京：人民邮电出版社，2016.

［6］罗伟钊．如何成为优秀的采购经理［M］．广州：广东旅游出版社，2016.

［7］章玟．采购那些年，采购那些事：一位资深采购管理者的八年实践经验总结［M］．北京：人民邮电出版社，2016.

［8］霍红，张玉斌，徐玲玲．采购实务［M］．北京：化学工业出版社，2016.

［9］张一贞．管理会计学［M］．北京：中国财政经济出版社，2014.

［10］邓莉．采购管理［M］．重庆：重庆大学出版社，2013.

［11］刘华．现代物流管理与实务［M］.2 版．北京：清华大学出版社，2008.

［12］钟复台．企业采购操作规范［M］．北京：中国经济出版社，2003.

［13］王忠宗．采购管理手册［M］．广州：广东经济出版社，2001.

附录　北京市商品购销合同（商超进货类）

BF—2005—0119　　　　合同编号：

北京市商品购销合同

（商超进货类）

供应商：________________

零售商：________________

北京市工商行政管理局

北京市商务局

二○○五年八月

使用说明

一、适用范围

本合同适用于我市行政区域内具有商业零售性质的超市、大型超市、仓储式会员店及便利店与供应商之间就商品进货购销事宜确立的合同关系。

二、词语定义

除双方另有约定外，本合同中下列词语应当具有本条所赋予的含义：

1. 商品购销：是指供应商与零售商之间建立商品买卖关系，零售商向供应商采购商品并自行组织销售，按照所采购商品的数量和金额向供应商进行结算的商业模式。

2. 零售商：是指直接面向终端消费者提供商品及相应服务的企业法人、其他组织及自然人。

3. 供应商：是指与零售商建立商品买卖关系，直接向零售商提供商品及相应服务的企业法人、其他组织及自然人。

4. 代理人：是指在本合同履行过程中，有权代表供应商或零售商处理订货、验收、入库、销售、退换货、结算等各个环节相关事宜的授权代表。

5. 订货：是指本合同有效期内，零售商按照本合同约定的原则、流程和方式，向供应商订购约定商品的活动。

6. 促销服务费用：是指本合同有效期内，供应商因零售商提供各种形式的促销服务所应当支付的费用，包括零售商以提供销售通道、宣传服务等名义所收取的商品价款之外的全部费用及供应商给予的商品价格折扣。

7. 对账：是指供应商与零售商之间就购销商品订货、入库、退货、库存、促销服务费等数量和金额进行核对的行为。

8. 对账日：是指供应商按照本合同及订单约定向零售商提供商品后，零售商所指定的某一类商品供应商有规律地核对账目的日期。双方对账日应当约定在结算周期期限届满之7日前。

9. 结算：是指零售商根据对账后确定的从供应商处购入商品的数量、金额、促销费用等，向供应商支付货款的行为。

10. 结算方式：是指供应商与零售商协商确定的有规律地结账并支付货

款的各种方式。

11. 预付：是结算方式的一种，指零售商在供应商提供商品到货前，预付全部或部分货款的结算方式。

12. 现结：是结算方式的一种，指零售商在供应商提供的商品到货验收后，立即安排全额货款支付的结算方式。

13. 现结间隔周期：指零售商收到商品至全额支付货款的最长期限，此期限仅用于双方办理结算手续。

14. 月结：是结算方式的一种，指零售商按照约定月龄期间从供应商购入商品的数量、金额，间隔一定周期后进行该月龄货款结算的方式。

15. 月龄：是指供应商与零售商共同约定的按月结算中“月”的起止期限。

16. 月结间隔周期：是指零售商开始从供应商处购入商品的时间满足合同约定的月龄后，至开始支付该月龄内购入商品货款之间的期限。

17. 滚动结算：是结算方式的一种，指零售商按照一定期限内从供应商处购入商品的数量、金额不断滚动进行结算的方式。

18. 滚动结算周期：是指零售商开始从供应商处购入商品至第一次办理结算的期限，以后的结算依此周期滚动计算。

三、合同文件及组成

1. 合同文件应当能够相互解释，互为说明，组成本合同的文件如下：

(1) 本合同

(2) 订购商品清单

(3) 双方代理人授权或撤换文书

(4) 促销服务协议

(5) 订单及订单确认

(6) 商品价格变动文件

(7) 商品交付或验收、入库文件

(8) 商品退换货文件

(9) 商品对账文件

(10) 商品样品及各种附随文件

(11) 其他文件

2. 合同履行过程中，供应商、零售商之间有关商品购销、质量、包装等变更事项及违约行为确认的书面协议或文件视为本合同的组成部分。

3. 上述文件形式不限于双方文字协议、通知、信函、传真等，包括零售商通过销售库存微机网络管理系统打印的各种交易、对账记录。

北京市商品购销合同

甲方（供应商）： ____

乙方（零售商）： ____

根据《中华人民共和国民法典》及其他有关法律、行政法规的规定，甲、乙双方遵循平等、自愿、公平和诚实信用的原则，就商品进货购销事宜协商订立本合同。

本合同可适用于乙方总部及其在北京行政区划范围内开设的连锁门店或关联公司（拥有独立法人资格的连锁门店或关联公司就签订及履行本合同的授权书作为本合同的附件），具体包括：____

____

____。

一、订购商品

1. 商品的种类、品名、品牌、规格、生产厂厂名及厂址、等级、质量标准、包装要求、计量单位及单价等详见本合同附件一《购销商品清单》。

2. 甲方在本合同签订时，应当提供营业执照、税务登记证等自身主体资格的证明，同时提交有关商品生产、代理、批发、进口及专项经营等许可或证明文件。

3. 上述商品价格已经双方确认，如因原材料价格、生产经营成本、市场供求关系等变化导致合同期内商品价格变化，要求价格变动一方应当提前书面通知对方，经对方书面确认后方可调价。价格变动自双方确认的调价日期起生效，适用于该日期后的新订单。

4. 乙方对本合同中所列商品特别指定原料或样式等专门条件时，需在签订本合同的同时向甲方提交指示说明书或样式说明书。

5. 甲方所提供商品的外包装应当符合中华人民共和国相关法律法规的规定，用中文标明产品名称、生产厂厂名与厂址、规格、等级、采用的产品标准、质量检验合格证明、使用说明、生产日期和安全使用期或者失效期、警示标志及其他说明等。商品应当使用正规条码，以便于POS机识别；无条码的商品应当在附件一中说明，同时向乙方购买内部条码贴于商品外包装上。

6. 甲方应当保证其所提供商品的质量符合本合同或订单约定的质量标准；甲方提供有关商品质量说明的，应当符合该说明的质量要求。质量要求不明确的，按照国家标准、行业标准履行；无国家标准、行业标准的，按照通常标准或者符合合同目的的特定标准履行。

二、代理人

1. 本合同代理人在其主管或被授权的业务环节中所签署的各种文件、单据，作为双方签订、履行合同的有效凭证。

2. 双方如变更或撤换代理人，应当以书面形式提前________日通知对方，委派和撤换代理人的通知书作为本合同附件二。

三、订货

1. 乙方向甲方订货，应当提前_______小时发出订单，双方约定的订单形式为：______。

(1) 乙方电子商务平台 (2) 电子邮件 (3) 传真 (4) 订货合同 (5) 其他：_________

2. 订单应当明确商品的名称、生产厂厂名和厂址、规格、计量单位、品牌、质量、产地、正规条码、数量、单价、交货时间、交货地点等具体内容。

3. 甲方收到订单后如不能接受，应当在________小时内予以明确答复，答复形式同订单形式一致；不予答复的，视为接受订单。如答复中对订单实质内容有修改的，乙方应当在________小时内表示是否接受，乙方表示不接受则视为订单无效；乙方不予答复的，视为接受修改的订单。

4. 订单及订单答复以电子网络为传输载体的，应当发送至本合同指定的网址或电子邮箱；以传真、订货合同等书面文字为载体的，应当加盖订货单位公章或代理人签字，方为有效。

四、交货及验收

1. 甲方应当将订单列明的商品，按照约定的时间、运输方式交付到乙方指定地点。

2. 商品的所有权自交付时起转移给乙方，商品毁损、灭失的风险也自交付时起由乙方承担。

3. 乙方应当妥善安排工作人员在到货后及时按照订单对商品的种类、规格、产地、数量、包装等进行初步验收，并出具收货凭证；如商品不符合本合同及订单要求的，可以拒绝接收。如乙方无法在到货后的________小时内验收完毕的，应当向甲方出具收货待验收凭证，同时告知验收完毕的具体时间。

4. 乙方对于已经验收的商品发现存在内在质量问题，应当在质量保证期内提出，无质量保证期的在收货后 24 个月内提出，否则视为商品质量符合约定。甲方知道或者应当知道所提供商品不符合约定的，不受前述提出异议时间的限制。对于存在质量问题的商品，甲方应当予以退换货。

质量异议应当以书面形式向甲方提出，甲方应当在收到异议后的 10 日内予以书面答复，否则视为认可。

五、商品促销

1. 乙方可以根据企业经营战略制定商品促销计划，以加速商品的周转和销售。

2. 甲方可以根据自身产品状况，有选择地参加促销活动，同时向乙方支付促销服务费用或者以折扣等方式给予商品价格优惠。

3. 双方应当就具体促销方式、促销期间、乙方所提供的服务内容、甲方支付的服务费用、商品折扣及支付办法等具体事宜，另行签订《促销服务协议》作为本协议附件三。

六、商品退换

1. 双方在确定商品价格时，应当对商品退换、损耗问题予以充分考虑。甲方选择的退换货类型为：________。

(1) 不接受退换货　(2) 有条件的退换货

(3) 在商品总价值________%损耗范围内可接受退换货

2. 在选择“有条件的退换货”的前提下，为了保持乙方合理库存，且有利于商品周转，双方同意：

在第________种条件时，甲方同意更换商品：

(1) 残、次品　(2) 滞销、过季商品　(3) 其他：________________

在第________种条件时，甲方接受乙方退货：

(1) 残、次品　(2) 滞销、过季商品　(3) 其他：________________

对于存在保质期、有效期的商品，乙方应当在保质期、有效期尚存1/3以上的期限内提出退换货。

3. 乙方退换货应当向甲方发出书面退换货通知，甲方应当于收到后________日内对所退换商品进行核实并书面确认，________日内负责更换或者收回所清退商品。逾期不答复或书面确认后未在________日内更换或者收回所清退商品的，甲方同意乙方按照________（A. 降价处理　B. 退货，乙方承担运费　C. 自行销毁　D. 其他：________________）方式处置该商品，因此所造成的损失由甲方承担。

七、对账与结算

1. 双方确认的结算方式及结算周期为：________。

(1) 预付

(2) 现结________日（空白处填写的日历天数为“现结间隔周期”）

(3) 月结________日（本合同“月龄”的起始时间为：A. 当月1日至末日　B. 当月________日至次月________日；空白处填写的日历天数为“月结间隔周期”）

(4) 滚动结算________日（空白处填写的日历天数为“滚动结算周期”）

(5) 其他，具体定义为：________________________________

2. 如因商品种类不同，确定的对账日、结算方式或结算周期不同，可就具体商品的对账日、结算方式及结算周期另行制作附件或在附件一中列明。

3. 采用第1款第(3)、(4)方式结算的，双方应当在本合同中明确对账日。

按照商品的销售周期，甲乙双方确认的对账日为每月________日。乙方应当在该日的工作时间内安排工作人员同甲方业务人员进行账务核对。对账时双方应当核对的原始单据包括：商品订单、甲方出具的送货/出库单、乙方出具的入库/验收单、退换货单据以及促销费用单据。根据对账结果，乙方出具《商品对账单》（附件四）经双方代理人签字确认后作为结算依据。

乙方逾期不予对账的，甲方可依据上述对账单据出具《商品对账单》，交乙方确认；乙方收到后3日内既不确认又不提出异议的，视为认可《商品对账单》的内容。

4. 乙方应当尽力建立顺利、便捷、无障碍的结算机制。结算期满后，甲方可在约定的结算周期届满后持《商品对账单》及相应数额的增值税发票要求乙方足额支付货款。

5. 双方确定的付款方式为：________。

（1）现金　（2）转账支票　（3）电汇　（4）________

八、知识产权的保护

甲方应当保证其所提供的商品不存在任何知识产权的瑕疵。如因甲方或其供应商侵犯第三方的专利权、商标专用权、著作权、商业秘密或其他权益产生争议，给乙方造成经济损失时，甲方应当承担全部责任并承担因此发生的各种费用。

九、反对商业贿赂

甲、乙双方应当坚持诚实信用、公平交易的商业原则，建立健全的内部管理制度，加强对员工的管理和教育，对任何商业贿赂和其他不正当交易行为均应共同予以抵制，同时有义务向对方提供相应的信息和证据。

十、违约责任

1. 甲、乙双方均应当全面履行本合同的约定，一方违约给另一方造成损失的，应当承担赔偿责任。

2. 甲方未按照已经确认的订单内容发货，应当负责更换或补足；造成交货延迟的，每延迟1日应当支付延迟交货金额万分之五的违约金；延迟________日以上的，除支付违约金外，乙方有权取消该批次订单；累计________次迟延交货的，乙方有权解除本合同。

3. 乙方未按照合同约定的期限结算的，每延迟1日，应当按日支付应当结算金额万分之五的违约金；延迟30日以上的，除支付违约金外，甲方有权解除合同。

4. 由于甲方提供的商品存在质量问题导致消费者退货或者乙方受到有关政府部门查处，甲方应当积极参与调查处理并赔偿因此给乙方造成的全部经济损失；情节严重给乙方商誉造成严重损害的，乙方有权解除本合同。

5. 由于乙方保管不当造成的商品质量问题导致消费者退货或者甲方受到有关政府部门查处，乙方应当积极参与调查处理并赔偿因此给甲方造成的全部经济损失；情节严重给甲方商誉造成严重损害的，甲方有权解除本合同。

十一、合同的中止和解除

1. 任何一方非因对方违约提出解除本合同，均应当提前30日以书面形式通知对方，合同自双方协商确定的日期解除。

2. 任何应当先履行本合同义务的一方，有确切证据证明对方有下列情形之一的，可以中止本合同的履行：

（1）经营状况严重恶化；

（2）转移财产、抽逃资金，以逃避债务；

（3）丧失商业信誉；

（4）有丧失或者可能丧失履行债务能力的其他情形。

一方依照上述约定中止履行的，应当及时通知对方。对方提供适当担保时，应当恢复履行。中止履行后，对方在________日内未恢复履行能力并且未提供适当担保的，中止履行的一方可以解除合同。

3. 任何一方出现如下情形时，另一方有权无须预先告知即以书面通知的方式解除本合同，合同自通知送达之日解除。

（1）存在本合同第十条第2、3、4、5款约定的严重违约行为时；

（2）受到政府行政主管部门吊销营业执照或停业处分，或其他丧失合法经营身份或资格的情况发生时；

（3）申请破产、进入清算程序时；

（4）未经他方同意，把本合同的权利或义务全部或部分转让给第三方的；

（5）增值税一般纳税人资格被取消时；

（6）有证据证明对方存在商业贿赂问题，经书面提示后，再次出现类似问题的。

4. 合同解除后的结算。

合同解除或终止后，双方仍应当按照本合同第七条约定的方式进行对账与结算。

除购销商品的货款外，对于乙方已经收取的整个合同期内的各种促销服务费用，应当按照合同实际履行期的比例向甲方返还。乙方可留存该结算期内结算数额10%的货款作为商品质量保证金，自合同解除之日起三个月内如甲方产品不存在质量问题，保证金则应当退还甲方，如存在质量问题，保证金用以抵扣乙方受到的损失。

十二、合同期限

1. 本合同有效期自________年________月________日起至________年________月________日止，共________年________个月。

2. 合同期满前1个月，如双方同意继续合作，应重新签订新的合同；如未签订新的合同，乙方仍然下达订单且甲方接受的，视为原合同自动顺延1年。

十三、争议解决方式

本合同项下发生的争议，双方应当协商解决；协商不成的，按照以下第____种方式处理：

1. 向________________人民法院提起诉讼；

2. 向________________仲裁委员会申请仲裁。

十四、其他

1. 本合同涉及的通知，应当以书面形式确认，并在通知方通过邮局以挂号信、特快专递等形式寄达本合同约定地址或被通知方工作人员签收后，视为送达。

2. 本合同附件为合同的有效组成部分，按照双方约定的解释顺序进行解释。

3. 本合同的变更和补充，双方应当另行签订补充协议。

4. 本合同经双方法定代表人或其代理人签署并加盖单位公章或合同专用章后生效。

5. 本合同一式________份，双方各执________份，具有同等法律效力。

____

____

____

甲方：	**乙方：**
法定代表人：	法定代表人：
住所地：	住所地：
签约代表：	签约代表：
电话/传真 ：	电话/传真：
电子邮件：	电子邮件：
开户银行/账号：	开户银行/账号：
税号：	税号：
盖章：	盖章：
签字日期：　　年　　月　　日	签字日期：　　年　　月　　日